U0512522

The Influence of Cultural
Distance on the Relationship Risk of China's Belt
and Road Logistics Supply Chain

文化距离

对我国"一带一路"物流供应链
关系风险的影响研究

李楠 著

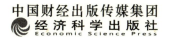

中国财经出版传媒集团
经济科学出版社
Economic Science Press

图书在版编目(CIP)数据

文化距离对我国"一带一路"物流供应链关系风险的
影响研究/李楠著. —北京:经济科学出版社,2021.11
ISBN 978 – 7 – 5218 – 3119 – 1

Ⅰ.①文… Ⅱ.①李… Ⅲ.①"一带一路" – 物流 –
供应链管理 – 研究 – 中国 Ⅳ.①F125.5②F252.1

中国版本图书馆 CIP 数据核字(2021)第 252256 号

责任编辑:杨 洋 赵 岩
责任校对:齐 杰
责任印制:王世伟

文化距离对我国"一带一路"物流供应链关系风险的影响研究
李 楠 著
经济科学出版社出版、发行 新华书店经销
社址:北京市海淀区阜成路甲 28 号 邮编:100142
总编部电话:010 – 88191217 发行部电话:010 – 88191522
网址:www. esp. com. cn
电子邮箱:esp@ esp. com. cn
天猫网店:经济科学出版社旗舰店
网址:http://jjkxcbs. tmall. com
北京季蜂印刷有限公司印装
710×1000 16 开 15.5 印张 250000 字
2022 年 5 月第 1 版 2022 年 5 月第 1 次印刷
ISBN 978 – 7 – 5218 – 3119 – 1 定价:62.00 元
(图书出现印装问题,本社负责调换。电话:010 – 88191510)
(版权所有 侵权必究 打击盗版 举报热线:010 – 88191661
QQ:2242791300 营销中心电话:010 – 88191537
电子邮箱:dbts@ esp. com. cn)

本著作获西安财经大学学术著作出版资助

前　言

习近平总书记于 2013 年 9 月 7 日和 2013 年 10 月 3 日分别在出访哈萨克斯坦和印度尼西亚时提出了共建"丝绸之路经济带"和"21 世纪海上丝绸之路"的构想（以下简称"一带一路"）。从 2013 年"一带一路"倡议提出至 2019 年这 7 年间，在党中央的引领下，"一带一路"倡议构想不断丰富完善，务实推进，我国不断与"一带一路"国家深化经贸合作，提升了贸易投资的自由化和便利化水平，持续推进了更高水平对外开放，催生了世界经济新格局。物流活动是为了满足客户需要而对商品、服务消费及相关信息从产地到消费地的高效、低成本流动和储存进行的规划、实施与控制的过程。它能为商品交易提供服务，保障商品生产的连续性，甚至直接参与生产，是商品交易不可缺少的流通渠道。"一带一路"倡议贯通中亚、东南亚、南亚、西亚乃至欧洲部分区域，东牵亚太经济圈，西系欧洲经济圈，囊括了世界上跨度最长的两大经济走廊，是最具发展潜力的经济带。它秉持"和平合作、开放包容、互学互鉴、互利共赢"的丝路精神，核心目标就是积极发展与沿线国家的经济合作伙伴关系，加强相关国家间的全方位多层面交流合作，通过市场化运作模式来实现参与各方的利益诉求，充分发掘与发挥各国的发展潜力与比较优势促进共同发展、实现共同繁荣的合作共赢之路，形成互利共赢的区域利益共同体、命运共同体和责任共同体。在此过程中，物流活动毋庸置疑是实现"一带一路"沿线国家间经贸合作的基础和保障。因此，"一带一路"倡议是以包括功能性服务商、国际物流服务企业及最终客户等在内的国际物流供应链为纽带，又以纽带间的相互协调配合为前提和基础的新型区域合作安排。依托国际物流供应链中不同国家企业间的协作，"一带一路"倡议有利于实现对接沿线各国和地区的联动发展与共同繁荣。

与此同时，有效实施"一带一路"倡议，关键在于加强"五通"，其中，民心相通是首要重点工作，而民心相通的载体是文化。无论是经济或者其他任何形式的合作，建立互信关系无疑都是双方顺利达成目标的首要前提，而文化因素是影响国家间政治互信最重要和最关键的因素之一，国家或地区间的任何领域的交流合作都无一例外地体现着文化因素。因此，"一带一路"倡议涉及的国际经贸合作往往会受到各国文化、政治、社会等多重因素的影响，是一条联结不同国家和区域的文化纽带。"一带一路"正是以文化因素为基础的国家间的经济合作。但是，"一带一路"沿线国家的文化文明丰富多元，国家之间的文化特征具有较大的复杂性和差异性，不同国家或地区在价值观、准则、制度、宗教信仰等方面存在一定的文化距离。

文化距离会造成交流的误解、障碍甚至冲突，难以建立彼此间的信任与承诺，增加了国家间协调的难度。它主要通过两个方面引发文化风险：一是在组织内部，即跨国企业往往要从不同的国家和地区招募员工来广泛开展跨国跨地区的经济合作与往来，从而使组织内部同时存在多种价值观念、经营思想与决策方式。这些不同的观念、思想及行为方式之间难免会不断面临摩擦、冲击、更新与交替，进而在组织内部引发多种文化的碰撞与交流。这种碰撞与交流若不适当控制与引导，必定会引起员工间的猜忌、不信任甚至形成相互对立的小团体，致使正常的经营活动或工作无法顺利开展，引发跨国企业由文化冲突导致的风险。二是跨国经营活动当中，即跨国经营使企业不得不面临东道国文化与母国文化的差异，这种文化的差异直接影响着管理的实践，构成了经营中的文化风险。在一种特定文化环境中行之有效的管理方法，若应用到另一种文化环境中，也许会产生截然相反的结果。因此，由于文化间的差异会导致跨国经营管理中产生误会和不必要的摩擦，影响跨国公司的有效运行。

随着我国与"一带一路"沿线国家间经贸合作的不断升级，跨境物流数量呈几何倍数递增，国际物流供应链所面临的由文化距离引起的供应链关系风险也在不断加剧。因此，解析文化距离与国际物流供应链关系风险之间的影响路径，探寻物流供应链关系风险形成的文化维度影响因素，针对"一带一路"背景下我国的实际情况提出相应的风险防范政策建议，既具有一定的理论意义，又具有积极的实践参考价值。

本书的研究内容共分为七个部分：

第一章，绪论。首先，在阐述了本书的研究背景基础上，提出了拟探讨的 3 大类问题，即：（1）国际物流供应链的哪些方面将会体现出文化差异；（2）文化差异是否会对物流绩效产生影响；（3）文化差异可能会引发哪些供应链关系风险。其次，在国内外研究综述中，对文化维度理论、供应链风险理论、文化距离对供应链风险影响理论进行了全面归纳总结，并提出了现有研究存在的问题与不足。

第二章，国际物流供应链关系风险综述。首先，总结了国际物流的概念，对国际物流供应链的内涵与特点进行了概括。其次，分别对风险、供应链风险、供应链关系风险的概念进行了解释与辨析，尤其是提出了供应链关系风险是合作者不履行联盟承诺，并可能采取机会主义行为从而使供应链可能受到的损害。最后，从虚拟的组织结构、物流信息不对称以及企业各自特点多元化等 3 个方面分析梳理了国际物流供应链关系风险的形成机理。

第三章，文化与文化距离综述。首先，归纳了文化的内涵、文化的特点。其次，在此基础上归纳总结了现有的文化维度相关理论、国家文化距离理论，并提出了本书认为合理的计算国家文化距离的公式。最后，提出了文化距离与国际物流供应链关系风险的理论模型，并对后续研究的展开步骤作了简单介绍。

第四章，我国与"一带一路"沿线其他国家间贸易关系实证分析。首先，本章描绘了 2005～2019 年这 15 年间"一带一路"进出口贸易总量及变动趋势。其次，通过统计 2005～2019 年"一带一路"沿线国家中进出口排名前 10 位的国家以及其在总量中所占的比例，找到了现阶段"一带一路"沿线重要的贸易参与国家。最后，基于社会网络分析法、合作网络分析、密度分析、中心性分析以及小团体分析，分析了我国在"一带一路"沿线国家中现阶段及潜在的重要贸易合作伙伴。

第五章，文化距离对物流绩效的影响分析。基于国家间的文化距离可以引发物流绩效差异，进而导致物流供应链关系风险的判断。首先，阐述了文化距离、物流绩效的概念及衡量因素。其次，在此基础上对文化距离与物流绩效差异的关系进行了分析，分析内容主要从权利距离差异与物流服务能力差异、权利距离差异与物流基础设施质量差异、不确定性规避差异与物流服务时间差异、个人主义或集体主义差异与物流服务能力差异、男性化或女性化差异与国际运输便利性差异、长期取向或短期取向差异与国际运输便利性差异、自我放纵或约束差异与货物运输及时性差异、文化维度差异与海关效率差异以及文化维度差异与货物可追溯性差异等9个方面展开。最后，利用结构方程分析文化距离对物流绩效可能存在的影响关系。

第六章，物流绩效对我国物流供应链关系风险影响实证研究。首先，基于我国进出口贸易视角，在基本引力模型基础上引入物流绩效解释变量进行拓展，并在实证研究中增加"贸易国是否接壤"这个虚拟变量来反映其对贸易流量的影响实证分析 LPI 指数对我国进出口贸易的影响。其次，为进一步探究 6 个 LPI 分项指标对我国对外贸易的影响并具体考察其影响的差异性，以便提出针对性政策。本章还以各分项指标分别代替模型中的 LPI_{it} 变量，从而得到 6 个分项指标的回归方程。最后，采用 2007～2019 年面板数据，分析 10 个"一带一路"主要贸易合作伙伴物流绩效与我国对外贸易之间的关系，并得出相应结论。

第七章，结论与政策建议。首先，总结了本书通过理论建模分析和案例研究得出的 3 点结论。其次，在这些结论的基础上提出了"一带一路"背景下我国物流产业发展的政策与策略。策略内容包括 3 个方面：（1）文化距离方面，包括强化构建企业风险防范机制建议、有效发挥政府引导作用建议、积极推动国内外互信体系建设等建议；（2）物流绩效方面，包括改善海关效率、物流基础设施以及物流服务能力等建议；（3）预防供应链风险方面，包括强化对供应链关系风险传导源头的监测与应对、削弱供应链关系风险传导中间载体的传递承载能力以及提高供应链关系风险传导宿主的风险防范能力等建议。

目 录

绪　论

第一节　研究背景与问题提出

一、研究背景

（一）"一带一路"倡议发展现状

习近平总书记于 2013 年 9 月 7 日和 2013 年 10 月 3 日在分别出访哈萨克斯坦和印度尼西亚时提出了共建"丝绸之路经济带"和"21 世纪海上丝绸之路"的构想（以下简称"一带一路"）。其中，"一带"主要包括北方丝绸之路经济带、中巴经济走廊及孟中印缅经济走廊三部分；"一路"则主要指海上丝绸之路。2015 年 3 月 28 日，由国家发改委、商务部、外交部联合制定的《推动共建丝绸之路经济带和 21 世纪海上丝绸之路的愿景与行动》颁布实施，正式拉开了"一带一路"建设的序幕。2017 年 10 月 24 日，党的十九大通过关于《中国共产党章程（修正案)》的决议，推进"一带一路"建设等正式写入党章。在国家高层的引领下，"一带一路"宏观构想不断丰富完善，相关政策与制度安排务实推进，得到了众多沿线国家的积极响应。

从 2013 年"一带一路"倡议提出至 2019 年这 7 年，我国不断与"一带一路"相关国家深化经贸合作，提升贸易投资自由化和便利化水平，持续推进更高水平对外开放，催生了世界经济新格局。截至 2019 年 7 月底，我国与"一带一路"相关国家的经贸合作取得了骄人的成绩，已与 136 个国家和 30 个国际组织签署了 195 份政府间合作协议，商签范围由亚欧地区延伸至非洲、拉丁美洲、南太平洋地区以及西欧等相关国家。①

随着我国贸易往来持续增长，中欧班列累计开行数量近 1.7 万列，国内开行城市达 62 个，境外到达 16 个国家的 53 个城市②。我国与沿线国家贸易额占外贸总额的比重逐年提升，由 2013 年的 25% 提升至 2019 年的 41.5%，与"一带一路"沿线国家进出口总额由 2013 年的 1.04 万亿元上升至 2019 年的 1.34 万亿元③，货物种类也由最开始的电脑、手机等电子产品，逐步扩大到服装鞋帽、粮食、葡萄酒、汽车及配件等人民日常生活必需品。

对外投资方面持续拓展。2013～2019 年，中国企业对"一带一路"沿线国家非金融类直接投资累计超过 1000 亿美元，年均增长 4.4%，较同期全国平均水平高 1.4 个百分点④，主要投向新加坡、越南、老挝、印度尼西亚等国家。

合作区平台建设有序前行。截至 2019 年底，纳入商务部统计的境外经贸合作区累计投资 419 亿美元⑤，吸引了数千家企业入驻，产业聚集效应显现。其中，在"一带一路"沿线国家建设的合作区累计投资 350 亿美元，上缴东道国税费超过 30 亿美元，为当地创造就业岗位 33 万个⑥。

吸收外资稳步提升。2013～2019 年，"一带一路"沿线国家对华直接投资超过 500 亿美元，设立企业超过 2.2 万家⑦。2019 年，"一带一路"沿线国家在华实际投入外资金额 84.2 亿美元，同比增长 30.6%，占同期中国实际吸收外资总额的 6.1%⑧。

构筑面向全球的高标准自贸区网络也在不断加速。截至 2019 年底，中国已与 25 个国家和地区达成了 17 个自贸协定，正在开展 12 个自贸协定谈判或升级谈判，以及 10 个自贸协定联合可行性研究或升级研究。⑨

---

① 江聃. "一带一路"建设为全球贡献新活力 [N]. 证券时报，2019－09－18.
② 陈烈伟. 中欧班列开行正展现蓬勃生命力 [N]. 华龙网，2019－09－13.
③④⑤⑥⑦⑧ 陈甬军，罗丽娟. "十四五"如何打好"一带一路"高质量发展的"中场"[N]. 中国一带一路网，2020－11－02.
⑨ 商务部国际贸易经济合作研究院：《中国"一带一路"贸易投资发展报告 2020》。

各国政府为了更好地融入"一带一路"倡议、联合制定合作规划,纷纷根据本国国情积极进行相关战略对接。例如,"一带一路"与欧盟"容克计划"、俄罗斯"欧亚经济联盟"、蒙古国"发展之路"、哈萨克斯坦"光明之路"、波兰"琥珀之路"、印度尼西亚"全球海洋支点"、菲律宾"大建特建计划"、匈牙利"向东开放"等众多发展战略实现对接。此外,我国与沿线国家一道,在港口、铁路、公路、电力、航空、通信等领域开设了大量合作,不但有效提升了这些国家的基础设施建设水平,同时也为今后的合作打下了坚实的基础。例如,铁路方面,中老铁路、中泰铁路、雅万高铁、匈塞铁路等的积极推进;港口方面,瓜达尔港、汉班托塔港、比雷埃夫斯港、哈利法港等进展顺利;航空方面,空中丝绸之路建设加快,已与126个国家和地区签署了双边政府间航空运输协定;能源方面,加大能源资源通信设施合作力度,中俄原油管道、中国—中亚天然气管道保持稳定运营,中缅油气管道全线贯通①。

(二)"一带一路"倡议与物流活动

物流(logistics)原意为"实物分配"或"货物配送",是供应链活动的一部分,是为满足客户需要而对商品、服务消费及相关信息从产地到消费地的高效、低成本流动和储存进行的规划、实施与控制的过程。现代物流泛指将原材料、产成品从起点至终点伴随相关信息有效流动的全过程。现代物流将运输、仓储、装卸、加工、整理、配送与信息等方面有机结合,以形成完整的供应链并为用户提供多功能、一体化的综合性服务。在《中华人民共和国国家标准:物流术语》里,提出物流是物品从供应地到接收地的实体流动过程,根据实际需要,将运输、储存、装卸、搬运、包装、流通加工、配送、回收、信息处理等基本功能实施有机结合。关于物流的定义有很多,不同的专家学者、不同的相关机构都从不同的角度给出了定义与解释。但综合来看,它们都无一例外地强调了,物流是为商品交易提供服务的活动,它能保障商品生产的连续性,甚至直接参与生产,是

---

① 商务部国际贸易经济合作研究院:《中国"一带一路"贸易投资发展报告2020》。

商品交易不可缺少的流通渠道。

另外，物流交通基础设施也是实现完整物流活动的重要组成部分。物流交通基础设施是指在供应链的整体服务功能上和供应链的某些环节上，满足物流组织与管理需要的、具有综合或单一功能的场所或组织的统称，它包括公路、铁路、港口、机场、管道等各种为满足货物运输需求而建设的基础设施及其厂房、硬件设备，信息通信设施等。物流活动通过将物质资料从供应方到需要方的物理性移动创造时间价值和空间价值。在整个创造经济价值的活动中物流基础设施起到了举足轻重的作用。物流基础设施中的运输通道与机械保证了物资能顺利地跨越地域进行流动、实现物理位移。通信设备使得物流过程有实时信息的指引，保证了物资能够及时准确到达目的地。仓储设施能保护物资在存储过程中的质量与使用价值。因此，物流基础设施的完善，无疑是保障物流过程顺利进行的前提条件，是保障物流业健康发展的重要物质条件。特别是国际贸易领域中涉及国家间的交通枢纽、重大工业基地、跨国商贸中心、重要的物资集散及口岸地区等，均需要综合配套的物流基础设施予以辅助。此外，在提供物流服务的过程中，一个地理区域内的或单一的一类交通物流基础设施部门无法仅以自己的力量完成全程物流活动的传递，只有通过使用不同的基础设施或不同的基础设施组合才能完成。因此，交通物流基础设施的网络性使得地理空间各单元连为一体，网络状交通运输体系的形成会加快生产要素在区域间的流动，交通基础设施形成的网络系统是国际贸易经济空间的"脉络"，也是跨国贸易经济聚集与扩散的重要条件。

"一带一路"倡议发端于中国，贯通中亚、东南亚、南亚、西亚乃至欧洲部分区域，东牵亚太经济圈，西系欧洲经济圈，囊括了世界上跨度最长的两大经济走廊，是最具发展潜力的经济带。它的核心是要深化沿线相关国家的经贸合作，提升贸易投资自由化和便利化水平，形成世界经济新格局。在此过程中，物流活动毋庸置疑是实现"一带一路"沿线国家间经贸合作的基础和保障。此外，"一带一路"的主要内容包括"五通"，即政策沟通、道路连通、贸易畅通、资金融通及民心相通。毋庸置疑，物流活动在初始阶段，交通物流基础设施的建设及互联互通是当然的优先和重点。即"一带一路"沿线地区或国家的经贸合作不但需要物流活动的支撑，还需要具备完善的交通物流基础设施，以及交通物流基础设施的硬件联通，如铁路、公路、管道、光缆的物理连接，以及规章制度、标准与规范、政策，甚至双方人文交流合作方面的软件联通。若协调工作不足，就可能因为流量拥塞而出现不连不通、连而不通、通而不畅，这必将对深化区域合作构成一定障碍。因此，"一带一路"倡议规划是以基于包括公路、铁路、港口和机场等在内的运输通道的物流活动为纽带，又以纽带间的互联互通为前提和基础的新型区域合作安排。依托物流活动及物流基础设施的互联互通，"一带一路"不但有利于实现对接沿线各国和地区的联动发展与共同繁荣，而且还将对外开放的重点延伸至我国经济仍然落后的广大中西部内陆地区，开辟以陆路为纽带的对外开放新通道，这为中西部地区缩小在 40 多年改革开放中的差距提供了前所未有的机遇。

（三）"一带一路"倡议与文化因素

"一带一路"倡议是借用古丝绸之路的历史资源，以促进欧亚各国间经济上的相互促进与融合为核心目标，旨在共同打造经济融合、文化包容、政治互信的利益共同体与命运共同体。虽然"一带一路"倡议的首要任务是推进中西方的经济合作与发展，但国际经济合作往往会受到各国文化、政治、社会等多重因素的影响，因此，它同时也是一条联结不同国家和区域间的文化纽带。正如美国著名政治学家乔治·霍兰所说："尽管每个国家或地区有着各异政府组成和法律规章，但背后决定这些的都是长久在该区域发源、发生和发展来的人类文明。"[①] 另外，无论是经济或者其他任何形式的合作，建立互信关系无疑都是双方顺利达成目标的首要前提，而文化因素是影响国家间政治互信最重要和最关键的因素之一。由此可知，国家或地区间的任何领域的交流合作都无一例外地体现着文化因素，"一带一路"正是以文化因素为基础的国家间的经济合作。

---

① 乔治·霍兰. 政治学说史 [M]. 邓正来，译. 上海：上海人民出版社，2008：21-22.

　　人类文明发展史告诉我们，地理、气候、生产和生活方式等不同因素在全球范围内构成了"一方水土养一方人"的文化形态。人类在适应不同环境的过程中长期形成的文化形态，既体现为不同的语言、思维方式和交流方式，也体现为不同的物质条件、风俗习惯和行为方式。历史上丝绸之路是跨越时空最广、自然景观与人文遗产最为丰富的历史文化通道，全球超过68%的自然遗产、70%的民俗和74%的自然保护区分布于丝绸之路沿线；全球旅游总量的70%分布于丝绸之路沿线，涉及60多个国家、44亿人口。沿线60多个国家和地区有78种官方或通用语言，合并相同语言后仍有分属九大语系的53种语言。① 沿线国家民族历史文化遗产承载了不同民族在历史、宗教、语言、习俗、建筑、美学、经济等方面的杰出成就。今天"一带一路"堪为人类不同文明、文化之间沟通、对话、融通、互鉴的多彩走廊，涉及的文化文明丰富多元，存在中华文明、印度文明、美索不达米亚文明、花剌子模文明、埃及文明、波斯文明和两河文明等文明系统，各种文明的思维理念有着极大的不同，国家之间的文化特征也具有较大的复杂性和差异性，不同国家或地区在价值观、准则、制度、宗教信仰等方面存在一定的文化距离。多民族、多宗教、多语言、多习俗，政治立场、利益诉求、行为模式都存在巨大差异，充满文明、文化的多样性②。

　　以同属世界四大文明古国的我国与印度为例，它们都是东方最有影响的两种文化体系，两千多年以来两种文化始终存在着密切的对话与交流。正像这两种文化体系是由许多不同的领域构成的一样，在不同文化影响下的两个国家所信奉的世界观、人生观、价值观也有着显而易见的、不同程度的差异。

　　文化上的相互理解构成一切方面相互理解的基础与纽带。相反，文化距离则会造成交流的误解、障碍甚至冲突，难以建立彼此间的信任与承诺，增加了国家间协调的难度。现实也确实印证了这一论断。从当前我国

---

　　① 程小红."一带一路"：让沿线各国历史文化遗产转动起来［N］.中国建设新闻网，2019－09－24.

　　② 秦德君，朱莹.后疫情时代"一带一路"与人类命运共同体战略性调适［J］.学术界，2020（7）：32－41.

"一带一路"各省份贸易数据可知，新疆维吾尔自治区是与中亚五国交易的主要国内生产总值（GDP）贡献者，而广东、广西、福建、上海等则是与东南亚周边 11 个国家贸易往来程度较高的省份。[①] 究其原因，不难发现，各省份与其贸易往来频繁的国家，往往都具有相近的地缘和文化因素，在文化习俗上具有一定的共性，在拥有相近文化、习俗的地区之间展开贸易交流往往更为通畅。因此，我国在推动"一带一路"建设过程中难免会与沿线各国和各地区间由于文化差异而产生摩擦或碰撞，与沿线各国或地区间在经济合作过程中也难免会受到文化距离的影响。

（四）"一带一路"的供应链合作伙伴关系

从另一个角度来说，"一带一路"是以包括功能性服务商、国际物流服务企业及最终客户等在内的国际物流供应链为纽带，又以纽带间的相互协调配合为前提和基础的新型区域合作安排。国际物流供应链本质上是由功能性服务商、国际物流服务企业以及最终客户组成的一个多层级的企业联盟，各部分之间相互协调配合，通过物流、资金流、信息流的交换与流通，使物流服务增值的物流网络体系。这种众多参与实体之间的协调配合进而产生了供应链合作伙伴关系。

供应链合作伙伴关系是一种介于企业与市场之间的虚拟组织结构，并且各企业之间环环相扣，形成了一个彼此之间相互依赖、紧密联系的利益共同体。因此，供应链合作的成功不仅受到企业自身能力的影响，更取决于伙伴间良好的合作关系。但是，合作伙伴通常分处于不同的政治、经济、科技及自然环境，且只有部分目标重合，因此他们的合作不可避免地存在着极大的不确定性。这就意味着各节点企业更易遭受由相互之间各种作用关系所产生的风险。这种由于合作关系本身而产生的特殊风险，即关系风险。关系风险一般被认为是无法获得满意合作的可能性和结果（Das & Teng，1998），或伙伴机会主义行为的可能性和结果（Nooteboom，1997）。

---

① 商务部国际贸易经济合作研究院：《中国"一带一路"贸易投资发展报告 2020》。

由此可见，影响国际物流供应链关系风险的一个主要因素就是合作伙伴关系，而合作的成功主要依赖于彼此间遵守承诺、相互信任。一旦合作伙伴间因沟通不畅而产生矛盾甚至猜忌，风险就会随之产生。国内外学者的研究结果也印证了这一点，他们普遍认为供应链关系风险的产生主要源于 3 个因素：一是合作伙伴间的利益的冲突或目标的不一致；二是松散的供应链结构导致合作伙伴之间控制或归属关系的缺失；三是合作伙伴之间缺乏必要的沟通和相互信任。其中，文化差异是引发第 3 类因素的主要原因。有学者指出，文化差异不利于伙伴间发展良好的合作关系（Park Sh & Ungson Gr.，1997），它不会直接、但会间接地通过其他媒介，例如，信任、交流的程度，影响供应链绩效，处理不慎则会导致关系紧张、矛盾冲突甚至供应链的失败或解体（Mejias，1996）。

具体来说，国际物流供应链是由各参与企业之间通过签订协议、契约等暂时性安排凝聚在一起的契约式联盟。联盟中的企业间既合作又竞争，且联系企业的协议与契约往往法律约束力较弱，缺乏相应的监督与惩罚机制，联盟的稳定性也会相对较差、成功率相对较低。有数据统计显示，战略联盟的失败率大多介于 50% ~ 60%，由伙伴关系问题引起的风险约占失败原因的 70%（Anne Murphy，2000）。因此，国际物流供应链中存在着较大的合作风险的威胁，合作的成功极大地依赖于企业彼此之间的承诺与信任。与此同时，国际物流供应链中的每一个参与企业都是独立的经济实体，拥有自身特定的文化背景与利益导向。文化背景不同的企业可能会由于语言、行为习惯及信息理解方面的沟通障碍引发误解、矛盾甚至冲突，难以建立彼此间的信任与承诺。过大的文化差异还可能使企业间无法进行有效的信息与资源共享，再加上利益冲突的存在，就可能使拥有信息多的一方企业在利己主义思想的驱动下，为了保持自己的竞争优势而有意隐藏信息资源，提高了机会主义行为发生的可能性，进而引发关系风险。这种失信行为还会通过供应链上的链状关系形成连锁反应，最终破坏国际物流供应链联盟关系。另外，不同文化背景下的企业，其企业文化体系往往也相差较大。可能会因为各自秉持的价值观、经营理念、管理方式及道德标准的不同而对同一问题存在不同的理解与响应方式，导致企业间在思维方式与行为方面产生冲突和误解，进而增加了企业间协调的难度，增加了物流供应链的交易成本，关系风险也随之产生。当这种思维与行为模式上的差异无法有效地融合时，成员企业还可能采取消极的回避方式，甚至诱发不利于联盟关系的行动，从而加大国际物流供应链关系风险。

综上所述，依托国际物流供应链中不同国家企业间的协作，"一带一路"有利于实现对接沿线各国和地区的联动发展与共同繁荣。随着我国与"一带一路"沿线国家间经贸合作的不断升级，跨境物流数量呈几何倍数递增，国际物流供应链所面临的由文化距离引起的供应链关系风险也在不断加剧。

有效实施"一带一路"倡议，其重点工作在于加强"五通"，而民心相通是其中的重点工作。国之交在于民相亲。没有老百姓之间的沟通和了解，国与国的合作只能是"水中月、镜中花"的幻象。民心相通涵盖科技创新、媒体合作、人才交流、环境保护等多个领域，不仅意味着中外人民在上述多个领域上的接触，还意味着中外人民通过这些了解和接触增进彼此间的友谊和信任。而民心相通的载体是文化，"一带一路"文化传播是促进民心相通的有效路径。特别是当下我国正处于百年未有之大变局，面临新冠肺炎疫情等众多冲击，"一带一路"建设面临更多需要疏解的民心问题。在"一带一路"沿线合作国家面对更多不确定性因素的同时，文化交流更有不同寻常的意义。多元互动的人文交流格局，有利于促进"一带一路"沿线合作国家的文化传播、文化互鉴，实现民心相通，化解因沟通缺乏、紧急事件冲击造成的隔阂。

二、问题提出

基于以上思考，本书拟探讨的问题包含如下几方面：

第一，"一带一路"背景下，当国际物流供应链涉及我国与其他文化背景不同的国家时，在国际物流供应链的哪些方面将会体现出文化差异？如何对国际物流供应链中由于双方国家的文化差异而引起的碰撞与冲突进行解构？这些碰撞及冲突与文化差异之间存在怎样的关系？

第二，"一带一路"背景下，当国际物流供应链涉及我国与其他文化背景不同的国家时，物流绩效是否会受到文化差异的影响？文化差异越大，物流绩效会呈现什么变化？文化差异越大，物流绩效中的哪些方面会受到影响？影响的力度如何？

第三，"一带一路"背景下，当国际物流供应链涉及我国与其他文化背景不同的国家时，文化差异可能会引发哪些供应链关系风险？影响路径是什么？这些风险又都有哪些具体的表现？

第四，"一带一路"背景下，当国际物流供应链涉及我国与其他文化背景不同的国家时，物流绩效与物流供应链关系风险之间是否存在相互作用？作用的路径是怎么样的？

第五，通过什么途径与方法，我国能够正确识别并预防由文化差异导致地与其他"一带一路"沿线国家间的物流供应链风险。

第二节　国内外研究综述

一、文化距离理论研究

20 世纪 80 年代，随着国家文化维度理论的提出（Hofstede，1980）及文化距离指标的构建（Kought & Singh，1998），研究文化距离对国际贸易与对外投资的影响开始受到关注（Paul D. Ellis，2007）。一方面，艾尔萨斯和维加（Elsass & Veiga，1994）、布瓦索和费兰蒂诺（Boisso & Ferrantino，1997）、费尔伯迈尔和图巴尔（Felbermayr & Toubal，2010）、塔德斯和怀特（Tadesse & White，2010）等认为：不同的文化背景增加了经济交流的难度，会影响国家之间的贸易成本。两国之间的文化距离越大，信息交流难度越大，心理距离也越远，贸易成本通常也越高。因此，贝达萨和塔德斯（Bedassa Tadesse，2008）、陈昊、陈小明（2011）、万伦来、高翔（2014）和尚宇红、崔惠芳（2014）等提出文化距离对贸易有抑制作用，给出口贸易带来负面影响。反之，曲如晓、韩丽丽（2010）研究得出，相似或相近的文化有利于国家间贸易，文化相似度越高，越有利于双边进口和差异化产品贸易的增加。兰克惠岑（Lankhuizen，2011）、隋月红（2011）还提出国家间的文化距离能够促进贸易往来，增加生产产品的品种，扩大消费者的选择范围。另有一部分学者得出了更为复杂的结论，例如，贝格尔斯代克（Beugelsdijk，2004）认为文化距离与国际贸易间呈驼峰型非线性关系；阚大学、罗良文（2011）和刘洪铎、李文宇、陈和（2016）等认为文化距离与双边贸易间或呈"U"型或呈倒"U"型关系。

另一方面，大部分研究，例如，清水和希特（Shimizu & Hitt，2001）、格洛伯曼和夏皮罗（Globerman & Shapiro，2002）、张吉鹏（2014）、韩民春、江聪聪（2017）等都认为文化差异阻碍了企业进行对外直接投资。亨纳特、让·弗朗索瓦·拉里莫和约玛（Hennart，Jean François Larimo & Jorma，2010）、周凌霄（2007）、陈相森（2013）、君特（Günter，2008）还提出文化差异越大，投资国与东道国的企业交往越难，信息搜索成本和交易成本越大，投资规模越小，企业绩效越差。有一小部分学者强调文化差异的积极影响，例如，佐洛（M. Zollo，2002）、穆罕默德·费萨尔·艾哈迈德（Mohammad Faisal Ahammad，2011）、埃文斯和乔迪（Evans & Jody，2000）、施泰纳（Steigner，2011）认为国家之间的文化距离的存在，使得双方相互学习的机会增多，优势互补效应明显，从而对投资绩效存在正向提升作用。由于文化距离对投资的双重性影响，还有一些学者提出文化距离对投资的影响不仅仅是简单的线性关系，更可能出现复杂的非线性关系。例如，殷华方、鲁明泓（2011）认为文化差异与国际投资之间存在非线性的水平"S"型关系，綦建红（2012）则提出了"U"型关系。

二、供应链风险理论研究

国外学者对供应链风险的研究较早，从不同角度提出了供应链风险的定义，国内学者在积极借鉴的基础上进一步深入研究并取得了一定的成果。大部分学者，如帕德马纳班（Padmanabhan，1997）、丁伟东（2003）等基本都认同供应链风险是一种潜在的、由供应链系统的脆弱性导致的供应链上下游企业的损害和损失，马丁克里斯托弗（Martin Christopher，1998）、卢松泉（2009）提出供应链风险是由于各种不确定因素使供应链企业实际收益与预期收益发生偏差的大小及可能性。在此基础上，有学者对供应链风险的产生原因做了翔实的研究，郭红（2013）认为供应链风险可以分为内生风险和外生风险，张炳轩（2001）、马士华（2003）则认为它包括自然风险与社会风险。但与此同时，霍利汉（Houlihan，1987）指出很多学者都忽略了风险的来源，它可能存在于供应链内部也可能来自外部环境。而后，埃克霍特、高利尔和施莱辛格（Eeckhoudt，Gollier & Schlesinger，1995），李波、何建敏（2004），杨毓、蒙肖莲（2006）等尝试从供应链组织关系角度研究供应链风险，并将供应链合作伙伴间的风险分为关系风险和绩效风险两类。其中，达斯和邓（Das & Teng，1996）、诺特布姆（Nooteboom，1997）、徐贤浩、马士华（2000）提出供应链关系风险是指无法获得满意合作的可能性和结果或伙伴机会主义行为的可能性和结果，它的不确定性来自伙伴间的合作关系，因此强调合作才能双赢。德勒（Deloitte，2004）通过调查研究得出伙伴关系是决定战略联盟成功与否的主要原因，佐证了供应链关系风险管理问题重要性。此后，还有学者以电子行业、家电行业等为特定研究背景进行的关系风险研究逐渐深入，都分析了交易双方关系风险的重要性并提出了调节风险的策略，认为它是决定战略联盟成功与否的主要原因。刘雅（2014）、刘雪梅（2008）通过研究还发现绩效风险的不确定性存在于企业和环境之间的交互，是在供应链上所有合作成员都合作的情况下，由于市场或环境等不确定因素的存在，无法达到合作目标的不确定性。

此外，有部分学者致力于探究供应链关系风险的来源以及影响因素，朱倩（2002）阐述了合作伙伴关系中的能力风险与合作风险，并指出合作风险源于利益冲突以及松散的供应链组织结构。解琨等（2003）提出了3种供应链战略联盟形式，认为管理协作、技术与知识产权、激励以及信用是供应链战略联盟风险的主要来源。孙波（2007）则结合我国企业供应链合作伙伴关系现状，认为供应链合作关系的相互合作与依赖性容易引发供应链关系和绩效两方面的风险，提出风险的来源包括利益冲突、组织结构以及缺乏必要的沟通和相互信任。刘雪梅（2008）详细分析了供应链合作伙伴关系的风险来源和风险因素，提出合作风险、能力风险及绩效风险是主要风险来源，而信息不对称、相互依赖性增强、合作伙伴同时参与多条供应链是主要风险因素。仅有极个别的学者提到了文化差异对供应链关系风险的影响，例如，刘永胜（2011）认为供应链关系风险管理的重点应集中于供应链战略联盟关系风险，其关系风险主要包括目标冲突风险、信息风险、信任风险、激励风险以及文化差异风险。

三、文化距离对供应链风险影响理论研究

学者们大都认同文化差异严重地威胁到了供应链的稳定性，罗（Luo，2002）认为供应链成员间的文化差异会给战略联盟带来潜在的关系紧张和矛盾冲突等问题，达斯（Das，2010）提出该矛盾若处理不慎则会导致联盟的失败或解体。帕克（Park，2004）、崔（Choi，2006）进而提出成员间文化差异越小，越有助于减少冲突，降低交易成本，促进伙伴间的相互了解与沟通以及信任的培养，进而形成双赢的伙伴关系。而过大的文化差异则会给联盟关系的发展带来巨大的挑战（Park Sh，Ungson Gr.，1997），例如，联盟中文化背景不同的企业有可能因为价值观和经营理念的不同，造成在思维方式和行为方面产生冲突和误解，增加了联盟的交易成本（Das T. K. et al.，2010）。此外，陈菲琼（2010）、李（Li，2010）等还提出文化差异过大会导致联盟成员间的沟通障碍，还可能引发难以建立彼此间的信任与承诺，提高机会主义行为发生的可能性等问题的出现。福佳和克里斯汀（Fu Jia & Christine，2010）、福佳（Fu Jia，2016）、程焦鸿（Jao-Hong Cheng，2016）等还聚焦于中国的特殊文化背景，通过分析中国与西方国家文化的不同，提出文化差异是引起供应链关系风险的主要原因。中国文化里的关系网文化是引发供应链关系风险的源头。理解并

接纳对方的文化可以显著降低供应链关系风险。

四、研究述评

从以上对国内外研究现状的分析可以看出,已有许多专家学者在供应链风险以及文化维度的方面做了大量的研究并取得了丰硕的成果,但把供应链关系风险引入物流管理领域、并从文化维度探讨物流供应链关系风险的研究还很少,未形成系统的研究,存在有较大的可研究空白。总的来说,目前的研究存在以下三个方面的问题:

(1)已有研究多关注于一般供应链关系风险,研究内容包括供应链关系风险的内涵、重要性以及来源。但是,物流供应链关系风险与一般的供应链风险在风险类型、影响因素和特点上有很大的区别,而深入剖析国际物流供应链关系风险的研究较少。

(2)已有研究中对文化因素影响国际贸易与对外投资的结论很多,但文化因素是通过何种方式和途径影响物流供应链还未得到很好的解决,将文化距离作为国际物流供应链关系风险影响因素并探究其影响路径的研究更是相对缺乏。

(3)基于我国特殊文化背景,分析文化差异对我国与"一带一路"沿线其他国家间物流供应链关系风险影响的研究相对缺乏。特别针对"一带一路"中面临的交流上的误解、矛盾甚至冲突问题,理解不同文化的差异及其造成的影响就显得尤为重要。

第三节　研究意义

本书研究的意义体现在理论与实践两方面。理论意义在于研究结论反映出的相关规律与研究发现对科学理论的贡献,实践意义在于应用相关规律为解决实际问题带来的贡献。

一、理论意义

（1）本书以国际物流中参与提供服务的各组织之间的关系为研究起点，提出国际物流供应链关系风险的概念并对其内涵与特征进行深入挖掘，将有助于解析国际物流与供应链风险之间的影响关系，也将为进一步开展跨文化物流服务中文化差异对物流供应链关系风险的影响相关研究提供基础性支持。

（2）本书尝试基于文化维度理论，分别从权力距离、不确定性的规避、个人主义与集体主义、男性化与女性化、长期取向与短期取向，以及自我放纵与约束等维度揭示国际物流风险形成的影响因素与影响路径。这进一步发展了国际物流风险的理论研究，也是弥补当前"一带一路"背景下国际物流风险研究的不足。

（3）本书以物流绩效作为传导媒介，把文化距离与国际物流风险整合进同一个理论框架，提出了文化距离与国际物流供应链关系风险的理论模型，丰富和完善跨文化物流服务研究的理论体系和研究范畴。

二、实践意义

（1）本书利用社会网络分析方法研究我国与"一带一路"沿线其他国家间在进出口贸易上的合作特点，尤其是要明确我国在"一带一路"沿线国家中现阶段及潜在的重要贸易合作伙伴，从而既能从政策角度提出应对现阶段物流供应链风险的建议，同时又为预防未来合作中可能出现的物流供应链风险打下基础。

（2）本书以我国与"一带一路"重要贸易合作伙伴为研究对象，实证分析单个文化维度对总文化距离的影响，以及总文化距离对物流绩效差异与国际物流风险的影响，并探讨这些影响对"一带一路"的推进产生的消极作用。这不仅有利于地方政府制定合理的物流产业发展政策，而且有利于物流企业依据交易对象的不同文化特征调适自身的战略决策，从而在不同文化维度上构建合理的战略决策组合,这对促进我国物流企业及物流产业与"一带一路"的互动发展具有重要实践意义。

第四节　研究内容

本书的研究内容分为七个部分:

第一章,绪论。首先,在阐述了本书的研究背景基础上,提出了拟探讨的 3 大类问题,即:(1)国际物流供应链的哪些方面将会体现出文化差异;(2)文化差异是否会对物流绩效产生影响;(3)文化差异可能会引发哪些供应链关系风险。其次,在国内外研究综述中,对文化维度理论、供应链风险理论、文化距离对供应链风险影响理论进行了全面归纳总结,并提出了现有研究存在的问题与不足。在此基础上,最后提出了本书的主要内容、理论意义与实践意义、研究方法以及技术路线。

第二章,国际物流供应链关系风险综述。首先,总结了国际物流的概念,认为这种跨越国家的全球物流形式具有复杂性增强、需面对不同的经济科技条件及难以建立统一的标准 3 个方面特点。在此基础上,对国际物流供应链的内涵与特点进行了概括,认为它是以国际第三方物流企业为核心企业,通过身处不同地域的货主、收货方与提供运输、储存、货代等服务的国际功能型服务商的协同合作,在对国际物流供应链上的资金流、物流、信息流的控制过程中来实现客户价值以及物流增值。它具有专业化程度高、协调难度大、功能服务范围广 3 个方面特点。其次,分别对风险、供应链风险、供应链关系风险的概念进行了解释与辨析,尤其是提出了供应链关系风险是合作者不履行联盟承诺并可能采取机会主义行为从而使供应链可能受到的损害。最后,从虚拟的组织结构、物流信息不对称以及企业各自特点多元化等 3 个方面分析梳理了国际物流供应链关系风险的形成机理。

第三章,文化与文化距离综述。首先,归纳了文化概念。(1)文化的内涵,提出价值观是文化中的核心要素;(2)文化的特点,包括群体性、层次性、发展性、社会性、一致性及共生性。其次，在此基础上归纳总结了文化维度与文化距离。（1）文化维度相关理论，包括霍夫斯泰德（Hofstede）6 个维度理论、施瓦茨（Schwartz）10 类维度理论、克卢克霍恩－斯特罗德贝克（Kluckhohn-Strodtbeck）6 大文化维度理论、特罗姆佩纳尔（Trompenaars）的 7 维文化架构理论以及特里安迪斯（Triandis）的个体主义/集体主义理论；（2）国家文化距离，认为其本质是指不同国家的文化在价值观、思维方式、语言及非语言沟通方式等诸多方面的差异程度，并提出了本书认为合理的计算国家文化距离的公式。最后，提出了文化距离与国际物流供应链关系风险的理论模型，并对后续研究的展开步骤作了简单介绍。

第四章，我国与"一带一路"沿线其他国家间贸易关系实证分析。首先，通过描绘 2005~2019 年这 15 年间"一带一路"进出口贸易总量及变动趋势，显示出"一带一路"倡议降低了我国的外贸风险，扩展了我国的贸易合作伙伴的范围，将我国巨大的生产供给能力与沿线国家的巨大需求联系起来，为互利双赢创造了美好前景。其次，通过统计 2005~2019 年"一带一路"沿线国家中进、出口排名前 10 位的国家及其在总量中所占的比例，找到了现阶段"一带一路"沿线重要的贸易参与国家包括中国、韩国、俄罗斯、新加坡、印度、沙特阿拉伯、泰国、越南、波兰、马来西亚、印度尼西亚、土耳其及阿联酋。最后，为了明确中国在"一带一路"沿线国家中现阶段潜在的重要贸易合作伙伴，基于社会网络分析法、合作网络分析、密度分析、中心性分析及小团体分析，得出印度、韩国、马来西亚、泰国、越南、新加坡、印度尼西亚、土耳其、俄罗斯、阿联酋等 10 个国家对我国"一带一路"现阶段及今后的贸易合作推进会产生重要的影响。

第五章，文化距离对物流绩效的影响分析。基于国家间的文化距离可以引发物流绩效差异进而导致物流供应链关系风险的判断，首先，阐述了文化距离、物流绩效的概念及衡量因素。其次，在此基础上对文化距离与物流绩效差异的关系进行了分析，分析内容主要从权利距离差异与物流服务能力差异、权利距离差异与物流基础设施质量差异、不确定性规避差异与物流服务时间差异、个人主义或集体主义差异与物流服务能力差异、男性化或女性化差异与国际运输便利性差异、长期取向或短期取向差异与国际运输便利性差异、自我放纵或约束差异与货物运输及时性差异、文化维度差异与海关效率差异及文化维度差异与货物可追溯性差异等 9 个方面展开。最后,利用结构方程分析文化距离对物流绩效可能存在的影响关系,并得出了文化距离对物流绩效差异具有正向影响,按照影响从大到小排列分别为海关效率差异、物流基础设施质量差异、物流服务能力差异、国际运输便利性差异、货物运输及时性差异及货物可追溯性差异。

第六章,物流绩效对我国物流供应链关系风险影响实证研究。首先,基于我国进出口贸易视角,在基本引力模型基础上引入物流绩效解释变量进行拓展,并在实证研究中增加"贸易国是否接壤"这个虚拟变量来反映其对贸易流量的影响,实证分析 LPI 指数对我国进出口贸易的影响。其次,为进一步探究 6 个 LPI 分项指标对我国对外贸易的影响并为具体考察其影响的差异性以便提出针对性政策,本章节还以各分项指标分别代替模型中的 LPI_{it} 变量,从而得到 6 个分项指标的回归方程。最后,以我国与 10 个"一带一路"主要贸易合作伙伴,即印度、韩国、马来西亚、泰国、越南、新加坡、印度尼西亚、土耳其、俄罗斯、阿联酋为研究样本,采用 2007 ~ 2019 年面板数据分析物流绩效与我国对外贸易之间的关系。由此,得出结论:(1)从 LPI 整体回归来看,LPI 与贸易额之间有显著相关性,具体表现为 LPI 每提高 1%,贸易额将增加 1.892%;(2)从 LPI 分项指标回归结果来看,各分项指标对我国进出口贸易的影响系数均显著为正,排序依次为海关效率、货物运输及时性、物流基础设施质量、物流服务能力、国际运输便利性和货物可追溯性。

第七章,结论与政策建议。首先,总结了本书通过理论建模分析和案例研究得出的 3 点结论,分别为:(1)国家间的文化距离与国家间的物流绩效差异具有正向相关关系;(2)物流绩效对我国与"一带一路"主要贸易伙伴的进出口贸易有着正向的影响;(3)国家间的文化距离会导致物流绩效的差异,而物流绩效的高低不同影响了我国与"一带一路"主要贸易伙伴间的进出口贸易额。其次，在这些结论的基础上提出了"一带一路"背景下我国物流产业发展政策与策略建议，内容包括 3 个方面：（1）文化距离方面，包括强化构建企业风险防范机制建议、有效发挥政府引导作用建议、积极推动国内外互信体系建设等建议；（2）物流绩效方面，包括改善海关效率、物流基础设施以及物流服务能力等建议；（3）预防供应链风险方面，包括强化对供应链关系风险传导源头的监测与应对、削弱供应链关系风险传导中间载体的传递承载能力以及提高供应链关系风险传导宿主的风险防范能力等建议。

第五节　研究方法与技术路线

一、研究方法

本书研究方法包括以下几种：

第一，文献研究与实地调研。综合运用国家文化维度理论、供应链管理学理论、物流管理理论等对文化距离引起的国际物流供应链关系风险内涵进行研究。同时采用文献收集和实地调研相结合的方式，对本土和跨国的文化维度特点作调研和访谈。

第二，质性分析与数理研究结合。在质性研究方面，通过文献查阅和理论的逻辑梳理，构建文化距离与国际物流供应链关系风险的理论模型。进一步采用数理统计分析方法，如社会网络分析法、结构方程分析法以及扩展的引力模型，使用 Ucinet、Eviews、SAS 等软件进行数据的统计分析。

第三，规范研究与实证分析相结合。从规范性研究角度提出"一带一路"国家间文化距离的概念框架和文化距离与国际物流供应链关系风险的理论模型。然后从实证角度，结合调研数据，对文化距离的影响路径进行验证和发展。使本项目的主要研究结论既具有前瞻性，又具有较强的可操作性。

二、技术路线

本书研究思路如图 1-1 所示。

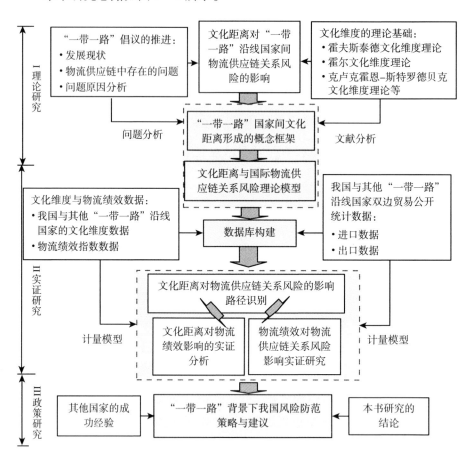

图 1-1　本书研究思路

国际物流供应链关系风险综述

第一节　国际物流与国际物流供应链

一、国际物流的概念及特点

（一）国际物流的概念

国际物流又称全球物流，是指生产和消费分别在两个或两个以上的国家独立进行时，为克服生产和消费之间的空间距离和时间距离，对物资进行物理性移动的一项国际商品交易或交流活动，从而完成国际商品交易的最终目的，即实现卖方交付单证、货物和收取货款，而买方接受单证、支付货款和收取货物的贸易对流条件。其实质是根据国际分工的原则，依照国际惯例，利用国际化的物流网络、物流设施和物流技术，实现货物在国际的流动与交换，以促进区域经济的发展与世界资源的优化配置。国际物流的总目标是为国际贸易和跨国经营服务，即选择最佳的方式与路径，以最低的费用和最小的风险，保质、保量、适时地将货物从某国的供方运到另一国的需方。

（二）国际物流的特点

国际物流与国内物流相比在物流环境，特别是物流的软环境方面存在着很大的不同。原因有三点:第一,不同的国家有不同的与物流相适应的法律法规和国情特征,这使国际物流的复杂性增强;第二,不同国家有不同的经济与科技发展水平,使国际物流处于不同的经济科技条件的支撑下,导致国际物流全系统无法有效地顺利衔接,运作水平下降;第三,不同国家有不同标准,使国际物流系统难以建立一个统一的标准。因此,物流环境的这些差异迫使一个国际物流系统需要在多个不同法律、人文、习俗、语言、科技环境下运行,无疑会大大增加国际物流动作的难度和系统的复杂性,带来的直接后果就物流风险的增大。

二、国际物流供应链的研究

(一) 国际物流供应链的内涵与特点

1. 物流供应链的内涵

20 世纪 90 年代,在世界范围内,随着各国生产力发展水平的提升以及科学技术的进步,社会分工逐渐从一国国内向国际延伸,使得国际分工的广度与深度的不断加大,出现了全球经济一体化的特征,致使任何国家都不可能包揽一切,而是需要依靠国际合作才能实现既定经济目标。为了适应这些变化,供应链管理模式应运而生。供应链是由供应商、制造商、销售商、零售商、直到最终用户连成一个整体的功能网络结构模式。它围绕核心企业,通过信息流、物流、知识流、服务流和资金流等,将核心制造商、供应商、分销商、零售商直到最后客户,连成一个整体的功能网链结构的模式。供应链管理模式是通过企业间的协作,协调并整合供应链中所有的活动,最终成为无缝连接的一体化过程。

与此同时,物流的发展也经历了从后勤补给到配送再到对供应链管理研究的进化过程。供应链管理概念的提出极大地拓展了物流管理包含的范围,物流管理不再局限于企业内部,而是围绕整体物流目标而建立起来的具有高度适应性的可实现不同企业间联动的"合作竞争"模式。物流管理不再仅仅将保证生产过程连续性作为目标,而要在供应链管理过程中发挥更为积极的作用，如通过优化物流路径降低用户成本，与上游企业协调制造活动以提高企业敏捷性，提高物流服务水平以留住赢利顾客等。按照供应链管理的思想，国际物流是供应链各个环节之间利用现代物流技术和国际化的物流网络，根据需求而进行的跨越国界和地区的商品、服务和信息的流动和配置的过程。因此，国际物流供应链是由功能性服务商、国际物流服务企业以及最终客户组成的一个多层级的企业联盟，各部分之间相互协调配合，通过物流、资金流、信息流的交换与流通，使物流服务增值的物流网络体系。

关于物流供应链的概念在学术界仍存在争议，国内外学者从不同角度对物流供应链的内涵进行了诠释，目前并没有一个统一的定义。张德海（2007）在其著作《物流服务供应链的协调机制研究》中提到美国供应链管理专业协会（CSCMP）认为物流供应链是公私有制物流企业共同参与的过程。劳伦斯（Lawrence，2010）认为物流供应链是指将所需产品从供方向需求方提供的过程中，按照最为经济高效的方式，运作相关的运输工具和方法，将运送过程划分为相关的区间段，通过管理组织将各阶段的运送方式密切地联系在一起的一种物流模式。克里斯托弗（Christopher，2010）提出不同的配送管理方式、工具、线路和物流点共同构成了物流供应链的内容，它是将物流方式、工具、设备、信息等多个内容进行整合以发挥最高效率的管理模式。布兰查德（Blanchard，2012）认为物流供应链是衔接不同企业间联系的重要纽带，是供应链的实物环节，对供应链的运作效率起着非常重要的作用。物流供应链与供应链是有区别的，物流供应链主要涉及企业在生产经营中的原料、半成品等在供应商、企业和客户之间的流动，而不涉及生产或制造中的具体环节。

目前，学术界对物流供应链有不同的理解与表述，但一般认为物流供应链是以第三方物流企业（3PL）为核心，通过对流通过程中物流、信息流、资金流等的优化配置，实现物流各功能环节（运输、储存、装卸搬运、包装、流通加工、配送等）、功能组织（发货商、运输企业、港口、机场、船公司、货代企业、航运企业）相互协同的网络组织。

2. 国际物流供应链的内涵与特点

根据物流供应链的概念,国际物流供应链就可以定义为,它是以国际第三方物流企业为核心企业,通过身处不同地域的货主、收货方与提供运输、储存、货代等服务的国际功能型服务商的协同合作,通过对国际物流供应链上的资金流、物流、信息流的控制来实现客户价值以及物流增值的过程。

与一般物流供应链相比,国际物流供应链的特点可以体现在以下三个方面:

第一,专业化程度高。国际物流供应链主要以进出口贸易企业为服务对象,而传统的国际贸易业务流程涵盖范围广,包括贸易合同签订、出口商备货、进口商委托银行出具信用证、出口商根据信用证以及合同规定准备提单、根据信用证要求的船期租船订舱等若干环节。因此,完善的国际物流供应链应既包括传统的运输、仓储、海运代理等服务,也包括银行、保险高附加值的金融服务,且各功能服务商专业性强,专业化程度高,能够根据客户的要求提供标准的专业化的服务。

第二,协调难度大。国际物流供应链往往涉及多个国家的参与主体,每个主体所在国家在市场环境、进出口贸易政策、法律法规、文化风俗等方面都存在一定的差异,这些差异会导致它们在同一件事情上的处理方式各异,必然会带来多方关系协调上的困难。此外,国际物流供应链不但涉及物流,更是涵盖商流与资金流,只有这三者无缝衔接,国际物流供应链才能顺利地实现自身的功能,各方利益才能实现最大化。商流存在货物品质、数量及船期、付款方式的协定等问题,资金流存在提单、信用证等问题。因为国际物流供应链跨越国界的特点,使得本国参与主体无法对外国合作伙伴实现实时、严密的监管,有可能导致在这些问题上的蓄意的欺诈行为,难以建立长期、稳定的合作关系。

第三,功能服务范围广。国际物流供应链在一定程度上可以为客户深化服务范围与服务能力。例如,一般国际贸易合同中会有保险条款,如海渍险、平安险等,若国际物流企业能够汇集各商家的险种需求,并达到一定的交易数量,就有能力与保险公司谈判从而达成一个优惠的折扣条件。

这不但为出口的商家获得了保险费用上的优惠，同时也有利于增加出口商与保险公司的相互信任。

同理，由国际物流企业促成的这种稳定合作关系有利于协助货主处理境外的跨境运输等保险事故；在国际贸易活动中有利于使银行与货主形成均衡的合作关系，从而货主在信用证的审查、办理时间及承兑方面均可获得不同程度的优先权，这尤其对于急需资金周转的货主具有重要的现实意义，对于降低银行贷款风险也具有深远影响。

（二）国际物流供应链的分类

国际物流供应链包括产品供应链和服务供应链两类，其中产品供应链传递有形产品，而服务供应链则传递的是无形产品。目前，学术界对国际物流供应链的研究重点在后者，普遍认为它的产生是物流行业细分与制造业非核心业务外包的结果。田宇（2003）提出物流服务供应链的结构应包括集成物流服务总供应商、集成物流服务供应商以及制造零售企业。崔爱平（2008）认为物流服务供应链是具有客户需求导向的，围绕核心企业，整合链上资源建立的一个从供应商到需求方的功能型网链结构模式。宋华、于亢亢（2008）通过对比传统产品供应链与服务供应链两者的差异，认为服务供应链结构包括业务流程、管理成分以及网络结构三部分。杨阳（2012）以分形理论为基础，构建了服务供应链的相似性测度模型，分析了供应链的网络结构，并运用港口物流服务供应链中的实例来验证。在绩效评价方面，闫秀霞（2005）提出了物流服务供应链绩效评价指标体系，包括协同发展能力、物流能力水平、成本情况、用户满意度和绿色竞争力。

（三）国际物流供应链的特点

从上述有关国际物流供应链的概念表述中可知，国际物流供应链的若干定义无一例外都强调了它是一个物流网络体系。在这个物流网络体系中，不但要经过发货商、运输企业、港口、机场、船公司、货代企业、航运企业等众多物流实体，而且还要在不同的政治、经济、科技及自然环境下协调各方利益关系，易导致各种不确定因素的增加，从而加剧了物流供应链风险。

此外，一方面，买方市场的形成及激烈的市场竞争使得产品的生命周期大幅缩短，种类繁多、性质各异的产品层出不穷，加大了物流服务的难度。另一方面，消费个性化、配送实时化等需求的旺盛引发了服务的多变性，加之服务的生产与消费的同时性、没有缓冲余地的特点，就使得国际物流供应链运行的风险更大了。因此，国际物流供应链的多环节结构、多行为主体以及多领域运作的特点决定了其风险特征的复杂多样性。在物流供应链可靠性和风险方面，张德海等（2009）认为物流服务供应链是由若干个子系统串联构成的，其可靠性是指在既定的时间与条件下完成规定物流服务的能力，并在给出物流服务供应链可靠性分析的基本假设、相关定义与定理的基础上，采用故障树分析法求出了各节点和各结构的可靠性。高志军等（2010）在分析物流服务供应链风险产生原因和研究风险管理流程模型的基础上，构建了改进的物流服务供应链的五阶段风险管理模型。

第二节　风险与供应链关系风险

一、风险

国内外专家学者在风险的内涵方面有比较丰富的研究成果，例如，普里切特（Pritchett T. S.，1996）、特里施曼（Trieschmann，2001）、杨红芬（2002）、徐红晖（2003）等认为风险通常是预期成果与实际成果之间存在偏差的可能性，是遭受损失、伤害、不利和危险的可能性，是对特定情况下未来结果的客观疑虑，是潜在损失的变化范围与变动幅度。在经典决策论中，风险还被定义为与特定选择相关的、可能的得与失的概率分布的变化。在2009版《辞海》中风险是指人们在生产建设和日常生活中遭遇可能导致人身伤亡、财产受损及其他经济损失的自然灾害、意外事故和其他不测事件的可能性。

纵观前人对风险的研究，主要集中在两个方面：一是不确定性方面，二是损失性方面。1921年著名经济学家、芝加哥学派创始人弗兰克·奈特（Frank H. Knight，1921）在其经典名著《风险、不确定性和利润》一书中首次明确讨论了风险和不确定性之间的辩证关系并进行了对比区分，认为概率型随机事件的不确定性就是风险，非概率型随机事件就是不确定性。风险不会为经济行为人提供获利的机会，而不确定性则提供了获利的机会。之后，很多学者沿着这个视角继续研究，马奇和夏皮拉（March & Shapira，1992）等称风险为不确定性；将风险定义为在给定的条件和某一特定的时期，未来结果的变动；认为风险是事物可能结果的不确定性，可由收益分布的方差测度；或者认为风险是公司收入流的不确定性；又或者将证券投资的风险定义为该证券资产的各种可能收益率的变动程度等。但与此同时有一些学者混淆了风险与不确定性的界限，甚至有些人得出了与奈特完全相反的结论，如赫什莱弗和莱利（Hirshleifer & Riley，1992）并不认同奈特对风险与不确定性的区分，反而认为风险和不确定性是等价的。

风险的另一研究视角是损失性，即把风险看成是一种损失类型。美国著名学者海那斯（Hayes，1895）最早从损失性的角度对风险进行了定义，提出风险是损失发生的可能性大小。此后，也有一些学者从同一角度作出了与该定义类似的解释，如克莱恩（Crane，1984）等将风险定义为损失的不确定性，它意味着未来损失的不确定性。段开龄（1993）认为风险可以引申定义为预期损失的不利偏差。朱淑珍（2002）在总结各种风险描述的基础上，把风险定义为：风险是指在一定条件下和一定时期内，由于各种结果发生的不确定性而导致行为主体遭受损失的大小，以及这种损失发生可能性的大小，风险是一个二位概念，风险以损失发生的大小与损失发生的概率两个指标进行衡量。王明涛（2003）提出风险是指在决策过程中，由于各种不确定性因素的作用，决策方案在一定时间内出现不利结果的可能性及可能损失的程度。它包括损失的概率、可能损失的数量及损失的易变性三方面内容，其中可能损失的程度处于最重要的位置。

上述研究表明，风险既具有不确定性，同时又具有损失性。同时，从广义上讲，只要某一事件的发生存在着两种或两种以上的可能性，那么就认为该事件存在着风险。因此，风险有消极和积极两面性。如果说风险仅指不确定性，不同于损失性，既指向坏的结果，也指向好的结果，那么就不能提"防范风险""规避风险""化解风险"等，因为如果风险还有好的、积极的一面，就不应该"防范""规避""化解"了。正因为如此，在风险的不确定性和损失性这两种属性中，损失性是更为根本的属性，唯有损失性才能揭示风险中"险"的内涵，没有损失性，也就无所谓风险。损失性是风险的属性，也只有损失性才能揭示风险中的险的内涵，风险中的不确定性是指损失的不确定性，风险的本质应当是指损失的不确定性。

二、供应链风险

(一) 供应链风险的内涵

供应链的概念起源于物流学，是一个从最初原材料生产、零部件加工、产品装配、销售至最终消费者的全过程，同时它也是一个由独立的经济实体组成的网络体系。目前在供应链的研究中有一部分学者关注于供应链风险，国内外学者从多种角度对供应链风险的内涵进行了阐述，主要包括以下几种类型。

1. 从供应链发生损失的可能性对供应链风险进行定义

克兰菲尔德管理学院 (Cranfield School of Management, 2002) 提出供应链的环境复杂性使其风险因素众多，而这些风险因素可能导致供应链出现运行效率降低、成本增加，甚至导致供应链失败等损失。韩东东 (2002) 认为参与供应链的每一个企业都有各自的利益诉求、目标市场及企业文化等不同特点，这会增加企业间协调的成本及供应链运作中的不确定性，它们导致的供应链损失就是供应链风险。倪燕翎 (2004) 认为供应链运作涉及众多环节，如运输、装卸、储存等，这种复杂的特点致使其中任何一个环节出现问题而导致的损失就是供应链风险。朱怀意 (2006)、楚扬杰

（2006）等提出由供应链中蕴含的不确定性而导致的供应链整体机能失调甚至中断等损失的可能性及其危害就是供应链风险。

2. 从供应链偏离预定目标的可能性对供应链风险进行定义

丁伟东（2003）认为供应链风险是供应链偏离预定目标的可能性，它是一种潜在威胁。张存禄（2004）、杨俊（2005）等提出，供应链的多环节与跨地域等特性导致其易受到外部环境和供应链内部的各种不利因素的双重影响，从而容易偏离了其既定目标。德勒（Deloitte，2004）在其研究报告中，指出供应链风险是指那些能够破坏供应链运行环境，导致供应链管理无法达到预期目标甚至致使供应链失败的不确定因素或意外事件。胡金环（2005）提出供应链在运行中由于无法预测的不确定因素导致企业实际收益与预期收益产生偏差，这种偏差出现的可能性就是供应链风险。

3. 从供应链风险的来源对供应链风险进行定义

米凯尔·L. 麦克莱恩（Mihcael L. Mclain，2000）提出供应链风险存在于供应链管理的存货管理、供应商管理、技术支持、预算和管理结构等层次间，层次不同则风险程度也有所不同。尤卡·哈利卡斯（Jukka Hallikas，2002）认为供应链风险包括与需求相关的因素、运输绩效能力的强弱、财务状况好坏因素及砍价能力的大小四个方面的内容。齐迪辛（Zsidisin，2003）把供应链风险分为三个来源，分别是单个供应商失败的货物供应、供应市场中的采购企业不能满足顾客需求及供应环节潜在的偶发事件。宁钟（2006）认为供应链风险包括自然灾害和人为因素引致的两类风险。

从以上几种不同定义可以看出，供应链风险是所有能够给供应链及其成员企业带来危害、破坏和损失的一种纯粹风险，其中的各种无法事先预测的不确定因素是供应链风险的主要来源，包括那些影响和破坏供应链安全运行使之达不到供应链管理预期目标，造成供应链效率下降、成本增加，导致供应链网络失败或解体的各种不确定因素或意外事件。

（二）供应链风险的类别

国内外学者在风险的类别上研究成果颇丰，许多文献从不同角度做出了不同的划分。最常见的一种划分方式是把供应链风险划分为内部风险和外部风险。如马士华（2000）认为供应链内生风险包括道德风险、信息扭曲、个人理性等，外生风险包括供应、需求、政治、经济、法律及技术等方面的风险。理查德·布伦奇利（Richard Brenchley，2003）把供应链风险分为内、外两种类型，内部风险包括供应链运作风险、产品市场风险、财务风险及治理风险，外部风险包括经济风险、技术风险、社会风险、政治风险、法律风险及环境风险。李欢（2005）提出供应链内部风险来源包括网络结构、成本分担、信息传递、合作伙伴、利益分配、主观行为、核心企业及契约诚信因素；外部风险来源则包括顾客需求波动及非理性、竞争者、环境突变、基础条件、自然环境等因素。特蕾莎·吴（Teresa Wu，2006）不但将风险分为内部与外部两个类别，而且按照可控程度的不同进行了进一步细分，内部风险分为内部可控风险、内部部分可控风险、内部完全不可控风险，外部风险分为外部可控风险、外部部分可控风险、外部完全不可控风险。杨俊（2005）认为供应链风险包括环境风险、内部风险和整体风险。

此外，有一部分学者按照风险产生的后果对供应链风险进行分类。如约翰逊（Johson，2001）提出供应链风险可分为需求风险与供应风险。哈利卡斯等（Hallikas et al.，2004）把供应链风险分为需求风险、财务风险、交货履约风险及定价风险。苏尼尔·乔普拉等（Sunil Chopra et al.，2004）认为供应链风险应包括破裂风险、延迟风险、信息技术风险、预测风险、库存风险、采购风险、知识产权风险、生产能力风险及可接受风险。桑圣举（2006）对供应链风险管理进行分析和总结，将供应链面对的风险划分为合作风险、信息风险、道德风险、契约风险及外部环境风险等。

还有一些学者分别从需求者和决策者两个角度概括供应链风险来源。尤卡·哈利卡斯（Jukka Hallikas，2002）从顾客角度出发，认为顾客需求的不确定性和需求传递过程的不确定性是风险的两个重要源头。范德沃斯特（Van der Vorst，2002）则从决策者角度出发，提出决策者不能清晰地知道供应链目标、缺乏供应链相关信息及处理信息的能力、无法准确预测不同方案对供应链的影响、缺乏有效的控制行动等是风险的源头。

三、供应链关系风险

关系风险概念的出现源于西方学者对供应链中联盟企业间关系的研究。作为其中的代表，瑞纳和范德文（Ring & Van de Ven，1994）提出联盟的不确定性包括两个方面：一是关于未来环境的不确定性；二是关于合作者是否值得信赖所导致的不确定性。根据瑞纳和范德文（Ring & Van de Ven，1994）的区分逻辑与研究结果，达斯和邓（Das & Teng，2001）等提出了一种新的供应链风险分类方式，即把供应链风险划分为关系风险和绩效风险两大类。其中关系风险（relational risk）是指联盟双方由于合作上的不尽如人意而带来的风险，是联盟伙伴不按照期望方式承担联盟相应义务的某些可能性与结果，其源于可能会阻碍联盟战略目标达成所谓的关系合作问题，例如，联盟伙伴的机会主义行为倾向所导致的关系问题。绩效风险（performance risk）则是指除了联盟双方不尽如人意的合作之外所有影响联盟运行绩效的内外部因素所引致的风险，是即使联盟伙伴充分合作，但是仍然危害联盟战略目标达成的某些可能性与结果，例如，虽然联盟企业具有强烈的学习欲望，但是在联盟合作过程中仍然不能有效地学习和转化知识。由此可知，这两种风险的来源是不同的，关系风险来源于联盟企业之间；绩效风险则来源于联盟企业与外部环境之间。

在关系风险的内涵方面，还有一些国内外学者提出了不同的观点。如诺特布姆等（Nooteboom et al.，1997）认为关系风险是合作伙伴机会主义行为的结果和损失。陆奇岸（2006）研究指出，关系风险是指合作者不履行联盟承诺并可能采取机会主义行为从而使联盟可能受到损害。陈菲琼和虞旭丹（2010）研究指出，企业联盟的关系风险特指联盟伙伴可能的机会主义行为或是对联盟缺乏忠诚而造成的潜在损失。江琳琳（2011）研究认为，由于联盟各主体之间存在合作关系而产生的风险均属于关系风险。

在其他方面，王凤彬和刘松博（2005）通过研究联盟中关系风险与各类资源的关系，从资源角度分析了联盟关系风险的性质、来源及其相应的控制措施。达斯和邓（2001）研究了在不同风险情况下，对应的联盟结构选择的问题，认为在关系风险很高的情况下不应该依赖社会控制，而应该加强正式控制。

在关系风险的来源方面，学术界一般认为关系风险是由于联盟成员之间存在着各种利益冲突和可能的机会主义行为，导致联盟遭到破坏的可能性。其主要有以下两个来源：第一，联盟成员潜在的机会主义行为，如逃避义务、窃取资源、违背承诺和信息失真。第二，联盟各方的利益冲突，如目标冲突、利润冲突、兼并风险。近些年来，还有学者从不同角度进行了更为细致的划分，例如，陈菲琼、虞旭丹（2010）将跨国联盟关系风险的影响因素划分为资源类、组织类、利益类和信任水平四种类型。第一，资源类包含非对称的联盟专有资源、资源异质、学习竞赛等三个方面。联盟企业投入的资源差异来自两个方面：一是资源的属性差异，二是资源的数量差异。企业投入的资源数量越多，专有性越强，那么对于联盟的依赖就越强。第二，组织类包含股权水平、目标不相容、过程不公平、行为模式差异、文化差异度。组织类的关系风险是和组织构成相关的内容，更多地体现在合资类的联盟当中。第三，利益类包含共同利益、分配不公平。就联盟本身而言，其目标是联盟整体的利益最大化或是竞争力的最大提升，但是对于不同的联盟企业来说，各个伙伴企业之间的利益目标有可能存在着很大的差异，这种差异必然会影响到联盟的协同效应。第四，信任水平包含联盟期限、产出的压力、关系水平、勒逼。这一类型的关系风险跟战略联盟双方的信任水平相适应。相对而言，联盟的期限越长，信任水平越高、关系水平越高，越不可能产生由于产出压力而导致的机会主义行为。

第三节　国际物流供应链关系风险的形成机理与特点

一、国际物流供应链关系风险的形成机理

国际物流供应链是跨境电子商务交易中，从事国际物流行业的物流企

业之间达成合作的关系，实现国际资金流、国际信息流、国际物流等的有效控制，将国际供应商、国际分销商、国际零售商有效连接起来，构建起一张比较完善的网链结构。国际物流供应链管理则是国内物流供应链管理的延展，是将供应链管理应运用于国际物流的体现，是在国际市场范围对企业内部及企业之间商业活动的管理，以客户需求为中心、市场需求为导向，围绕核心企业，通过产品研发管理、生产管理、财富管理和营销管理等活动，寻求供销企业和最终客户之间的战略伙伴关系，减少浪费和内耗，实现资源优化配置，谋求附加值增益，满足最终客户需求。国际物流供应链关系风险则是指在这一管理过程中，参与企业之间由于目标、利益等方面协调上的困难，进而导致合作上的不尽如人意，从而导致的风险。这种关系风险会由供应链内外部各种不确定性因素共同引发，且因为供应链系统中的各节点企业之间的相互依赖关系，导致任何一个企业出现问题都有可能波及和影响其他企业，从而影响整个供应链的正常运作。总的来说，国际物流供应链关系风险的来源包括以下几个方面。

（一）虚拟的组织结构带来的管理风险

虚拟组织结构，也称为网络型组织，是指临时把人员或企业召集起来，以利用特定的机遇，待目标完成后即行解散的一种临时组织。它是一种只有很精干的核心机构，以契约关系的建立和维持为基础，依靠外部机构进行制造，销售或其他重要业务经营活动的组织结构形式。在此基础上，1993 年约翰·伯恩（John A. Byrne）提出了虚拟企业的概念，将它描述为企业伙伴间的联盟关系，是一些相互独立的企业（如供应商、客户、甚至竞争者）通过信息技术连接的暂时联盟，这些企业在诸如设计、制造、分销等领域分别为该联盟贡献出自己的核心能力，以实现技能共享和成本分担，其目的在于建立起某种特定产品或服务的世界一流竞争能力，把握快速变化的市场机遇，它既没有办公中心也没有组织结构图，可能还是无层级、无垂直一体化的组织。此后，20 世纪 90 年代以来，随着科技进步和社会发展，世界经济发生了重大变化。人们根据自己生产、工作和生活的需要，对产品的品种与规格、花色式样等提出了多样化和个性化的要求。面临信息技术的发展、竞争的加剧及全球化市场的形成，没有一家企业可以单枪匹马地面对全球竞争，企业为求得生存与发展必须具有高度的柔性和快速反应能力。为此，现代企业向组织结构简单化、扁平化方向发展，于是就产生了能将知识、技术、资金、原材料、市场和管理等资源联合起来的供应链模式。

供应链作为一种具有虚拟组织结构的模式，它的提出是为了方便对多重供需关系的管理，即供应链管理（supply chain management），它实际上是一种管理运营思想，通过为供应商、制造商、分销商和客户提供方便快捷的信息服务，同步并优化由用户驱动的信息流、资金流和物资流，以满足甚至超过客户的需求，并且在目标市场上获取最大的财务、运作和竞争优势。在这种模式中，合作是组织存在的基础，组织成员间必须以相互信任的方式行动，只能通过高度自律实现团队共同目标。相较于传统的组织结构能横向实行职能分工，纵向实行高度的垂直整合，对企业活动、信息和技术实现广泛、严格的控制。供应链这种虚拟的组织结构突破了以内部组织制度为基础的传统的管理方法，合作伙伴之间的协调和控制是通过市场机制和合同来进行的，各成员又保持着自己原有的风格，势必在成员的协调合作中出现问题。因此，在这种虚拟的组织结构中对经营活动失去控制的可能性大为增加，易导致系统风险的产生。

系统风险指由供应链自身系统结构决定的，使供应链系统不能有效发挥其功能并遭受损失的可能性。国际物流供应链本身就是一个系统，而且是一个由许多独立的各参与节点企业环环相扣构成的非线性复杂系统，这种复杂性系统有其独特的系统动力结构，这种结构决定了系统不确定性的存在，导致了系统的紊乱，带来了风险。杜哲（2013）提出，系统动力学认为在一个复杂性动力系统中，系统每一部分运动导致的最终结果具有完全不同于部分的特征。国际物流供应链中各节点企业都是独立的市场主体，他们有各自不同的行业背景、环境与利益诉求，都在追求自己利益的最大化。国际物流供应链是一种打破企业的传统边界并在市场与企业之间建构起的一种中间组织形式。这种虚拟的企业管理模式，不能像传统企业集团那样通过严格的规章制度有效地约束各成员企业的有限理性与机会主义行为，各节点企业之间的协调主要通过供应链战略联盟这种暂时性安排来实现。但是，这种没有法律约束力并且缺乏监督与处罚机制的联盟结构是不稳固的，可能随时都在微调、更改，甚至存在分崩离析的可能性。各参与节点企业若是仅依靠彼此信任来维持合作，那么这种合作一定不可能是长期而稳固的。国际物流供应链的这种固有特性，使得各参与节点企业很可能因为不符合自己的预期目标或行为方式而导致物流供应链不能顺利运行，于是由系统风险导致的关系风险就随之产生了。同时，国际物流供应链上的每一个成员企业为防止其他企业的机会主义行为，需要花费大量的人力、物力与财力，这无疑再次加大了供应链的协调成本。

以耐克在越南的代工厂为例。作为全球最大的运动服饰品牌，耐克并没有一家自己的生产工厂。它的制造理念是剥离非核心业务，把更多的精力花在了技术、研发、材料等这些把握未来市场需求的地方。因此，耐克凭借合同制造商等联盟方式，通过东南亚地区的廉价工厂代工生产，然后再将产品销售到北美、欧洲、亚洲等主要市场。其中，越南已成为耐克最大的鞋类和皮革加工国，耐克鞋产量的 50% 以上由越南代工厂加工和制造①。2020 年新冠肺炎疫情的暴发与持续蔓延导致越南的制造业遭受到强烈的冲击，大批生产线上的工人因为惧怕新冠肺炎疫情传染而纷纷逃离工厂和城市，当地政府也采取了严格的防疫举措，这使得代工厂的正常运转一度难以为继，基本处于关闭状态。2021 年 7 月中旬，耐克近 80% 的鞋类制造商和其在越南的一半服装供应商被迫停止生产，越南工厂的关闭导致耐克取消了大约 1.3 亿件产品的生产。由此，受越南新冠肺炎疫情影响，物流供应链中断危机随之产生，耐克鞋在美国面临断供的风险，2021 年三季度商品库存创 30 年来最低纪录，仅能维持 1 个月左右的销售。新冠肺炎疫情同样波及了其他在越南设立代工厂的企业，iPhone 13 有四款机型的相机模块在越南组装，零件供应不上已明显影响到产品供货。德国服装巨头阿迪达斯，因代工厂交货延期已导致损失约 6 亿美元②。

---

①《越南：或将成为耐克最大的加工和生产工厂》[N]. 中国东盟博览杂志，2022 - 01 - 17.

②《断供！停产！日均倒闭 400 家企业！这里按下暂停键，上亿双耐克鞋无法交货，iPhone 也受影响》[N]. 每日经济新闻，2021 - 10 - 19.

（二）物流信息不对称或物流信息阻滞带来的物流信息风险

在物流管理中，人们要寻找最经济、最有效的方法来克服生产和消费之间的时间距离和空间距离，就必须传递和处理各种与物流相关的情报，这种情报就是物流信息。它与物流过程中的订货、收货、库存管理、发货、配送及回收等职能有机地联系在一起，使整个物流活动顺利进行。因此，对物流活动来说，物流信息承担着类似神经细胞的作用。具体来说：

（1）在制订物流战略计划时，如果缺乏必要的信息或信息流动不畅，会造成物流活动的混乱，甚至会作出脱离实际的计划决策，造成全局性的失误。此外，物流信息在订货、库存管理、进货、仓库管理、装卸、包装、运输、配送等具体物流环节的计划阶段，如安排物流据点，决定库存水平，确定运输手段，找出运输计划、发运计划的最佳搭配等方面发挥着重要作用。

（2）在物流活动实施阶段中，物流信息是物流活动的基础。一方面，物流系统中各子系统通过商品运输紧密联系在一起的。一个子系统的输出就是另一个子系统的输入。要合理组织商业企业物流活动，使运输、储存、装卸、包装、配送等各个环节做到紧密衔接和协作配合，需要通过信息予以沟通，商业物流才能通达顺畅。另一方面，物流信息还是进行物流调度指挥的手段。物流活动的顺利开展必须有正确且灵活机动的调度和指挥。而正确的调度和指挥又依赖于正确有效地运用物流信息。同时，利用物流运行过程中产生的反馈信息，还可以及时地对物流活动进行调整或重新规划。

（3）在物流评价阶段中。物流评价就是对物流计划与物流的实际运行效果进行检查与比对，对造成两者差距大的问题及时加以修正，如此循环往复，直至使物流活动进入更合理的状态。在这一过程中，只有掌握物流活动的全部结构，才能作出正确的评价，而这需要有翔实物流信息作为基础与前提。

保障国际物流供应链的顺利运行一个重要的前提条件是能够实现物流供应链中各参与企业间信息的互联互通。但是，在国际物流供应链的实际运行过程中，往往存在一些节点企业为了实现更高的自身收益，采取故意封闭、隐藏甚至歪曲信息的现象。这导致在国际物流供应链中尽管存在完善的内部信息系统，但它基本上不能顺畅地实现有效的信息传递，处于一个"信息孤岛"之上，无法发挥其应有的作用，信息风险随之产生。此外，由于国际物流供应链是一个由供应商、制造商、分销商、零售商，直到最终用户组成的网络，信息在该网络中双向流动，流动过程中难免出现信息传递失真逐步放大的现象，即"牛鞭效应"。这种信息在供应链中的扭曲可能导致：（1）增加供应链中的生产成本。上游生产企业为了应付信息失真增大的波动性，会被迫选择扩大生产能力或持有过量的库存，无论选择哪种做法都会增加单位产品的生产成本。（2）增加供应链中的库存成本。为了满足信息失真增大的需求波动，企业不得不保持比不存在"牛鞭效应"时更高的库存水平。因此，供应链中的库存成本增加了，库存水平增加同时还会导致所需的仓储空间增加，进而引发仓储成本的增加。（3）延长供应链中的补货提前期。有时会出现生产能力和库存不能满足订单的情况，从而导致公司和供应商的补货提前期延长。（4）增加供应链中的运输成本。由于"牛鞭效应"的存在，运输需求随着时间剧烈波动，为了满足高峰期的需求，不得不保持过剩的运输能力，从而增加了运输成本。（5）增加对每个环节绩效的负面影响，从而损害了供应链中各个环节之间的关系。因为每个环节的企业都认为自己尽力了，所以将这一责任归咎于其他环节。因此"牛鞭效应"导致供应链的不同环节彼此不信任，使得潜在的协调努力更加困难。综上所述，物流信息不对称或物流信息阻滞相关的物流信息风险会导致中间非价值活动增多，物流供应链中就会产生无法估计的风险。

发生在 2001 年的思科公司 22 亿美元库存注销案例就是一个有力的佐证。思科公司作为全球领先的网络解决方案供应商，自身并不生产它自己的硬件，也不编制自己的软件，而是把这些业务活动都外包出去。思科主要进行产品设计以及相关的研发工作，而后将设计出的图纸提交给可靠的供应商。一旦客户决定从思科购买产品，需先对销售合同达成协议，思科而后将客户的订单交付给合适的供应商，该供应商再将产品直接运送给客户。在这种运行模式下,思科的客户基于原先思科产品旺盛的市场需求,为了避免货物延期送达,过高地估计了需求量以及可能的缺货,这使得它们向思科发出了双倍的订单,思科随之按量从交货期最早的供应商那里进行了采购,思科的供应链系统便生成了巨大的需求预测。另外,思科的一级制造供应商由于担心缺货,于是就向其上游提供零部件的二级供应商也发出双倍的订单。二级供应商并不了解思科初始过高的预测,即按照一级供应商的采购需求制定了生产零部件的计划来满足它们认为是真实的需求。多环节错误需求预测的叠加,导致过高需求预测与实际不符的偏差程度进一步膨胀,以及随之产生的过度生产和库存积压。2000 年互联网泡沫破裂,市场一片萧条且需求急剧萎缩,但此时思科的路由器和交换机的存货量比客户愿意购买的数量高出了大约三倍,并且许多产品因为技术的迅速发展都已经过时了。2001 年 4 月,思科不得不注销了其 22 亿美元的库存,股价也由最高的 80 美元跌到 14 美元,公司市值蒸发掉 400 亿美元①。

(三)企业各自特点多元化带来的风险

特龙帕纳斯(Trompanas)等在分析文化的概念时认为,社会互动或有意义的交流要以人们相互交往前就存在处理信息的共同方式为前提。交流的双方因为能够对一种环境产生共有的解释或对同一个问题存在相同的理解,所以他们共同构成了一种相关联的意义体系,进而相互信任相互依赖。文化通过人们期望的和归结于环境所共享的意义的不同而相互区别,且文化一旦形成便具有很强的稳定性和继承性。一种特定的组织文化或职能文化不过是群体若干年来在解决所面临的问题和挑战时形成的自我组织的方式,每个国家或地区、组织甚至每个人都是一个文化系统。所以当各种文化系统在企业经营活动中相遇时,不同文化系统间的文化差异便潜在地构成了无法避免的文化风险。企业经营中的文化风险若不加以控制和规

---

① 《从思科兴衰到 ABB 沉浮,光环效应笼罩下的商业成败解读》[N]. 微信公众号:饶教授说资本,2021 - 01 - 07.

避，则会酿成文化冲突并导致决策效率低下、组织涣散、沟通中断，使企业蒙受巨大损失。对于跨国企业而言，它所面临的由多元文化带来的风险常表现在以下两个方面。

1. 组织内部因素引发的文化风险

即组织员工队伍的多元文化背景会导致个人层面的文化风险。跨国企业往往要从不同的国家和地区招募员工来广泛开展跨国跨地区的经济合作与往来，从而使组织内部同时存在多种价值观念、经营思想与决策方式。这些不同的观念、思想及行为方式之间难免会不断面临摩擦、冲击、更新与交替，进而在组织内部引发多种文化的碰撞与交流。这种碰撞与交流若不适当控制与引导，必定会引起员工间的猜忌、不信任甚至是相互对立的小团体，致使正常的经营活动或工作无法顺利开展，引发跨国企业由文化冲突导致的风险。需要注意的是，虽然由员工队伍多元化等内部因素引发的文化风险不如并购和跨国经营中的风险显著，但由于其具有潜伏性和持续性，同样也会给企业的经营活动造成十分重要的影响。相关的案例在跨国企业本土化过程中体现得尤为明显。大型跨国公司为在中国寻求新的增长点和新的发展机遇，往往需要积极推进本土化转型，这就需要中国本地的劳动力资源及智力资源。但随着越来越多的中国员工的加入，本土员工与外来管理者之间的文化冲突也愈加明显，而且已经不再仅限于外来管理者对下和本土员工之间的沟通，甚至还出现在企业战略制定等更加重要的层面上。以谷歌为例，它被人们认为是发展潜力巨大且前景良好的优秀企业。但谷歌在中国市场的失败有多重原因，其中不能忽视的一点，就是谷歌在本土化的过程中对本土文化重视不足，加上管理高层大部分是空降的"外来和尚"，总想要将跨国企业的规则完全复制到中国来，这在实际运作过程中必定遭遇阻力。因此，只要有外国企业在中国发展，中国人和外国人在一起工作，文化冲突问题就不可避免。这样的问题现在也同样出现了进行海外国际化发展的中国大公司中，比如联想和海尔等。

2. 跨国经营活动引发的文化风险

跨国经营使企业不得不面临东道国文化与母国文化的差异，这种文化的差异直接影响着管理的实践，构成了经营中的文化风险。在一种特定文化环境中行之有效的管理方法，应用到另一种文化环境中，也许会产生截然相反的结果。因此，由于文化间的差异会导致跨国经营管理中产生误会和不必要的摩擦，影响跨国公司工作的有效运行，对跨国经营企业走向经济全球化产生了巨大的挑战。这样的例子不胜枚举。

1998 年 5 月德国戴姆勒 - 奔驰汽车公司与美国克莱斯勒汽车公司合并，组建了戴姆勒 - 克莱斯勒汽车公司。但此次合并未取得预期的收益，在短短的 3 年合作中，不但克莱斯勒股票价暴跌 50% 以上，更是在 2002 ~ 2004 年裁员 26000 人，甚至连克莱斯勒的上层管理人员也纷纷"跳槽"，导致大量高层管理人才外流。对于此次失败的合并结果的产生原因众说纷纭，但不可否认的是，文化冲突因素是其中重要的源头之一。如克莱斯勒前任总经理斯托尔坎普（Stallkamp）所说："一个成功的合并公司必须抛弃各自的企业文化，创造双方都可遵循的一种文化。然而，我们没能整合两种文化形成强强联合，反而一直在争论该选择哪家企业文化作为新企业的企业文化。"① 综合来看，美国与德国的文化差异表现在 3 个方面：（1）美国和德国虽同属西方发达国家，但前者属于典型的强个人主义文化的国家，而后者则属于弱个人主义文化的国家、以集体利益为重，这一区别在处理薪酬待遇问题时凸显了出来。美方认为经理应按业绩取酬，对每一单成功的决策取得回报，且经理与员工的工资应有差距。对美方的这一做法，德方持有不同观点。他们以奖励集体成绩为主，认为经理与员工的工资应相对平等，过大的悬殊差异会导致贫富差距增大，最终危害社会稳定。（2）对待公司忠诚度差异明显。当美国员工遇到公司利益与个人利益相矛盾的情况下，他会毫不犹豫地维护自己的利益，不会作消极等待，反而积极主动地寻找能实现自我价值的新途径。这点也可以从克莱斯勒公司的高层管理人员在与德方合作发生阻碍时，通过频频"跳槽"以谋求新发展的举措得到印证。反观德国员工，保持对公司的忠诚度已成为他们共有的信念。（3）个性差异明显。美国员工崇尚个性且自信，认为他们的方法

---

① 庄恩平. 跨国公司文化冲突与融合——戴姆勒·克莱斯勒案例分析［J］. 管理现代化，2002（4）：53 - 56.

是最好的。而德国员工较为固执，对已作出的决定往往不会轻易放弃。因此他们在与其他文化背景的人合作时，易缺乏灵活性。正是因为该合并案中的员工大多来自德国和美国，而这两个国家不管在语言、行为、性格特征及思想上都有着截然不同的理念，同时这些文化冲突没有得到妥善的疏导与解决，造成了该合并案的失败。

二、国际物流供应链关系风险的特点

国际物流供应链是国际贸易的一个必然组成部分，各国之间的相互贸易最终都将通过它来实现。因此，国际物流供应链是不同国家之间的物流的整合，是国内物流的延伸和进一步扩展，是跨国界的、流通范围扩大了的物的流通。因此，国际物流供应链关系风险应具有以下基本特征：

（1）客观性和必然性。国际物流供应链中来自不同国家的企业往往在价值观、准则、制度、宗教信仰等方面存在一定的文化距离。文化距离会造成交流的误解、障碍甚至冲突，难以建立彼此间的信任与承诺，提高了国家间协调的难度，进而易导致关系风险。这些都是不以人们的主观意志为转移的。所以，国际物流供应链关系风险的发生有其客观性与必然性。

（2）动态性。国际物流供应链管理的目标是供应链的整合与优化，因此导致国际物流供应链关系风险的因素会与随着物流供应链的运作而出现并不断变化，具有动态性特征。

（3）传递性。由于国际物流供应链系统存在联动性的特点，各参与企业之间环环相扣，形成了一个彼此之间相互依赖、紧密联系的利益共同体。供应链合作的成功不但受到企业自身的能力的影响，更要取决于伙伴间良好的合作关系。因此，关系风险因素一旦产生就会在整个供应链系统中通过传导机制，给上下游企业以及整个供应链带来损害和损失。

（4）复杂性和层次性。国际物流供应链并不是将国内物流业务范围简单地向国际扩展，它是一个由国际物流服务企业、功能性服务商以及最终客户构成的一个需要相互协调与合作的国际网络组织。无论是从纵向（长度）还是横向（宽度）考虑，它的管理都更复杂、难度更高。这种复杂性导致其关系风险来源同样呈现复杂性的特征。另外，供应链的结构呈现层次化及网络化，不同层次的供应链企业对供应链运作的影响程度不同，同样的关系风险对不同层次的供应链成员的影响程度也不同。

第三章

文化与文化距离综述

第一节 文 化

一、文化的内涵

文化的内涵非常丰富，其外延几乎囊括了人类文明的各个方面。西方文化研究学者认为文化一词来源于拉丁语 Cultural，原意是指农耕及对植物的培育。自 15 世纪以后，逐渐引申使用，把对人的品德和能力的培养也称之为文化。1871 年文化人类学的创始人英国学者泰勒（E. B Tylor）在关于文化定义的文化经典 *Primitive Culture* 一书中提出："文化是一种非常复杂的，由多个因素整合而成，包含着知识、信仰、艺术、道德、法律、风俗、能力和习惯等因素，这些因素是从人类社会组成部分中获得的。"[①] 此后，人类学、社会学、心理学等方面的学者们从不同的学科角度对文化的定义加以诠释。至今，关于什么是文化，学术界没有一个统一的和公认的标准定义。

克鲁克霍恩（Kluckhohn，1951）从人类学学科的角度出发，指出文化存在于特定方式的思考、感知和反应之中，主要通过符号获取和传达，体

---

① 爱德华·泰勒. 原始文化 [M]. 连树声，译. 上海：上海文艺出版社，1992：8，15 - 16.

现在人类群体独特的成果之中，包括人类创造的产物，文化核心的要素是传统的想法及这些想法所附带的价值。克罗伯和派尔森（Kroeber & Parsons，1958）从社会学角度提出了一个跨学科的文化定义，认为文化是传播和创造的内容，是价值观、想法和其他影响行为的符号化有意义的系统，也是人类通过行动制造的人工产品。爱德华·霍尔（Edward Hall，1959）认为文化是沟通的一种形式，受潜在规则的约束，它既包括语言也包括行动。特里安迪斯（Triandis，1972）明确将主观文化和客观人工制品区分开，并指出客观人工制品是主观文化的外在表现形式。霍夫斯泰德（Hofstede，1980）进一步对文化的定义做了简化的表述，认为文化是用来指导人们思考和行为的思维软件，是解决问题的工具，是区别一个民族的成员与另一个民族的成员的集群性心理程序（Collective mental programming）。之后，霍夫斯泰德（1984）又进行了补充，提出文化基于群体内共性和群体间差异，不同的文化表示不同的心理程序，主宰着人们的价值观、动机及行为。特里安迪斯（1989）研究得出人们的价值、自我概念、对他人的感知及与环境互动的方式都受到他们所在的"文化系统"的影响。克拉克（Clark，1990）提出文化是与众不同的，持久的行为方式及个性特征。施韦德（Shweder，1990）认为文化决定和影响人们的感知、思维、评价和行动。人们遵循不同的文化惯例，不同的民族在精神、自我和情感方面存在着分歧。沙因（Schein，1996）提出文化是共享的规范、价值和假设。英格尔哈特（Inglehart，1997）认为文化指的是塑造某个国家民众行为的共同的、基本的价值体系。布雷特和奥村（Brett & Okumura，1998）则认为文化决定着人们的价值观及规范。吉索等（Guiso et al.，2006）和费尔南德斯和福利（Fernandez & Fogli，2009）将文化定义为代代传承的信念、价值观或偏好的总称。塔贝里尼（Tabellini，2009）则指出文化还应包含一般的道德准则。纳恩（Nunn，2012）总结文化在复杂和不确定的环境下能为人们提供启发式决策或经验决策的价值观、信念或者社会准则。不难看出，多数西方学者对于文化的内涵存在一个共识，即文化包括一些共同元素，这些元素是在某个地理区域内、在特定的某段时期、持同一语言群体中的个体在其价值观、日常行为规范、象征（语言和艺术)、信念(宗教、神话和迷信)和行为过程中表现出来的一些共同特征的总和。

中国学者对文化也有不同的定义。例如,缪仁炳(2004)提出文化是一种历史现象,每一种社会都有与其相适应的文化。张世琪(2012)认为文化具有历史的连续性,社会物质生产发展的历史连续性是文化发展历史连续性的基础。总体来说,中国学者大多认同文化主要包括认知体系、规范体系及社会关系和社会组织三大要素。第一,认知体系提供社会成员用以观察世界和了解现实的手段与评价是非和判别好坏的标准。它体现在人们生活的各个方面,由感知、思维方式、世界观、价值观、信仰、宗教、艺术、伦理道德、审美观念及其他具体科学等构成。第二,规范体系是人们行为的准则,它规定了一种文化群体成员的活动方向、方法和式样,是一个文化的群体为了满足需要而设立或自然形成的,是价值观念的具体化。第三,社会关系和社会组织是人们在共同生活中彼此结成的关系,如家庭、生产组织、教育组织、宗教组织、政治组织、娱乐组织、立法组织、行政组织等都是保证各种社会关系运行的实体。

综上所述,不论是国外或者国内学者对文化的界定,都强调了价值观是文化中的核心要素。所谓价值观,是指一个文化群体成员认定事物、辨定是非的一种思维或取向,反映了人们对客观世界及行为结果的评价和看法。不同社会生活环境中形成的价值观是不同的,一个人的价值观是从出生开始,在所处社会的宗教、教育、体制等有形结构的影响下逐步形成的。因为社会结构一般不可能产生激烈的变动,导致价值观普遍具有相对的稳定性和持久性。因此,分析不同国家间的文化的异同,要从文化最核心的要素,即价值观入手,才能从深层次上反映国家间的文化差异。

二、文化的特点

总体来说,文化具备以下几个特点。

1. 文化的群体性

文化通常是一个群体现象,是由无数的个体组成的集合,任何个人都无法构成文化。英国人类学家拉德克里夫 – 布朗（Radcliffe-Brown）认为，文化是一定的社会群体或社会阶级与他人的接触交往中习得的思想、感觉和活动的方式。文化是人们在相互交往中获得知识、技能、体验、观念、信仰和情操的过程。文化只有在社会结构发挥功能时才能显现出来，如果离开社会结构体系就观察不到文化。例如，父与子、买者与卖者、统治者与被统治者的关系，只有在他们交往时才能显示出一定的文化。因此，文化是共有的、是人类共同创造的社会性产物，它必须为一个社会或群体的全体成员共同接受和遵循，才能成为文化。个人虽然有接受文化和创造文化的能力，但是形成文化的力量却不在于个人。个人只有在与他人的互动中才需要文化，才能接受文化，进而才能影响文化。

2. 文化的层次性

每个社会群体或社会分类的成员都会持有一套共同的心理程序，这套心理程序构成了这些人的文化。几乎所有人在同一时间里往往都属于多个群体或社会类别，与群体的层次性相对应，文化也表现出不同的层次。例如，根据文化的内容，可将文化划分为道德、政治、军事、宗教、文学、艺术、教育、科学技术等层次；根据文化存在的时间，可将文化划分为古代文化、现代文化等；根据文化主要流行或被使用的阶层，又可将文化划分为官方文化和民间文化，或精英文化和大众文化等。

3. 文化的发展性

文化既是一定社会、一定时代的产物，是一份社会遗产，又是一个连续不断的积累过程。发展性是指文化不是静止不动的，而是处于变化中的。导致文化变迁的原因有三种：第一，自然条件的变化，如自然灾害、人口变迁；第二，不同文化之间的接触，如不同国家、民族之间在技术、生活方式、价值观念等方面的交流；第三，技术创新、各种发明、创造导致人类社会文化的巨大变迁。

4. 文化的社会性

文化具有强烈的社会性，它是人与人之间按一定的规律结成社会关系的产物，是人与人在联系的过程中产生的，是在共同认识、共同生产、互相评价、互相承认中产生的。没有人与人之间的关系就不会有文化。因此，文化是人类共同创造的社会性产物，它必须为一个社会或群体的全体成员共同接受和遵循，才能成为文化。就如同英国人类学家弗斯（R. Furth）所说："文化就是社会。社会是什么，文化就是什么。"①

文化的社会性体现在它对社会产生的两类作用上：

（1）文化对社会发展具有重要的导向作用。

首先，社会的发展是由新思想、新理念及新的机制不断推动向前的，而文化往往能够为新思想、新理念以及新的机制的孕育或创建提供强大的道德规范、理想信念等思想上的支撑。其次，社会的发展过程是一个不断产生新问题、解决新问题的过程。文化作为一种知识体系与认知方式，能够把历史长河中积累的各种知识凝结为认识新事物的阶梯，给人类提供解决问题的思路。最后，社会的发展伴随着知识的传承，知识是由同类的大量信息凝结而成的，而文化正是信息记录的载体，能起到传递信息、维持知识传承，进而维护社会历史连续性的功能。

（2）文化对社会具有调控和规范的作用。

首先，文化对整体社会的凝聚有着黏合剂的作用，优秀的文化能在社会中产生强烈的向心力和凝聚力，促使社会成员团结协作、形成坚不可摧的力量。其次，文化的规范教化功能体现在它所包含的道德规范和法律制度能够引导社会成员的观念、态度及行为方式正向发展，并在出现偏差时，通过惩罚措施加以纠正。

5. 文化的一致性

文化是构成一个民族或一个群体的基本因素，民族、群体的差异性就形成了不同的文化。因此，在同一个民族或一个群体中，文化有着相对一致的内容，即共同的精神活动、精神性行为和共同的精神物化产品。正是这种一致性，各种文化才有了他们各自的内涵。

6. 文化的共生性

文化作为一个民族的灵魂与生命，是同承载着这种文化的民族本身相共生的，人类的存在其实质就是文化的共生。此外，文化的共生性还表现为其与经

① Raymond William Firth. Elements of Social Organization [M]. Nabu Press, 2011.

济、科技等领域的交融共进,并在综合国力竞争中凸显愈加重要的地位。

第二节 文化维度与国家文化距离

一、文化维度相关理论

根据上一节的内容,可知文化是复杂的、模糊的、微妙的。定义文化已经很难,伯亚次吉尔、克莱恩伯格和菲利普等(Boyacigiller, Kleinberg & Philips et al.,1996)认为将文化操作化定义和测量非常困难,申犬尔(Shenkar,2001)认为建立一个衡量各国不同文化之间差异的指标就更是挑战了。由于本书界定的文化概念,重点突出了文化核心要素即价值观的重要性。因此,国家文化差异可以从它们的价值观差异来考察,这样能够凸显出其深层次的异同。从 20 世纪 80 年代开始,基于价值观要素对文化进行分维度量化测量,进而研究国家文化差异,成为文化研究领域的重要问题之一。由于不同的学者对价值观的要素构成有不同的见解,价值观要素不同导致价值观差异研究的依据不同,理论界因此出现了不同的国家文化差异分析理论。迄今为止,比较著名及应用较广的文化维度划分理论有霍夫斯泰德(Hofstede)的象征国家或地区文化差异的 6 个维度,霍尔(Hall)的 2 类文化维度划分理论,克卢克霍恩 – 斯特罗德贝克(Kluck-hohn – Strodtbeck)的 6 大文化维度理论,特罗姆佩纳尔(Trompenaars)的 7 维文化架构理论,特里安迪斯(Triandis)的个体主义/集体主义理论,施瓦茨(Schwartz)的国家或地区文化的 10 类维度划分,以及豪斯(House)的 9 维文化维度理论。

(一)霍夫斯泰德文化维度理论

霍夫斯泰德文化维度理论是经济管理学界最为广泛接受并应用于区分国家文化差异的文化理论,主要是以企业员工在工作目的上存在的价值观和信念为基础构建文化模型。20 世纪六七十年代,为了区分不同国家的文化特征，著名国际经济贸易管理学家霍夫斯泰德根据对 IBM 公司 64 个国家的分支机构中的 11.6 万名员工的调查问卷结果，提出了衡量价值观的四个维度：权利距离、不确定性的规避、个人主义与集体主义、男性化与女性化，并从态度和价值观方面，撰写了著名的《文化的后果》（*Culture's Consequences*）一书。20 世纪 80 年代后期，霍夫斯泰德和邦德（Bond）在对中国价值观，特别是儒家价值观的调查研究基础上，又补充了第五个文化价值观维度，即长期取向与短期取向，这一研究结果发表在他 1991 年出版的《文化与组织：心理软件的力量》（*Cultures and Organizations：Software of the Mind*）一书中。根据霍夫斯泰德（2010）研究的最新进展，自我放纵与约束被列为第六个衡量文化价值观的维度，进一步丰富和完善了文化维度理论。

这 6 个维度分别从不同角度反映了文化对人的意识和行为的影响。

1. 权力距离（PDI）

衡量不同国家的文化对权力的集中程度以及权利分配不均等的接受程度。权力距离指数越高，人们对组织内权力的巨大差异接受程度越高，社会越强调等级地位和权威，社会层级也会更加分明。权力距离指数越低，人们则认为组织内成员间应该是平等的，需要互相尊重，社会强调权利的分享，社会层级淡化（见表 3 - 1）。

表 3 - 1　　　　　　　　　　权利距离差异对比

态度与行为	权利距离大	权利距离小
文化类型	层级型文化	民主型文化
等级	等级结构分明、用来确定权利	等级结构模糊、用来确定工作任务
关系	权利弱者依赖权利强者	权利强弱者之间相互依赖
决策权	集中决策	分散决策
领导	领导指派具体任务	领导激励员工
信息流	沟通从上至下	沟通双向进行

资料来源：［美］戴维斯. 中西文化之鉴——跨文化交际教程［M］. 北京：外语教学与研究出版社，1999.

2. 不确定性的规避（UAI）

衡量不同国家的文化对未来不确定性（风险）的忍受程度。在高不确定性规避的社会里，人们重视安全，对于不确定或冲突会感到焦虑和不能容忍。人们通过构建正式的规章制度，营造稳定的社会结构，从而增加可预期性。在低不确定性规避的社会里，人们普遍存在一种安全感，敢于冒险，对不确定情景或反常的观念表现出宽容的态度。规章制度少，容许各种不同的主张同时存在（见表3-2）。

表3-2 不确定性规避程度对比

态度和行为	高不确定性规避	低不确定性规避
自我感受	高度紧张、焦虑	紧张程度较弱
差异态度	认为差异是危险的	对差异充满好奇心
创新	抗拒新颖或异常的想法	接收新颖或异常的想法
对待陌生环境和风险	害怕不明确的环境和不熟悉的风险	对于不明确的环境和不熟悉的风险感觉到自在

资料来源：[美] 戴维斯. 中西文化之鉴——跨文化交际教程 [M]. 北京：外语教学与研究出版社，1999.

3. 个人主义与集体主义（IDV）

衡量不同国家的文化对个人利益最大化（个人主义）或集体利益最大化（集体主义）的接受程度差异。IDV 值越大，个人主义倾向越明显；反之，IDV 值越小，集体主义倾向越明显。个人主义文化中强调个人价值与需要，个人需求先于集体需求，社会组织结构松散。集体主义则强调人与人之间的相互依赖的联系，提倡个体对集体的绝对忠诚、集体目标的实现比个体的成就更重要，社会组织结构紧密、集体归属感强（见表3-3）。

表3-3 个人主义文化与集体主义文化对比

态度和行为	个人主义文化	集体主义文化
交易	交易导向（关注结果）	关系导向（关注过程）
	强调内容（事实、数字、比率）	强调情境（经验、直觉、关系）
依赖关系	独立	相互依赖
竞争与合作	竞争驱动	合作驱动
沟通	直接、明确的沟通	间接、迂回的沟通
职责	个人职责	保护"面子"
对待组织成员与非组织成员	无差异	差异较大
组织遵从	组织对内部成员的行为影响小	组织对内部成员的行为影响大
决策	依据规则，强调决策程序	履行组织义务，强调关系

资料来源：[美] 戴维斯. 中西文化之鉴——跨文化交际教程 [M]. 北京：外语教学与研究出版社，1999.

4. 男性化与女性化（MAS）

衡量不同国家文化在展示男性气质或女性气质的程度以及不同性别职能界定的差异程度。MAS 值越大，男性化倾向越明显；反之，MAS 值越小，女性化倾向越明显。以男性气质文化为主的国家强调竞争、主导控制和实现自身目标，地位和物质成就是体现成功的重要标志，不同性别的社会角色明显不同且女性服从男性。以女性气质文化为主的国家则倡导关心他人、谦逊，关注生活质量和生活环境，地位和物质成就不作为成功的重要标志，不同性别的社会角色没有显著差别且相互平等（见表 3－4）。

表 3－4　　　　　　　　男性文化与女性文化对比

态度和行为	男性文化	女性文化
社会价值观	强调野心、成就和物质成功	强调关心他人、与人合作
社会目标	经济发展与进步	保护环境
社会态度	羡慕强者	同情弱者
性别角色差异	男性应坚毅、强硬、有抱负；女性应温柔，不应有野心	男女都应温柔、谦和
活着与工作的关系	活着是为了工作	工作是为了活着
解决冲突的方式	通过武力方式解决	通过妥协与谈判解决

资料来源：［美］戴维斯．中西文化之鉴——跨文化交际教程［M］．北京：外语教学与研究出版社，1999.

5. 长期取向与短期取向（LTO）

衡量不同国家文化对长期利益和短期利益的重视程度，或者对物质、情感、社会需求的满足延迟所能接受的程度。LTO 值越大，长期取向越明显；反之，LTO 值越小，短期取向越明显。具有长期取向文化的国家重视对未来的考虑，有忧患意识。表现为崇尚节俭和百折不挠的进取精神。具有短期取向文化的国家则看重眼前的利益，追求立竿见影的效果。表现为对个人名誉声望的看重和维护，尊重传统，追求安全和稳定（见表 3－5）。

表3-5		长期取向文化与短期取向文化对比	
态度和行为	长期取向文化	短期取向文化
价值倾向	注重长期结果	注重短期利益
对消费的态度	认为节俭是美德	认为应该享受
对待传统的态度	将传统应用于现代环境	尊重传统
对坚持的态度	是非常重要的人性特点	不认为是非常重要的
收入的分配	大部分用于储蓄	小部分用于储蓄

资料来源:[美]戴维斯. 中西文化之鉴——跨文化交际教程[M]. 北京:外语教学与研究出版社,1999.

6. 自我放纵与约束(IVR)

衡量不同国家文化对人基本需求、享受生活、享乐欲望的允许程度。IVR 值越大,自我放纵倾向越明显;反之,IVR 值越小,自我约束倾向越明显。具有自我放纵文化的国家对自身约束力小,社会对自我放纵的允许度越大,人们越不约束自身。具有自我约束文化的国家则对自身约束力大,社会对自我约束的倾向越大,人们越约束自身(见表3-6)。

表3-6		自我放纵文化与约束文化对比
态度和行为	自我放纵文化	自我约束文化
自我约束程度	低	高
对享乐的态度	崇尚	抵制

资料来源:笔者整理。

(二)霍尔文化维度理论

霍尔于1983年提出文化应划分为高情境文化与低情境文化两类。高情境文化中的社会生活充满了相互交织的社会关系,社会分群、社会分层现象非常明显;人们的沟通过程常常是含蓄的,沟通中重视的是"情境",而不是"内容"。低情境文化中,人们自我独立,通过正式契约和具体规则进行沟通、交易,社会分群、社会分层现象不明显。在沟通过程中,"内容"备受重视,沟通常常是直接的,不太重视个体之间的关系。

（三）克卢克霍恩－斯特罗德贝克文化维度理论

该理论认为每一种文化中都存在着一种"占支配地位的"或者更受欢迎的取向，并定义6项基本的文化维度：（1）人类与自然取向指的是人类与自然的关系是怎样的，人是屈从于环境，还是与环境保持和谐关系，抑或是能够控制环境。（2）时间取向指的是人类生活在时间上的注重点是过去、现在还是将来。（3）人性取向指的是人类的本性是怎样的，是善的、恶的，还是两者的混合。（4）活动取向指的是人类活动的方式是什么取向，是重视做事或活动、强调成就，还是重视存在或即时享乐，抑或是强调远离物质而约束欲望。（5）关系取向指的是个人与其他人的关系是怎样的，是个人主义的、是注重于群体的，还是遵循等级关系。（6）空间取向指的是空间取向强调隐私还是公开，一些文化非常开放，并公开从事商业活动；另一些文化则极为重视让事情在私下进行。

（四）特罗姆佩纳尔文化维度理论

特罗姆佩纳尔于1993年提出文化架构理论，该理论提出国家与民族文化差异主要体现在7大维度上：（1）普遍主义与特殊主义。前者强调对所有事务都应采取客观的态度，且世界上只存在一种正确解决问题的方法；后者强调具体问题具体分析。（2）个体主义与集体主义。同霍夫斯泰德的理论。（3）中性与情绪化。前者指人际交往中情绪表露含蓄微弱，后者指情绪表露鲜明夸张。（4）关系特定与关系散漫。前者指人际交往和思维导向有特定倾向，后者指人际交往和思维导向中有将所有的生活领域包括人或事物都联系起来的倾向。（5）注重个体成就与注重社会等级。这个维度指一个人的社会地位和他人对该人的评价，前者是按照其最近取得的成就和业绩记录进行的，后者是由该人的出生、血缘关系、性别或年龄决定的或人际关系和教育背景决定的。（6）长期与短期导向。同霍夫斯泰德的理论。（7）人与自然的关系。同克卢克霍恩－斯特罗德贝克的理论。

（五）特里安迪斯文化维度理论

特里安迪斯于 1995 年提出个体主义与集体主义理论，该理论认为个体主义与集体主义不是一个维度的概念，也不是两个维度，而是一个文化综合体，并提出 5 大重要特征：（1）个体对自我的定义，独立的个体还是群体中的一员。（2）个体目标与群体目标的相对重要性，个体利益重要还是群体利益重要。（3）个体态度与社会规范决定个体行为时的相对重要性，个体行为由个体态度还是社会规范决定。（4）完成任务和人际关系对个体的相对重要性，完成任务与人际关系哪个更重要。（5）个体对内群体和外群体的区分程度，区分内外有别的程度。

（六）其他维度划分

施瓦茨于 1992 年提出由 10 个维度组成的文化价值系统：权利、成就、享乐主义、刺激、自主导向、社会关注、仁慈、传统、遵从、安全。并在数据和数量技术分析的基础上检验这些价值导向在不同文化中的主导程度，用主导程度的不同来说明文化之间的差异。

豪斯（House）等于 2004 年构建了 GLOBE 文化系统，并将文化划分为不确定性规避、权力距离、公共集体主义、群体集体主义、性别平等主义、决断性、未来导向、绩效导向、人本导向等九个方面。

表 3-7 简要地概括了上述有关文化维度的理论。

表 3-7 　　　　　　　　　　文化维度理论总结

代表学者	维度内容	维度
霍夫斯泰德	权利距离、不确定性回避、个人主义与集体主义、男性化与女性化、长期取向与短期取向、自我放纵与约束	6
霍尔	高情境、低情境	2
克卢克霍恩 - 斯特罗德贝克	人类与自然取向、时间取向、人性取向、活动取向、关系取向、空间取向	6
特罗姆佩纳尔	普遍主义与特殊主义、个体主义与集体主义、中性与情绪化、关系特定与关系散漫、注重个体成就与注重社会等级、长期与短期导向、人与自然的关系	7

续表

代表学者	维度内容	维度
特里安迪斯	个体对自我、个体目标与群体目标、个体态度与社会规范、完成任务和人际关系、个体对内群体和外群体。	5
施瓦茨	权利、成就、享乐主义、刺激、自主导向、普遍主义、仁慈、传统、遵从、安全	10
豪斯	不确定性规避、权力距离、公共集体主义、群体集体主义、性别平等主义、决断性、未来导向、绩效导向、人本导向	9

资料来源：笔者整理。

综合对比以上 7 种国家文化差异理论，可以发现它们都是围绕着文化的核心要素，即价值观来进行分析与讨论的。从理论上讲，都符合本书采用的强调价值观的文化定义。但是，霍尔文化维度理论仍然缺乏实证性研究、特罗姆佩纳尔的文化架构理论没有特别严谨的实证研究支撑、特里安迪斯的文化差异理论主要用来描述个体的文化导向而非国家的文化导向等问题的存在导致这些理论实用性不强。霍夫斯泰德文化维度理论虽然同样受到了一些质疑，例如：将复杂的文化概念过于简单化于六个维度，所有研究国家文化差异的样本局限于同一个跨国企业，指标相对静态，没有涵盖文化随时间变化的动态延展性、指标忽略了国家内部文化的异质性等。但它是以迄今为止世界上最大规模的文化价值调查研究为基础，是最权威的、使用最广泛的研究成果，而且其稳定性、有效性及解释力都已经在国内外学者对这个理论的广泛应用中得到了充分证明。因此，本书选择霍夫斯泰德文化维度理论作为本书的文化理论和实证研究的基础。

二、国家文化距离

国家文化是由一国成员所共同拥有的深层的价值观体系，国家间的文化差异一般是以国家文化距离（cultural distance）作为一个相对简单和标准化的测量工具来衡量的。卢斯塔里宁（Loustarinen，1980）首次提出了文化距离的概念，认为国家间那些一方面能够创造知识需求，另一方面又阻碍知识流动导致其他流动也受到阻碍的要素总和，称为"文化距离"。

此后，这个概念被应用到了包括企业管理、国际商务及市场营销等大部分商业管理学科中。科古特和辛格（Kogut & Singh，1988）通过分析跨国并购案例，提出国家文化距离是国家之间在管理和组织设计的规范、惯例等各方面的差异程度。瓦伦（Vahlne，1990）、约翰逊（Johanson，1997）则认为文化距离是指母企业与海外子公司之间在文化特征上的差异程度。申卡尔（Shenkar，2001）基于海外投资领域，提出文化距离是指两个文化间相似或差异的程度。蒂汉伊和格里菲斯（Tihanyi & Griffith，2005）从企业管理的视角定义文化距离，认为它是战略、组织行为及人力资源管理的关键变量。综合以上学者对文化距离的定义可知，国家文化距离本质上是指不同国家的文化在价值观、思维方式、语言及非语言沟通方式等诸多方面的差异程度。

从现有的计算国家文化距离的方法来看，最为常见的是科古特和辛格在 1988 年基于霍夫斯泰德文化维度理论对各国家的文化维度指数的评分对文化距离进行的测量，计算的方法为母国与目标国在不同文化维度指数上的算术平均数的差异，公式为：

$$CD_j = \sum_{i=1}^{n} \left[(I_{ij} - I_{ih})^2 / V_i \right] / n \qquad (3-1)$$

其中，CD_j 指目标国 j 与母国的文化距离值，I_{ij} 是目标国 j 在第 i 维度的文化距离取值，I_{ih} 指母国在第 i 文化维度上的取值，V_i 是第 i 文化维度的方差，n 代表文化维度的数量。科古特和辛格（1988）提出的这种测量方法被巴克玛（Barkema）、刘和申卡尔（Lou & Shenkar）、蒂汉伊、塞尔默（Selmer）等后人广泛使用，但同时因为本身存在的问题导致出现了不同的改进修正版本。

比如，申卡尔（2001）提出该公式中赋予各个文化维度等同的权重，忽视了不同文化维度在不同情境下影响力度的差异。肯都跟（2012）认为该方法在各维度之间存在显著的相关关系，不符合使用该计算方法的前提假设，即各维度之间的协方差为零。随即，肯都跟提出了新的修正公式：

$$CD = \sqrt{(I_{ia} - I_{ij})^T S^{-1} (I_{ia} - I_{ij})} \qquad (3-2)$$

其中，i 表示第 i 个文化维度，I_{ij} 表示国家 j 在第 i 个维度上的取值，I_{ia} 表示国家 a 在第 i 个维度上的取值，S 表示各维度间的协方差矩阵。

此外，随着国际贸易往来、国事访问等的日益频繁，国家之间的文化距离不会一成不变而是会逐渐缩短，且这种国家或地区间文化距离的缩短还会遵循经济学中的边际递减规律。然而，科古特和辛格（1988）构建的文化距离公式并没有考虑到这一重要事实，不能反映国与国之间随着交往的增加而逐渐减少的文化距离。基于这个原因，中国学者綦建红（2012）、刘洪铎（2016）等对该文化距离公式作出了修正。其中，綦建红（2012）以中国为母国提出的国家文化距离公式为：

$$CD_j = \left\{ \sum_{i=1}^{4} \left[(I_{ij} - I_{iCH})^2 / V_i \right] / 4 \right\} + 1/T_j \qquad (3-3)$$

其中，T_j 表示第 j 个国家与中国建交的年数，$1/T_j$ 表示中国与第 j 个国家之间的文化距离随着建交时间的推移而缩小，但缩小速度随着时间的推移而递减。

刘洪铎（2016）以中国为母国提出的国家文化距离公式为：

$$CI_{ic}^1 = \frac{1}{\sum_{j=1}^{4} \left[(C_{ij} - C_{cj})^2 / V_j \right] / 4 + 1/T_{ic}}$$

$$CI_{ic}^2 = \frac{1}{\sqrt{\sum_{j=1}^{4} \left[(C_{ij} - C_{cj})^2 / V_j \right] + 1/T_{ic}}} \qquad (3-4)$$

其中，CI_{ic}^1、CI_{ic}^2 均表示中国与沿线国家间的文化交融指标，下标 i、c、j 各代表沿线国家、中国以及国家第 j 个维度的文化指数，V 表示中国与沿线国家间某一维度文化指数差值的方差，T 表示中国与任一沿线国家间的建交年数。

另外，还有一些学者同样基于霍夫斯泰德国家文化维度理论、但采用其他形式的公式来计算文化距离。例如，格罗斯（Grosse，1996）采用国家间各文化维度分值差绝对值的总和来计算文化距离。杰克逊（Jackson，2001）没有采用霍夫斯泰德对各文化维度的赋值，而是对研究国家在各个维度上的取值进行从低到高的排序并对其赋值 1 到 50，然后再分别计算四个维度上的差值后进行加总求和。潘镇（2006）通过对投资国和中国各文化维度分值差的平均数的自然对数的计算对投资国与中国的文化距离进行测量。阎大颖（2009）从指数网站获取样本东道国与中国各文化维度指数的平均分，再求出两国文化维度指数平均分之差的绝对值作为文化距离指标。

表 3 - 8 概括了文化距离实证研究文献。

表 3 - 8 　　　　　　　　　　　文化距离实证研究文献

文化距离测量方法	代表文献	研究对象
科古特和辛格（1988）	贝尼托和格瑞普斯若（1992）	挪威、欧洲、北美
	连德·吉辛格（1992）	日本、西欧、北美
	洛瑞和吉辛格（1995）	美国、经济合作与发展组织（OECD）成员、南非等
	托马斯和格罗斯（2001）	墨西哥
科古特和辛格（1988）扩展	祖拉维奇（2002）	OECD 成员
	塞西塔尔（2003）	美国、西欧、亚洲国家
	殷华方、鲁明泓（2011）	OECD 成员
	綦建红（2012）	中国
	万伦来、高翔（2014）	中国
	刘洪铎（2016）	中国
	曾麟玥、龚璞（2017）	中国
其他同样基于霍夫斯泰德文化维度理论的方法	格罗斯（1996）	美国
	杰克逊（2001）	北美、西欧
	潘镇（2006）	中国
	阎大颖（2009）	中国

资料来源：笔者整理。

综上所述，基于霍夫斯泰德文化维度理论的科古特和辛格（1988）的测量方法是最初也是应用最广泛的文化距离测量方法，且该方法此后已被多位学者加以改进修正。这说明了虽然科古特和辛格（1988）的测量方法有一定的解释力，但本身存在一定的问题。因此，在本书第五章的模型构建中并没有采用已有的、基于该方法测算出来的国家间文化距离，而是采用结构方程的方法对文化距离的组成成分进行度量。

第三节 文化距离与国际物流供应链关系风险理论模型

由本章第二节有关文化与文化距离的论述可知，文化是一个群体成员所共同拥有的、能影响组织成员思想和行为的认定事物、辨定是非的一种思维或取向，包括价值观、行为特征、规范等，它反映了人们对客观世界及行为结果的评价和看法。不同社会生活环境中形成的价值观、行为特征、规范是不同的，进而形成了国家间的文化距离。因此，文化距离是不同族群的人们在思维方式及行为处事等方面差异程度的一种集中体现。

国家间物流主要是指当生产消费分别在两个或在两个以上的国家（或地区）独立进行时，为了克服生产和消费之间的空间间隔和时间距离，组织货物（商品）在国际进行物流性移动的一项流动与交换活动。它不但需要依照国际惯例，利用国际化的物流网络、物流设施和物流技术，更重要的因素是能在整个物流活动中承担计划、组织、协调及控制的人来进行管理。如图3-1所示，参与到国际物流业务流程管理活动中的包括货源的组织方、出口方、委托方、承运人、进口方、第三方物流企业、海关等行政管理机构以及最终消费者，每一个参与方都是以人为主体或者以人为主要管理者。它们在参与国际物流的过程中，拥有不同文化背景的人基于共同的物流目标执行计划、组织、协调、控制等职能。因此，整个国际物流的运作过程是以人为主导的流通活动，而且由于跨国特性所导致的物流环境差异，迫使国际物流系统需要在多个不同法律、人文、习俗、语言环境下运行。它也可能受到文化因素的影响，进而产生国家间文化距离越大、由不同国家文化背景的人主导的物流活动的绩效差异越大的状况，大大增加国际物流的难度和复杂性。

另外，"一带一路"建设强调"五通"，即政策沟通、道路联通、贸易畅通、货币流通和民心相通。其中，道路联通、贸易畅通是建设的重中之重。加强国家与区域之间的经济合作互补性与协同性，需要各国之间物流

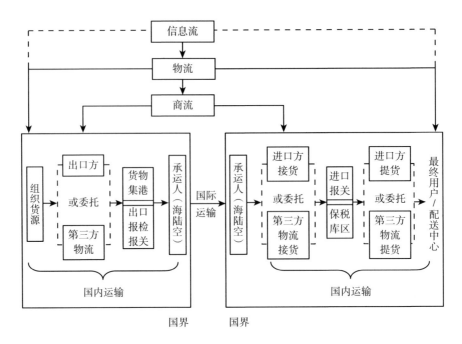

图 3 - 1　国际物流业务运作流程

能够较高效率地协作，以便提供更好的物流服务，促进双边经济的发展。物流绩效作为道路联通、贸易畅通的重要体现，成为进一步推进"一带一路"经济带发展的关键要素。"一带一路"沿线国家和地区的物流绩效差异与沿线跨境物流的有效对接具有直接相关性，即国家间物流绩效差异程度越大，越会阻碍跨境物流的有效对接；差异程度越小，越有利于相互之间更好地开展国际的物流协作。高效率的物流服务可以使商品在贸易国家之间安全和快速流动的同时降低贸易成本，促进商品的流动性，进而推动国际贸易的可持续化。

　　还需要注意的是，"一带一路""五通"中的民心相通其实就是在不同文化背景下追求理念上的认同，在不同文化、不同国情、不同制度、不同发展阶段的国家人民之间搭建起理解、互信与合作的桥梁。民心相通是最基础、最坚实、最持久的互联互通，也是其他"四通"的重要基础。而文化是各民族的智慧结晶，是助力民心相通的有益桥梁纽带。因此，自习近平总书记 2013 年首次提出共建"一带一路"倡议以来，民心相通作为"五通"之一一直被摆在十分重要的位置上，相关工作也取得了明显成效①。在首届"一带一路"高峰论坛上就发布了《中国社会组织推动"一带一路"民心相通行动计划（2017—2020）》，制定了民心相通工作的阶段性目标、具体安排和工作脉络，是民心相通工作的实际操作指南。此外，在加强人文、地方、旅游、教育、科技、媒体、智库等各领域往来上也取得了丰硕的成果。例如，在交流网络和平台建设上，"一带一路"智库合作联盟、新闻合作联盟、高校战略联盟、工商协会联盟、世界旅游联盟、国际科学组织联盟、国际剧院联盟等先后成立和投入运行。"丝绸之路"沿线民间组织合作网络已有 69 个国家 310 家中外民间组织加入并开展 160 余项活动和项目，"丝路电视国际合作共同体"发展 51 个国家 103 家媒体机构成员，大批中国优秀电视节目被译制成近 20 种语言播出②。丝绸之路（敦煌）国际文化博览会、新疆丝绸之路文化创意产业博览会、海外中国文化中心等连续举办系列活动。"鲁班工坊""丝路之友""欢乐春节"等成为亮点品牌。在教育文化上，我国每年向沿线国家提供 1 万个政府奖学金名额，提高沿线各国游客签证便利化水平，联合申请世界文化遗产；在医疗卫生上，为有关国家提供医疗援助和应急医疗救助，扩大在传统医药领域的合作；在科技合作上，共建联合实验室、国际技术转移中心、海上合作中心，合作开展重大科技攻关。这么做的原因包括三点：一是因为国之交在于民相亲，民相亲在于心相通，"一带一路"合作必须得到沿线各国人民的支持。加强人民友好往来，增进相互了解和传统友谊，才能为开展区域合作奠定坚实民意基础和社会基础。二是因为所有的政策都由人来制定，所有的设施都由人来制造，所有的贸易都由人来实施，所有的资金都由人来流转，所有的相通都基于民心相通。三是因为"一带一路"项目合作不仅受到国家基础设施等硬环境的制约，也受到社情民意等软环境的影响，民心不通必然导致猜忌甚至对抗，干扰"一带一路"建设项目的顺利开展。以上"民心相通"方面的实践活动更是从另一个角度佐证了文化因素能够作用于人，进而影响以人为主导的国际物流活动的物流绩效这一论

①②　王亚军. 民心相通为"一带一路"固本强基［EB/OL］. 人民网，2019 - 04 - 16.

断。因此,文化距离可以影响跨境物流,而跨境物流的有效对接的实现程度直接决定了"一带一路"沿线国家间进出口贸易的规模。

最后,国际物流供应链是国际贸易的一个必然组成部分,各国之间的相互贸易最终都将通过它来实现。国际物流供应链关系风险是参与国家之间由于目标、利益等方面协调上的困难,进而合作上的不尽如人意从而导致的风险,它是使供应链系统不能有效发挥其功能并遭受损失的可能性,最终表现为进出口贸易上的损失。因此,优质的物流服务和基础设施对国家之间货物运输的便利化有强烈影响,物流绩效水平的提高与改善有利于促进物流和信息流动的经济性和高效性;反之,则可能产生相应的物流供应链关系风险。

综上所述,国家间的文化距离会导致物流绩效的差异,而物流绩效的高低不同会影响国家间的进出口贸易额,物流绩效越低且物流绩效差异越大则进出口贸易额越少,产生了由文化距离因素经由引发物流绩效差异进而导致物流供应链关系风险。为了探究我国与其主要的"一带一路"贸易伙伴间在国际贸易中可能面临的由文化距离因素引发物流绩效差异进而导致物流供应链关系风险,本书提出了文化距离与国际物流供应链关系风险理论模型(见图3-2)。

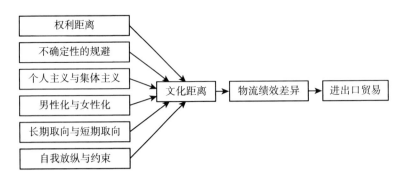

图3-2 文化距离与国际物流供应链关系风险理论模型

从图3-2可知,权利距离、不确定性的规避、个人主义与集体主义倾向、男性化与女性化倾向、长期取向与短期取向及自我放纵与约束等6个文化维度决定了不同国家或地区、不同社会族群的文化特征,不同文化特征之间的差异进而产生了国家间的文化距离。国家间的文化距离通过人这个因素影响了国际物流中的物流绩效，不同国家物流绩效的高低不同直接影响了国家间的进出口贸易额，具体表现为物流绩效越低且物流绩效差异越大则进出口贸易额越少，产生了由文化距离因素引发物流绩效差异进而导致物流供应链关系风险。因此，文化距离通过影响物流绩效这个中间媒介引发了国际物流供应链关系风险。

基于上述文化距离与国际物流供应链关系风险的理论模型，接下来章节的内容要从 3 个步骤入手，将该理论模型通过数据分析等定量研究方法予以实证。第一步，为了研究我国在"一带一路"中面临的由文化差异可能导致的国际物流供应链关系风险，确定合适的研究对象是前提与基础。因为不包括我国在内"一带一路"沿线涉及的国家多达 65 个，这些国家分布范围广泛且经济发展情况差异较大，既有新加坡、以色列、沙特阿拉伯等发达国家，更有柬埔寨、孟加拉国、黑山等经济欠发达国家。各国经济发展情况各异，与我国的经贸往来也差异巨大。本书的研究目标是找寻我国在国际物流中面临的由文化距离引发的供应链关系风险，只有那些与我国存在大量经贸往来和国际物流活动的国家才是我国在"一带一路"沿线中的重要贸易合作伙伴，我国与这些国家间存在的文化距离才是引发供应链关系风险的主要源头。因此，第一步要通过分析 2005 ～ 2019 年"一带一路"沿线国家中进、出口排名前 10 位的国家找到我国的十大贸易合作伙伴。第二步，以我国与其十大贸易合作伙伴为研究对象，该步骤需要以霍夫斯泰德文化维度数据为基准并选取合理的公式计算我国与这些国家间的实际文化距离，同时以世界银行每两年发布一次的物流绩效指数为标准计算我国与这些国家间的物流绩效差异。在此基础上，选用结构方程模型建立文化距离与物流绩效差异之间的关系模型并用数据予以证明。第三步，为了探究我国与其主要的 10 个"一带一路"贸易伙伴间在国际贸易中可能面临的由物流绩效产生的物流供应链关系风险，本书基于我国进出口贸易视角，在基本引力模型基础上增加 LPI 指数对贸易引力模型进行拓展，实证分析 LPI 指数及各分项指标对我国进出口贸易的影响。

我国与"一带一路"沿线其他国家间贸易关系实证分析

第一节 "一带一路"进出口贸易总量及变动趋势

2005～2019 年的 15 年间,"一带一路"沿线国家①进出口额呈持续增长的态势,成为实至名归的世界经济增长的"第三极"。从联合国贸易与发展组织(UNCTAD)提供的数据可知,2005 年,"一带一路"沿线国家货物进、出口值分别达到了 25394 亿美元和 28747.78 亿美元,分别占全球总量的 24% 和 27.71%;2010 年,该组数值攀升至 46909.2 亿美元和 51006.09 亿美元,分别占全球总量的 30.73% 和 33.78%;到了 2019 年,"一带一路"沿线国家货物进、出口值进一步增长,数额达分别到了

---

① 本书中的"一带一路"沿线国家共有 66 个,它们包括:东亚:蒙古国;东盟 10 国:新加坡、马来西亚、印度尼西亚、缅甸、泰国、老挝、柬埔寨、越南、文莱、菲律宾;西亚 18 国:伊朗、伊拉克、土耳其、叙利亚、约旦、黎巴嫩、以色列、巴勒斯坦、沙特阿拉伯、也门、阿曼、阿联酋、卡塔尔、科威特、巴林、希腊、塞浦路斯和埃及的西奈半岛;南亚 8 国:印度、巴基斯坦、孟加拉国、阿富汗、斯里兰卡、马尔代夫、尼泊尔、不丹;中亚 5 国:哈萨克斯坦、乌兹别克斯坦、土库曼斯坦、塔吉克斯坦和吉尔吉斯斯坦;独联体 7 国:俄罗斯、乌克兰、白俄罗斯、格鲁吉亚、阿塞拜疆、亚美尼亚和摩尔多瓦;中东欧 16 国:波兰、立陶宛、爱沙尼亚、拉脱维亚、捷克、斯洛伐克、匈牙利、斯洛文尼亚、克罗地亚、波黑、黑山、塞尔维亚、阿尔巴尼亚、罗马尼亚、保加利亚和马其顿;非洲 1 国:南非。

66225.49 亿美元和 67891.43 亿美元,占全球总量的 34.2% 和 40.38%。总体来看,"一带一路"沿线国家近 15 年的进、出口年均增长速度达分别到 6.33% 和 7.91%,快于全球的 4.42% 和 4.28%。此外,2005~2019 近 15 年间,"一带一路"沿线国家的年均货物出口超过进口 17.4%,即货物出口大于进口,呈现贸易顺差状况(见表 4-1)。

表 4-1 "一带一路"沿线国家与全球进出口贸易数据对比

年份	"一带一路"沿线国家 (亿美元)		全球 (亿美元)		前者占后者比重 (%)	
	进口额	出口额	进口额	出口额		
2005	2539400	2874778	10577013	10373445	24.00	27.71
2010	4690920	5100609	15262545	15100194	30.73	33.78
2019	6622549	6789143	19366965	18661823	34.20	40.38

资料来源:根据联合国贸易与发展组织提供的数据计算而得。

从变动趋势来看,近 15 年,"一带一路"沿线国家进出口增长经历了从高速到停滞、再到高速增长的过程(见图 4-1)。2005~2008 年,"一带一路"沿线国家进出口实现了高速增长。年均增长速度超过 20%,增长速度超过全球平均水平。2009 年受美国次贷危机影响,"一带一路"沿线国家货物进出口出现了"断崖式下跌",进出口下降超过 20%。但 2010 年和 2011 年又实现了超过 25% 的恢复性增长。2012 年开始,再次进入下降通道,进出口增速降到 5% 以下。持续的低迷状态导致 2014 年全球货物贸易增长几乎停滞。该年"一带一路"沿线国家进出口增长仅为 0.4%,低于全球平均水平(全球进出口增长 0.6%,其中进口、出口分别增长 0.4% 和 0.8%)。2015 年,"一带一路"沿线国家进出口增长速率甚至开始出现了下跌态势,2016 年进出口增长速率分别下跌了 2.99% 和 5.49%,整体下跌幅度分别略高于全球的进出口增长率的下跌幅度 2.76% 和 3.22%。之后,这种增长幅度下跌的态势到 2017 年得以扭转,该年的进出口增长的速率分别急速攀升至 16.35% 和 10.17%。2018 年,"一带一路"沿线国家的进口与出口增速稍有放缓,但仍分别取得了 9.33% 和 7.43% 的骄人成绩。到了 2019 年，进出口增速又分别达到了 9.65% 和 8.32%。[①] 这些数据有力地说明了"一带一路"沿线国家的贸易合作潜力正在持续释放，成为拉动经济发展的新动力。

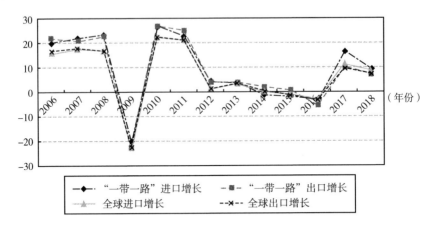

图 4-1 2005～2019 年"一带一路"沿线国家和全球进出口情况
资料来源：笔者根据《中国"一带一路"贸易投资发展报告 2020》提供的数据计算得到。

因此，在全世界经济持续低迷的背景下，"一带一路"倡议的提出与推进对于全球贸易增长的贡献毋庸置疑是十分重要的，对于促进沿线各国的持续发展与区域合作同样具有十分重大的战略意义。此外，"一带一路"倡议的主要内容涉及"五通"，即政策沟通、道路连通、贸易畅通、资金融通及民心相通。其中贸易畅通，即投资贸易合作是"一带一路"建设的重点内容。尤其是对于我国来说，在"一带一路"倡议提出以前，国际贸易方面长期以来的合作伙伴比较单一、主体为欧美发达国家。欧美发达国家近年来经济发展的放缓、与我国间的地缘政治及国际关系等问题的存在导致我国面临着由外贸的高度依赖而引发的潜在的合作不稳定性风险。与此同时，许多发展中国家经济增长加快、需求不断扩大，已经成为国际市场中不容忽视的力量。因此，"一带一路"倡议不但降低了我国的外贸风险，更是扩展了我国的贸易合作伙伴的范围，将我国巨大的生产供给能力与沿线国家的巨大需求联系起来，为互利双赢创造了美好前景。

---

① 商务部国际贸易经济合作研究院：《中国"一带一路"贸易投资发展报告 2020》。

第二节 我国与"一带一路"沿线国家间 进出口贸易关系

为了更准确地辨别我国在"一带一路"沿线中的重要贸易合作伙伴，本章节分别统计了 2005～2019 年"一带一路"沿线国家中进出口排名前 10 位的国家以及其在总量中所占的比例，发现"一带一路"沿线国家货物的进出口具有以下几个方面的特征。

（1）从表 4-2 与表 4-3 可知，中国、俄罗斯、新加坡、印度、沙特阿拉伯、泰国、越南、波兰、马来西亚及印度尼西亚等 10 国在"一带一路"沿线国家中，2005～2019 年这 15 年间，货物出口始终占据前十位的主导地位。2019 年，它们的货物出口值更是达到了"一带一路"沿线国家出口总量的 76.58%。因此，这些国家的出口总量以及出口模式对"一带一路"沿线的出口贸易会产生重要影响。

（2）"一带一路"沿线国家的出口出现了较为明显的集中化趋势。2005 年，出口排名前 10 位的国家其货物出口总值占"一带一路"沿线国家总量的 71.54%，此后这一比例不断攀升，2010 年达到 72.64%、2015 年为 74.65%、2019 年上升至 76.58%。

表 4-2　　　　2005～2019 年"一带一路"出口排名前 10 位的国家　　　　单位：亿美元

排名	2005 年		2010 年		2015 年		2016 年		2017 年		2019 年	
	国家	额度	国家	额度	国家	额度	国家	额度	国家	额度	国家	额度
1	中国	761953	中国	1577764	中国	2273468	中国	2097637	中国	2263371	中国	2528426
2	俄罗斯	241452	俄罗斯	397068	新加坡	346638	新加坡	338082	新加坡	373255	俄罗斯	452571
3	新加坡	230344	新加坡	351867	俄罗斯	343908	阿联酋	298651	俄罗斯	359152	新加坡	412522
4	沙特阿拉伯	180278	沙特阿拉伯	250577	阿联酋	333362	俄罗斯	285491	印度	294364	印度	321093
5	马来西亚	141624	印度	220408	印度	264381	印度	260327	泰国	233856	沙特阿拉伯	308998
6	阿联酋	115453	马来西亚	198791	泰国	210883	泰国	213593	沙特阿拉伯	221634	泰国	253430
7	泰国	110110	阿联酋	198362	沙特阿拉伯	201492	波兰	196455	波兰	221308	越南	247989
8	印度	100353	泰国	195312	马来西亚	200211	马来西亚	189414	阿联酋	220453	波兰	247643
9	波兰	89378	印度尼西亚	157779	波兰	194461	沙特阿拉伯	183608	马来西亚	216428	马来西亚	246670
10	印度尼西亚	85660	波兰	157065	越南	162017	越南	176581	越南	215119	印度尼西亚	180215

资料来源：联合国贸易与发展组织网站。

表 4 – 3　　　　　**2005 ~ 2019 年"一带一路"出口排名前 10 位的**
国家占总量比重　　　　　单位：%

类别	2005 年		2010 年		2015 年		2016 年		2017 年		2019 年	
	国家	比重	国家	比重	国家	比重	国家	比重	国家	比重	国家	比重
排名前10位国家占总量比重	中国	26.50	中国	30.93	中国	37.46	中国	36.60	中国	35.82	中国	37.24
	俄罗斯	8.40	俄罗斯	7.78	新加坡	5.71	新加坡	5.89	新加坡	5.91	俄罗斯	6.67
	新加坡	8.01	新加坡	6.90	俄罗斯	5.67	阿联酋	5.21	俄罗斯	5.68	新加坡	6.08
	沙特阿拉伯	6.27	沙特阿拉伯	4.91	阿联酋	5.49	俄罗斯	4.98	印度	4.66	印度	4.73
	马来西亚	4.93	印度	4.32	印度	4.36	印度	4.98	泰国	3.70	沙特阿拉伯	4.55
	阿联酋	4.02	马来西亚	3.90	泰国	3.47	泰国	3.72	沙特阿拉伯	3.51	泰国	3.73
	泰国	3.83	阿联酋	3.90	沙特阿拉伯	3.32	波兰	3.42	波兰	3.50	越南	3.65
	印度	3.49	泰国	3.83	马来西亚	3.30	马来西亚	3.30	阿联酋	3.49	波兰	3.65
	波兰	3.11	印度尼西亚	3.09	波兰	3.20	沙特阿拉伯	3.20	马来西亚	3.42	马来西亚	3.63
	印度尼西亚	2.98	波兰	3.08	越南	2.67	越南	3.08	越南	3.40	印度尼西亚	2.65
总比重		71.54		72.64		74.65		74.38		73.09		76.58

注：笔者根据联合国贸易与发展组织提供的数据计算得到。

（3）从表 4 – 4 与表 4 – 5 可知，中国、印度、新加坡、越南、泰国、波兰、俄罗斯、土耳其、马来西亚及阿联酋等 10 国在"一带一路"沿线国家中，2005 ~ 2019 年这 15 年间，货物进口始终占据前十位的主导地位。2019 年，它们的货物进口值达到了"一带一路"沿线国家总量的 71.61%。因此，这些国家的进口总量以及进口模式对"一带一路"沿线的进口贸易会产生重要影响。

表 4 – 4　　　　　**2005 ~ 2019 年"一带一路"进口排名前 10 位的国家**　　　　　单位：亿美元

排名	2005 年		2010 年		2015 年		2016 年		2017 年		2019 年	
	国家	额度	国家	额度	国家	额度	国家	额度	国家	额度	国家	额度
1	中国	659953	中国	1396002	中国	1679564	中国	1587921	中国	1843793	中国	2215158
2	新加坡	200724	印度	350029	印度	390745	印度	356705	印度	444052	印度	519677
3	印度	140862	新加坡	310791	新加坡	296745	新加坡	291908	新加坡	327710	新加坡	370541
4	泰国	118164	俄罗斯	228912	阿联酋	287025	阿联酋	270882	阿联酋	237797	越南	266122
5	土耳其	116774	阿联酋	187001	土耳其	207207	土耳其	198618	土耳其	233800	泰国	250524
6	马来西亚	114290	土耳其	185544	泰国	202019	泰国	195714	俄罗斯	228213	波兰	250313
7	波兰	101539	泰国	182393	波兰	189696	波兰	188518	泰国	224421	俄罗斯	239459
8	俄罗斯	98707	波兰	174128	俄罗斯	182782	俄罗斯	182257	波兰	217979	土耳其	222444
9	阿联酋	80814	马来西亚	164586	马来西亚	176175	越南	174978	越南	213215	马来西亚	218764
10	捷克	76527	捷克	125691	越南	165776	马来西亚	168375	马来西亚	193856	印度尼西亚	188711

资料来源：联合国贸易与发展组织网站。

表 4 - 5　　　　　2005～2019 年"一带一路"进口排名前 10 位的

国家占总量比重　　　　　　　　单位:%

类别	2005 年		2010 年		2015 年		2016 年		2017 年		2019 年	
	国家	比重	国家	比重	国家	比重	国家	比重	国家	比重	国家	比重
排名前 10 位国家占总量比重	中国	25.99	中国	29.76	中国	31.29	中国	30.50	中国	30.44	中国	33.45
	新加坡	7.90	印度	7.46	印度	7.28	印度	6.85	印度	7.33	印度	7.85
	印度	5.55	新加坡	6.63	新加坡	5.53	新加坡	5.61	新加坡	5.41	新加坡	5.60
	泰国	4.65	俄罗斯	4.88	阿联酋	5.35	阿联酋	5.20	阿联酋	3.93	越南	4.02
	土耳其	4.60	阿联酋	3.99	土耳其	3.86	土耳其	3.81	土耳其	3.86	泰国	3.78
	马来西亚	4.50	土耳其	3.96	泰国	3.76	泰国	3.76	俄罗斯	3.77	波兰	3.78
	波兰	4.00	泰国	3.89	波兰	3.53	波兰	3.62	泰国	3.70	俄罗斯	3.62
	俄罗斯	3.89	波兰	3.71	俄罗斯	3.41	俄罗斯	3.50	波兰	3.60	土耳其	3.36
	阿联酋	3.18	马来西亚	3.51	马来西亚	3.28	越南	3.36	越南	3.52	马来西亚	3.30
	捷克	3.01	捷克	2.68	越南	3.09	马来西亚	3.23	马来西亚	3.20	印度尼西亚	2.85
总比重	67.27		70.47		70.38		69.44		68.76		71.61	

资料来源:根据联合国贸易与发展组织提供的数据计算得到。

（4）"一带一路"沿线国家的进口出现了较为明显的集中化趋势。2005 年，进口排名前 10 位的国家其货物进口总值占"一带一路"沿线国家总量的 67.27%，此后这一比例不断攀升，2010 年达到 70.47%、2015 年为 70.38%、2019 年更是提升至 71.61%。

（5）从表 4 - 3 与表 4 - 5 可知不论是出口还是进口，我国的地位越来越重要，已经毋庸置疑地占据了"一带一路"沿线国家贸易合作中的"领头羊"位置。2005～2019 年，我国的出口比例在沿线国家中从 2005 年的 26.50%，增长到 2018 年的 37.24%。同时，我国的进口比例在沿线国家中也一直名列前茅，从 2005 年的 25.99% 提升至 2019 年的 33.45%。我国在出口进口两方面的领先地位已经确定且仍在不断强化。

（6）从表 4 - 3 可知，除我国以外排名前 9 的国家，其出口占比均在 10% 以下，并且绝大多数国家的出口所占比重呈现下降趋势。2005 年出口排名第二的俄罗斯，其出口占比为 8.40%，2010 年下降至 7.78%，2015 年下降至 5.67%（排名第三）；2005 年出口排名第三的新加坡，其出口占比为 8.01%，2010 年下降至 6.90%，2015 年下降至 5.71%；其他国家如沙特从 2005 年的 6.27% 降至 2018 年的 4.55%，马来西亚从 2005 年的

4.93%降至 2019 年的 3.63%；泰国从 2005 年的 3.83%降至 2019 年的 3.73%；印度尼西亚从 2005 年的 2.98%降至 2019 年的 2.65%。

从表 4 - 5 可知，除我国以外排名前 9 的国家，其进口占比均在 10% 以下，并且绝大多数国家的进口所占比重呈现下降趋势。2005 年进口排名第二的新加坡，其进口占比为 7.90%，2010 年下降至 6.63%（排名第三），2015 年下降至 5.53%（排名第三）；其他国家比如 2005 年进口排名第四的泰国，其进口占比从 4.65%，下降至 2018 年的 3.78%，土耳其从 2005 年的 4.60%降至 2018 年的 3.36%，马来西亚从 2005 年的 4.50%降至 2019 年的 3.30%，波兰从 2005 年的 4.00%降至 2018 年的 3.78%，俄罗斯从 2005 年的 3.89%降至 2019 年的 3.62%。

由以上分析结果可知，我国在"一带一路"沿线国家的贸易合作中，在出口和进口两方面都表现出了绝对的优势，已牢牢占据了第一的位置。此外，随着中韩双方合作谅解备忘录的签署，标志着韩国已于 2017 年底加入了"一带一路"的大家庭。从 2019 年"一带一路"沿线各个国家对外贸易额来看，韩国的对外贸易额最高、仅次于中国。其中出口额达到 624964 亿美元，进口额达到 513548 亿美元，贸易总额达到 1138512 亿美元。因此，从进出口两个方向的统计数据可知，除我国外，现阶段"一带一路"沿线重要的贸易参与国家包括韩国、俄罗斯、新加坡、印度、沙特阿拉伯、泰国、越南、波兰、马来西亚、印度尼西亚、土耳其及阿联酋。我国与这些国家之间的进出口贸易关系对"一带一路"倡议的推进将产生重要影响，分析我国与这些国家之间由于文化差异而导致的物流供应链关系风险就显得尤为重要了。

第三节 基于我国与"一带一路"沿线国家间 合作关系的社会网络分析

由上一节分析可知，现阶段"一带一路"沿线重要的贸易参与国家包括中国、韩国、俄罗斯、新加坡、印度、沙特阿拉伯、泰国、越南、波兰、马来西亚、印度尼西亚、土耳其及阿联酋。基于这一判断，本章节尝试利用社会网络分析方法找出这些国家间在进出口贸易上的合作特点，尤其是要明确我国在"一带一路"沿线国家中现阶段及潜在的重要贸易合作伙伴。从而既能从政策角度提出应对现阶段物流供应链风险的建议，同时也为预防未来合作中可能出现的物流供应链关系风险打下基础。

一、社会网络分析法

（一）社会网络分析法的定义

社会网络分析方法（social network analysis，SNA）是社会学领域比较成熟的分析方法，它是 20 世纪 60 年代以来社会学大师哈里森·怀特（Harison White）与其后继者布尔曼（Boorman）、布里格（Brieger）和林顿弗里曼（Linton Freeman）等由数学方法、图论等理论推演出来的一种定量分析方法，可以有效地对网络结构进行测量。

社会网络分析问题起源于物理学中的适应性网络，其中网络指的是各种关联，社会网络（social network）即为社会关系所构成的结构。该方法强调了人际关系、关系内涵以及社会网络对社会现象的解释，它基于社会不是由个人而是由网络构成的，而网络中包含结点及结点之间的关系的前提假设，视社会结构为一张人际社会网，其中"节点"代表一个人或一群人组成的小团体，"线段"代表人与人之间的关系，通过研究探讨网络的结构及属性特征，把个体间关系、"微观"网络与大规模的社会系统的"宏观"结构结合起来，从而反映行动者之间的社会关系。正如社会网络分析家巴瑞·韦尔曼（Barry Wellman）所指出的："网络分析探究的是深层结构，即隐藏在复杂的社会系统表面之下的一定的网络模式。"[①]

该方法近年来在世界政治和经济体系以及国际贸易等领域得到了广泛应用并发挥了重要作用。社会网络分析法的应用基于关系模式及其效用的三个假设基础之上：

[①] 巴瑞·韦尔曼. 社会结构：一种网络的方法 [M]. 英国：剑桥大学出版社，1988：19 – 20.

（1）对节点进行分类的判断标准是节点之间的关系，而不是各节点的内在属性；

（2）社会网络结构会对组成节点的个体行为产生影响；

（3）社会网络结构关系会随着组成节点间互动的变化而不断发生调整。

（二）社会网络分析研究的内容与分析方法

社会网络分析研究的主要内容包括两个方面，即网络结构与网络关系。网络结构就是节点在网络中所处的位置，主要是分析网络中节点所具有的结构特征，涉及节点中心性和影响力、网络位置和社会角色等理论；网络关系测度主要分析的是网络中节点之间所建立的联系，即节点间是否存在联系以及联系的强弱，主要包括网络密度、强弱关系和小世界等理论。常见的社会网络分析方法包括合作网络分析、密度分析、中心性分析、小团体分析、核心—边缘结构分析等。

随着社会网络分析方法与理论的完善，与此相关联的分析工具也越来越多，较常见且使用频率较高的有 Gephi、Ucinet、Net Miner、Pajck 等。其中，Ucinet 是由加州大学的网络分析者博加蒂（Borgatti）、埃弗里特（Everett）、弗里曼（Freeman）所编写的程序软件，在运算能力、矩阵分析功能、兼容性、操作的简便性等方面都更具优势，可满足本书所需分析的功能，因此选用 Ucinet 作为研究的工具。

（三）社会网络分析方法在国际贸易中的应用

为了弥补传统分析方法指标的不足，国内外已有一些专家和学者把社会网络分析法应用于国际贸易网络方面的研究，以更为全面地描述国际贸易网络中各国之间的复杂贸易关系。塞拉诺（Serrano，2003）等首先将社会网络分析法运用于国际贸易领域，通过无标度分布和高聚类系数等社会网络的特征，找到了传统研究方法无法展示的潜在特征。张勤和李海勇（2012）基于国际贸易 50 强在 2001 年、2010 年两年的数据，认为我国自加入世贸组织以来地位不断提升，影响力逐步加强。戴卓（2012）以我国东盟自贸区为研究对象,利用社会网络分析法把该区域中的核心地位国家与边缘地位国家有效地区分开。马述忠等(2016)利用社会网络理论中的中心性、联系强度以及异质性等三个具体方法对农产品国际贸易网络进行了描述。廖泽芳和毛伟(2015)同样通过运用中心度指标定量分析了我国与其他贸易合作国家之间的比较优势。李敬、陈旎等(2017)运用网络分析法研究了2005~2014年"一带一路"沿线国家货物贸易的竞争互补关系及动态变化。邓靖、李敬(2018)基于网络分析法对中国、印度、新加坡三国间的贸易竞争互补关系进行了探讨。李敬、雷俐(2019)利用进出口、贸易竞争和贸易互补三个维度,对中国和南亚四国货物贸易关系网络进行了分析。

国际贸易网络符合社会网络的主要特征,对于"一带一路"沿线数目众多的国家,社会网络分析方法可以把其中的每个国家看成一个"点"(node),把所有国家间的两两关系用"线"(ties)连接起来,从而形成一个相互联系的网络。因此,本章节内容借助社会网络分析法中的合作网络分析、密度分析、中心性分析以及小团体分析等方法,建立网络的拓扑结构并进行量化构图,直观高效地反映"一带一路"沿线主要国家间的贸易合作与竞争的全局状态,判断并分析其中隐藏的各种关系,探索我国贸易合作的发展趋向,更全面地解释我国与沿线国家间的贸易关系及其特点。

二、合作网络分析

国家间的合作网络是描述国与国之间贸易关系的网络。其网络中的节点包括两部分:一是本书第四章第二节归纳出来的13个"一带一路"沿线重要的贸易参与国家,即中国、韩国、俄罗斯、新加坡、印度、沙特阿拉伯、泰国、越南、波兰、马来西亚、印度尼西亚、土耳其及阿联酋;二是这13个"一带一路"沿线重要的参与国家在出口、进口贸易中主要的合作对象国家。合作网络分析的目的在于研究国家间的贸易合作的现状及其特点,它需要以国家间在出口与进口两个方向上的共线矩阵分析作为基础。

（一）共现分析相关概念

共现（co - occurrence）的定义在由普林斯顿大学开发的 WordNet 语义词典中有两种解释：其一，当它作为抽象名词时，可以理解为同时发生的两个事物的当时属性；其二，莱茵哈德·拉普（Reinhard Rapp，2005）等认为当它作为普通名词时，可以理解为同时发生的事件或情形。因此，共现发生的内在原因是事物间的相互联系，事物间相互联系的外在表现就是共现现象，对共现现象的分析有助于了解事物间的联系类型及其强弱程度。

共现分析则源于文献计量学中的引文耦合和共被引的概念，它建立在这样一个基本假设的基础之上，即若两个词经常共同出现在一段话或一篇文献中，则可认为这两个词之间在语义上是相互关联的，一定存在某种关联。而且，共同出现的频次越多，其相互间的关联越紧密。从对词与词之间的相关紧密程度进行量化的比较中，就可从语义级别获得对两个词之间的关联认识。因此，从实质上来说，共现分析是通过共现信息定量化的分析方法来发现研究对象之间的亲疏关系，从而挖掘隐含的或潜在有用的知识，揭示研究所代表的学科或主体的结构变化。

至今，共现分析已经过了几十年的发展和完善，在语言学、自然语言处理、文献计量学、信息检索等领域日益广泛应用。其中，国外研究主要集中在信息检索、映射学科知识结构以及构建认知网络几个方面。

在信息检索方面，埃尔克·米滕多夫（Elke Mittendorf，2000）研究了利用对词的共现分析所获得的语义信息提高检索结果页面排序的准确性。伊方·布鲁克·吴（Yi - Fang Brook Wu，2001）在其论文 *Automatic concept organization organizing concept from text through probability of Co - occurrence* 中提出了依据概念出现频率和概念间的共现频率抽取文本中概念和概念层次结构的方法。道格拉斯·罗德（Douglas L. T. Rohde，2004）在 *An Improved Model of Semantic Similarity Based on Lexical Co - occurrence* 则提出了一种向量空间模型，它能够从大数据中集中生成词汇含义。海伦·皮特和彼得·威利特（Helen J. Peat & Peter Willett，2006）通过研究发现利用共现词汇进行查询是存在一定缺陷的，并对这些缺陷进行了讨论。

在映射学科知识结构方面，最早利用共现分析映射的是塞格尔·鲍茵（Serge Bauin，1986），他通过共现分析映射水产业的变化，预测出了水产业研究主题的转变方向并发现该领域的研究主题呈现融合的趋势。此后，卡隆（Callon）等通过收集资料并加以总结，撰写出了 *Mapping the Dynamics of science and Technology* 一书，它是第一部详细阐述共现分析在知识结构映射方面应用的著作，首次系统地阐述了共现分析的理论基础并配以大量研究实例加以说明。此后，研究人员进一步将共现分析的应用延伸至各个学科领域。尼尔·库尔特等（Neal Coulter et al.，1996）以软件工程领域为研究对象，基于共现分析映射找到了该领域的核心特征。丁应（Ying Ding，2001）总结了共现分析的操作步骤与主要技术，并映射分析了1987～1997年信息检索领域的学科结构。金美珍（Mee-Jean Kim，2001）以1985～1994年韩国大学物理学方向发表的文章为研究对象，把计量学的分析方法与文献内容、作者的共现相结合，对发表期刊的影响力进行了对比分析。阿里乌尊（Ali Uzun，2002）以1996～1999年图书情报领域发表的102篇文章为研究对象，对其中的标题和关键词进行了共现分析，发现了不同国家图书情报领域研究的共同点与差异性。

在构建认知网络方面，洛特·莱德斯多夫和迈克尔·柯伦（Loet Leydesdorff & Michael Curran，2000）为了比较不同社会中知识产生方式之间的异同点，测量了网络中的政府、企业及大学之间的共现关系。苏吉特·巴塔查里亚（Sujit Bhattacharya，2003）通过对专利引用的共现分析研究专利领域的核心焦点，并证明了随着时间的推移，专利领域与技术关联的关系演变。哈鲁克·宾戈尔（Haluk Bingol，2004）以新闻报道为对象，对其中的人名进行共现分析，并构建相应的社会网络，归纳出了该社会网络的特征。马库斯·舍德尔（Markus Schedl，2005）通过对网页上音乐家姓名做共现分析，利用形成的共现矩阵计算出了音乐家所属流派。莱德多夫和沃恩·利文（Leyderdorff L. & Vaughan Liwen，2006）提出广义的共现分析应包括共被引、共词、共链、文本关键词共现等多种形式。

国内学者对于共现分析的研究多集中在对共现分析的理论探讨和共现

分析在情报学领域的应用研究。

在理论探讨方面,中国医科大学的崔雷从 1995 年就开始进行了这方面的研究,并发表了《专题文献高被引论文的时间分布与同被引聚类分析》(崔雷,1995)、《文献计量学共引分析系统的设计与开发》(崔雷,2000)、《专题文献高频主题词的共词聚类分析》(崔雷,1996)等文章。柴省三(1997)基于国内外关于引文分析研究的综述,对共词分析的理论进行了阐述,探讨了将引文共引分析与共词分析结合研究文献的方法。这些研究成果为其他学者在此后的扩展研究奠定了坚实的基础。

在情报学领域的应用方面,研究共被引、共词、作者合著以及机构合作关系等是共现分析的常见形式,主要目的在于通过合著网络分析、人际网络分析等渠道探讨如何利用社会网络理论促进机构、成员之间的知识共享与合作。谢彩霞(2005)以中国期刊网中 1994~2001 年的 5616 篇有关纳米研究的论文为对象,进行了关键词的共现分析,并通过该分析得出了我国纳米研究领域的发展动态与趋势。钱俐娟、张新民、郑彦宁(2008)对国外图书情报学领域中的 22 个国际主要科研机构所发表论文中的不同机构之间、机构与关键词之间进行了共现分析,挖掘科研机构之间潜在的合作网络及共同关注的研究热点。鲍杨和朱庆华(2009)则以 CSSCI 数据库收录的 1998~2007 年有关情报学领域的论文为数据源,运用社会网络分析方法分析了作者的共现关系,并据此建立了较为完整的作者合著网络以及共引网络,对我国近 10 年的情报学研究进行了有效总结。杨国立和张垒(2012)以科学学期刊《科学计量学》(Scientometrics)于 1990~2009 年发表的 2097 篇文章为研究基础,利用 Cite Space II 对科学计量学领域的作者合作情况与发表机构力量分布进行了共现分析,并借助 GoogleEarth 绘制了相关知识图谱,得出了国际科学计量学研究领域的四大机构合作网络,明确了这些核心研究机构之间的合作关系与特点。此外,还有雷小平(Lei Xiaoping,2012)等利用共现分析对大学、产业以及政府间合作的三螺旋创新模式进行的研究。

从整体看来,相较于国外研究成果,国内对共现分析在知识挖掘方面的研究相对简单,且其范围也较窄。但从近些年该问题相关文献数量的逐年增多，可以看出共现分析的科学性和有效性正在得到越来越多研究人员的认可。因此，借助共现分析方法、系统而全面地对"一带一路"沿线主要参与国家在进出口贸易上的合作加以研究是完全合理的，同时也能为后续深入研究国家间的合作网络奠定一定的基础。本书在共现分析部分采用 Bib Excel 软件，该软件是一个计量工具，可将数据做频次分析、排序、实现知识单元的共现关系矩阵，并将产生的共现数据导入 Excel 电子表格中以产生矩阵数据格式文件。

（二）出口合作网络分析

本章节总体的研究思路与方法包括：第一步，利用 Excel 实施基本统计、找出每个国家主要出口合作对象；第二步，利用 Bib Excel 产生出口合作共现矩阵以实施共现分析；第三步，由 Ucinet 将共现矩阵可视化，生成展示国家间出口贸易关系的国家出口合作网络结构。

1. 基本统计结果

由联合国商品贸易统计数据库相关统计数据可知，2019 年，我国与"一带一路"国家进出口总额最高的前 10 位贸易伙伴分别是韩国、越南、马来西亚、印度、俄罗斯、泰国、新加坡、印度尼西亚、菲律宾和沙特阿拉伯，中国与这些国家的进出口总额占中国与"一带一路"国家的比重合计达 68.9%。

从出口方向看，2019 年，我国对"一带一路"国家出口额排名前 10 的国家分别是韩国、越南、印度、新加坡、俄罗斯、马来西亚、泰国、印度尼西亚、菲律宾和阿联酋，我国对这些国家的出口额占我国对"一带一路"国家比重合计达 65.6%（见图 4 - 2），显然这些国家是我国出口的主要合作对象。

同理，利用联合国商品贸易统计数据库，可以分别得出其他"一带一路"沿线主要参与国家出口合作对象的前 10 位排名（见表 4 - 6），且经统计可知对这些前 10 位排名国家的出口额占各出口国的比重基本都可达到 70% 以上，因此这些排名前 10 位的国家可以作为主要出口对象。

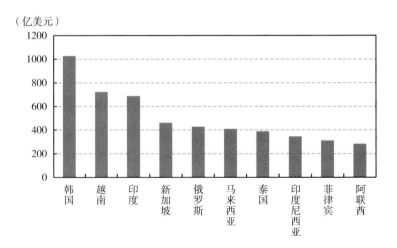

图 4 - 2　2019 年我国对"一带一路"国家出口额前 10 位国家
　资料来源：笔者根据《2019 年"一带一路"建设发展报告》绘制；李永全，王晓泉.
2019 年"一带一路"建设发展报告[M]．北京：社会科学文献出版社，2019.

表 4 - 6　　　　"一带一路"沿线主要国家出口合作对象前 10 位排名

出口国家	1	2	3	4	5	6	7	8	9	10
韩国	中国	越南	印度	新加坡	菲律宾	印度尼西亚	马来西亚	泰国	俄罗斯	土耳其
新加坡	中国	马来西亚	印度尼西亚	韩国	泰国	越南	印度	菲律宾	巴拿马	阿联酋
印度	阿联酋	中国	新加坡	越南	孟加拉国	马来西亚	尼泊尔	沙特	土耳其	斯里兰卡
俄罗斯	中国	白俄罗斯	土耳其	波兰	韩国	哈萨克斯坦	乌克兰	捷克	印度	拉脱维亚
阿联酋	伊朗	印度	沙特	伊拉克	阿曼	土耳其	科威特	中国	埃及	阿富汗
泰国	中国	马来西亚	越南	新加坡	印度尼西亚	菲律宾	印度	缅甸	韩国	老挝
波兰	捷克	俄罗斯	匈牙利	斯洛伐克	乌克兰	罗马尼亚	土耳其	立陶宛	中国	白俄罗斯
越南	中国	韩国	阿联酋	泰国	马来西亚	印度	新加坡	印度尼西亚	菲律宾	柬埔寨
马来西亚	新加坡	中国	泰国	印度	印度尼西亚	韩国	越南	菲律宾	阿联酋	土耳其
土耳其	阿联酋	伊拉克	以色列	伊朗	罗马尼亚	波兰	中国	保加利亚	沙特阿拉伯	俄罗斯
沙特阿拉伯	阿联酋	中国	新加坡	印度	科威特	土耳其	巴林	埃及	约旦	马来西亚

　资料来源：笔者根据世界银行网站（data. worldbank. org）数据整理所得。

2. 共现分析

　　根据以上统计信息，选择中国、韩国、俄罗斯、新加坡、印度、沙特阿拉伯、泰国、越南、波兰、马来西亚、印度尼西亚、土耳其及阿联酋等13 个"一带一路"沿线重要的贸易参与国家，以及每个国家出口合作前10 位排名国家，且将频度设为 2，即选择国家出现频次大于 2 的所有国家，将数据库中的数据用 Bib Excel 导出文件为 Excel 文件类型的 13×10 共现矩阵（见表 4-7），由该表可大致观察出"一带一路"沿线主要国家间在出口方向上的合作情况。例如，该表第一行我国与印度、新加坡、马来西亚、阿联酋、韩国、越南、泰国、俄罗斯的矩阵值都为 2，说明我国与这些国家在出口上合作较为紧密；与土耳其、沙特阿拉伯、波兰、印度尼西亚、菲律宾的矩阵值为 1，说明我国与这些国家在出口上合作程度一般；与白俄罗斯、乌克兰、伊朗、伊拉克、科威特、埃及、罗马尼亚的矩阵值为 0，说明这些国家并不是我国的主要出口国家。此外，从出口频次表 4-8 可看出，在出口共现矩阵中我国出现的频次是最高的，说明我国与其他国家的出口贸易联系是最多的，证明了我国在贸易网络中的主体地位。

表 4-7　　　　　　　　　　　　　　出口共现矩阵

国家	中国	印度	新加坡	马来西亚	阿联酋	土耳其	韩国	越南	泰国	俄罗斯	沙特阿拉伯	波兰	印度尼西亚	菲律宾	白俄罗斯	乌克兰	伊朗	伊拉克	科威特	埃及	罗马尼亚
中国	0	2	2	2	2	1	2	2	2	2	1	1	1	1	0	0	0	0	0	0	0
印度	2	0	2	2	2	1	1	2	1	1	2	0	0	0	0	0	0	0	0	0	0
新加坡	2	2	0	2	1	0	2	2	2	0	1	0	1	0	1	0	0	0	0	0	0
马来西亚	2	2	2	0	1	1	2	2	2	0	1	0	1	0	0	0	0	0	0	0	0
阿联酋	2	2	1	1	0	2	0	1	0	0	0	0	0	0	0	0	1	1	1	1	0
土耳其	1	1	0	1	2	0	1	0	0	2	2	2	0	0	0	0	1	1	0	0	1
韩国	2	1	2	2	0	1	0	2	2	2	0	0	0	0	0	0	0	0	0	0	0
越南	2	2	2	2	1	0	2	0	2	0	0	0	1	1	0	0	0	0	0	0	0
泰国	2	1	2	2	0	0	2	2	0	0	0	1	1	0	0	0	0	0	0	0	0
俄罗斯	2	1	0	0	0	2	2	0	0	0	0	2	0	0	1	1	0	0	0	0	0
沙特阿拉伯	1	2	1	1	2	0	0	0	0	0	0	0	0	0	0	0	0	0	1	1	0
波兰	1	0	0	0	0	2	0	0	0	2	0	0	0	0	1	1	0	0	0	0	1
印度尼西亚	1	0	1	1	0	0	1	1	1	0	0	0	0	1	0	0	0	0	0	0	0
菲律宾	1	0	1	1	0	0	1	1	1	0	0	0	1	0	0	0	0	0	0	0	0
白俄罗斯	0	0	0	0	0	0	0	0	0	1	0	1	0	0	0	1	0	0	0	0	0
乌克兰	0	0	0	0	0	0	0	0	0	0	0	1	0	0	1	0	0	0	0	0	0
伊朗	0	0	0	0	1	1	0	0	0	0	0	0	0	0	0	0	0	0	0	0	0
伊拉克	0	0	0	0	1	1	0	0	0	0	1	0	0	0	0	0	0	0	0	0	0
科威特	0	0	0	0	1	0	0	0	0	0	1	0	0	0	0	0	0	0	0	0	0
埃及	0	0	0	0	1	0	0	0	0	0	1	0	0	0	0	0	0	0	0	0	0
罗马尼亚	0	0	0	0	0	1	0	0	0	0	0	1	0	0	0	0	0	0	0	0	0

表 4 - 8 　　　　　　　　　　　　出口频次表

国家	频次	国家	频次	国家	频次
中国	21	印度尼西亚	6	阿富汗	1
印度	19	白俄罗斯	2	柬埔寨	1
土耳其	17	伊拉克	2	阿曼	1
阿联酋	17	罗马尼亚	2	以色列	1
马来西亚	17	埃及	2	孟加拉国	1
新加坡	17	科威特	2	捷克	1
越南	16	伊朗	2	斯洛伐克	1
韩国	16	乌克兰	2	巴林	1
泰国	15	斯里兰卡	1	缅甸	1
俄罗斯	14	哈萨克斯坦	1	拉脱维亚	1
沙特阿拉伯	13	约旦	1	立陶宛	1
波兰	12	老挝	1	匈牙利	1
菲律宾	6	巴拿马	1	尼泊尔	1
				保加利亚	1

3. 合作网络分析

为了将共现矩阵的数据可视化，将生成的出口共现矩阵导入 Ucinet 中。打开 Ucinet 界面选择"数据"下拉菜单中的"电子表格"中的"矩阵"，将数据导入进来然后填满矩阵。保存文件为##d 或##h 格式。然后，再利用 Ucinet 6 可视化工具 netdraw 绘制出口合作网络图，如图 4 - 3 所示。在该合作网络中，以每一个国家为节点，如果两个国家之间有贸易往来，则两个节点间相连并建立一条边，从整体看这些节点和边构成了一个网络。其中，节点间连线的粗细代表两个节点之间的联系强度，即节点间连线越粗，则表明国家间共现次数越多，合作次数也越多。

从图 4 - 3 中可以发现：一是沙特阿拉伯、阿联酋、土耳其、波兰、俄罗斯、韩国、泰国、越南、新加坡、马来西亚、中国、印度等国间的合作较为紧密；二是我国与韩国、印度、马来西亚、新加坡、泰国、越南、俄

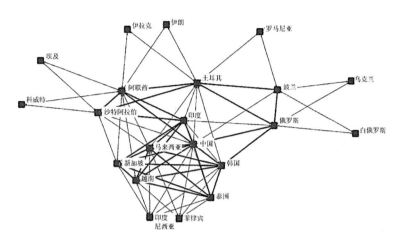

图 4 - 3 出口国家合作网络分析结果

资料来源：笔者根据中国商务部网站（countryreport. mofcom. gov. cn）整理所得。

罗斯、阿联酋之间的连线较粗，即我国与这些国家间在出口方向上合作得较为紧密；三是我国与土耳其、波兰、菲律宾、印度尼西亚之间的连线较细，说明这些国家不是我国的主要出口国。此外，图 4 - 3 中剔除了表 4 - 8 中频次为 1 的节点，这些节点所代表的国家在整个出口合作网络中的参与度较低。

（三）进口合作网络分析

本章节总体的研究思路与方法包括：首先，利用 Excel 实施基本统计、找出每个国家主要进口合作对象排名的前 10 位；其次，利用 Bib Excel 产生进口合作共现矩阵以实施共现分析；最后，由 Ucinet 将共现矩阵可视化，生成展示国家间进口贸易关系的国家进口合作网络结构。

1. 基本统计结果

从进口看，2019 年，我国自"一带一路"国家进口额排名前 10 的国家分别是韩国、马来西亚、越南、泰国、俄罗斯、新加坡、沙特阿拉伯、印度尼西亚、南非和菲律宾，我国从这些国家进口的商品数额占从整个"一带一路"进口的数额比重高达 75.5%，显然这些国家是我国进口的主要合作对象（见图 4 - 4）。

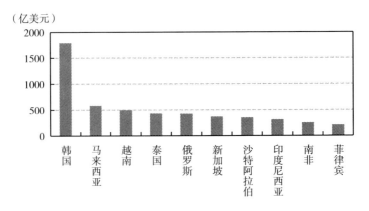

图4-4 2019年我国对"一带一路"国家进口额前10位国家
资料来源：笔者根据联合国贸易与发展组织提供的数据计算而得。

同理，利用联合国商品贸易统计数据库，可以分别得出其他"一带一路"沿线主要参与国家进口合作对象的前10位排名（见表4-9），且经统计可知对这些前10位排名国家的进口额占各进口国的比重基本都可达到70%以上，因此这些排名前10的国家可以作为主要进口对象。

表4-9 "一带一路"沿线主要国家进口合作对象前10位排名

进口国家	1	2	3	4	5	6	7	8	9	10
韩国	中国	沙特阿拉伯	越南	俄罗斯	卡塔尔	科威特	印度尼西亚	阿联酋	新加坡	马来西亚
新加坡	中国	马来西亚	韩国	印度尼西亚	沙特阿拉伯	阿联酋	印度	泰国	菲律宾	卡塔尔
印度	中国	阿联酋	沙特阿拉伯	印度尼西亚	韩国	伊拉克	伊朗	马来西亚	卡塔尔	俄罗斯
俄罗斯	中国	白俄罗斯	韩国	乌克兰	哈萨克斯坦	波兰	土耳其	越南	捷克	印度
阿联酋	中国	印度	越南	韩国	土耳其	沙特阿拉伯	泰国	卡塔尔	马来西亚	巴林
泰国	中国	马来西亚	韩国	新加坡	印度尼西亚	阿联酋	沙特阿拉伯	越南	菲律宾	印度
波兰	中国	俄罗斯	捷克	斯洛伐克	匈牙利	韩国	土耳其	印度	乌克兰	罗马尼亚
越南	中国	韩国	泰国	马来西亚	新加坡	印度	印度尼西亚	俄罗斯	沙特阿拉伯	菲律宾
马来西亚	中国	新加坡	泰国	韩国	印度尼西亚	印度	越南	阿联酋	沙特阿拉伯	菲律宾
土耳其	中国	俄罗斯	伊朗	韩国	印度	阿联酋	波兰	马来西亚	越南	捷克
沙特阿拉伯	中国	阿联酋	印度	韩国	土耳其	泰国	埃及	越南	印度尼西亚	巴林

资料来源：笔者联合国商品贸易统计数据库 comtrade. un. org 整理所得。

2. 共现分析

根据上述统计信息，选择中国、韩国、俄罗斯、新加坡、印度、沙特阿拉伯、泰国、越南、波兰、马来西亚、印度尼西亚、土耳其以及阿联酋等 13 个"一带一路"沿线重要的贸易参与国家，以及每个国家进口合作前 10 位排名国家，且将频度设为 2，即选择国家出现频次大于 2 的所有国家，将数据库中的数据用 Bib Excel 导出文件为 Excel 文件类型的 13×10 共现矩阵（见表 4-10），由该表可大致观察出"一带一路"沿线主要国家间在进口方向上的合作情况。例如，该表第一行我国与韩国、马来西亚、越南、沙特阿拉伯、泰国、俄罗斯、新加坡的矩阵值都为 2，说明我国与这些国家在进口上合作较为紧密；与印度、阿联酋、土耳其、波兰、印度尼西亚、菲律宾的矩阵值为 1，说明我国与这些国家在进口上的合作程度一般；与卡塔尔、捷克、伊朗、乌克兰、巴林的矩阵值为 0，说明这些国家并不是我国的主要进口国家。此外，从出口频次表 4-11 可看出，在进口共现矩阵中我国出现的频次是最高的，说明我国与其他国家的进口贸易联系是最多的，证明了我国在贸易网络中的主体地位。

表 4-10　　　　　　　　　　进口共现矩阵

国家	中国	韩国	印度	马来西亚	越南	沙特阿拉伯	阿联酋	泰国	俄罗斯	新加坡	土耳其	波兰	印度尼西亚	菲律宾	卡塔尔	捷克	伊朗	乌克兰	巴林
中国	0	2	1	2	2	2	1	2	2	2	1	1	1	1	0	0	0	0	0
韩国	2	0	1	2	2	2	2	1	2	2	1	1	1	0	1	0	0	0	0
印度	1	1	0	2	1	2	2	1	2	1	1	1	0	1	0	1	1	0	0
马来西亚	2	2	2	0	2	1	2	2	0	2	1	0	1	1	0	0	0	0	0
越南	2	2	1	2	0	2	1	2	1	1	1	1	1	1	0	0	0	0	0
沙特阿拉伯	2	2	2	1	2	0	2	2	0	1	1	0	1	0	0	0	0	0	1
阿联酋	1	2	2	1	2	0	2	0	1	2	0	0	0	0	1	0	0	0	1
泰国	2	1	1	2	2	2	0	2	0	0	2	0	0	1	1	0	0	0	0
俄罗斯	2	2	2	0	1	0	0	0	0	2	2	0	0	0	1	0	1	0	0
新加坡	2	2	1	2	1	1	1	0	2	0	0	1	1	0	0	0	0	0	0
土耳其	1	1	1	1	1	1	1	2	2	0	0	2	0	0	1	1	0	0	0
波兰	1	1	1	0	0	0	0	2	0	0	2	0	0	0	0	1	0	0	0
印度尼西亚	1	1	1	1	1	1	0	1	0	1	0	0	0	1	0	0	0	0	0
菲律宾	1	0	0	0	0	0	0	1	0	0	0	0	1	0	0	0	0	0	0
卡塔尔	0	1	1	0	0	0	0	0	0	1	0	0	0	0	0	0	0	0	0
捷克	0	0	0	0	0	0	0	0	0	0	1	1	0	0	0	0	0	0	0
伊朗	0	0	1	0	0	0	0	0	1	0	1	0	0	0	0	0	0	0	0
乌克兰	0	0	0	0	0	0	0	1	0	1	0	0	0	0	0	0	0	0	0
巴林	0	0	0	0	0	1	1	0	0	0	0	0	0	0	0	0	0	0	0

表 4 - 11 进口频次表

国家	频次	国家	频次	国家	频次
中国	21	新加坡	15	巴林	2
韩国	21	土耳其	14	科威特	1
印度	19	波兰	12	哈萨克斯坦	1
沙特阿拉伯	18	印度尼西亚	7	南非	1
越南	18	菲律宾	5	罗马尼亚	1
马来西亚	18	卡塔尔	4	伊拉克	1
阿联酋	17	捷克	3	埃及	1
俄罗斯	16	乌克兰	2	匈牙利	1
泰国	16	伊朗	2	斯洛伐克	1
				印度尼西亚	1
				白俄罗斯	1

3. 合作网络分析

为了将共现矩阵的数据可视化,将生成的出口共现矩阵导入 Ucinet 中。打开 Ucinet 界面选择"数据"下拉菜单中的"电子表格"中的"矩阵",将数据导入进来然后填满矩阵。保存文件为##d 或##h 格式。然后,再利用 Ucinet 6 可视化工具 netdraw 绘制进口合作网络图,如图 4 - 5 所示。在该合作网络中,以每一个国家为节点,如果两个国家之间有贸易往来,则两个节点间相连并建立一条边,从整体看这些节点和边构成了一个网络。其中,节点间连线的粗细代表两个节点之间的联系强度,即节点间连线越粗,则表明国家间共现次数越多,合作次数也越多。

从图 4 - 5 中可以发现:一是俄罗斯、中国、越南、新加坡、泰国、沙特阿拉伯、阿联酋、土耳其、波兰、印度、韩国、马来西亚等国家间的合作较为紧密;二是我国与越南、韩国、马来西亚、俄罗斯、泰国、新加坡、沙特阿拉伯之间的连线较粗,说明我国和这些国家在进口方向上合作得较为紧密;三是我国与土耳其、印度、阿联酋、菲律宾、波兰、印度尼西亚之间的连线较细,说明这些国家不是我国的主要进口国。此外,图 4 - 5 中剔除了表 4 - 11 中频次为 1 的节点,这些节点所代表的国家在整个进口合作网络中的参与度较低。

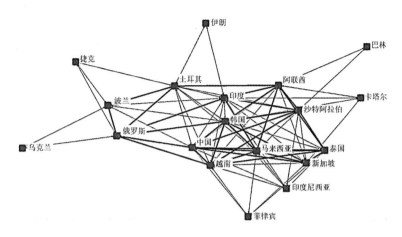

图 4－5 进口国家合作网络分析结果

三、密度分析

网络密度是指网络中各节点之间实际联结的数目与它们之间可能存在的最大联结数目的比值，它在一定程度上可反映各节点间联络的紧密程度，代表着网络中关系的数量与复杂程度。

在本书中，网络密度（density）用来反映国家之间贸易关系的疏密程度。网络中显著的贸易关系①数量越多，则网络密度越大。网络密度可定义为贸易网络中实际拥有的连线数与整个网络（complete network）中最多可能拥有的连线数之比（John Scott，2007）。该指标的取值范围为 [0，1]。设网络中的国家数量为 N，则网络中最大可能存在的贸易关系数量为 $N \times (N-1)$。如网络中实际拥有的显著贸易关系数量为 L，则网络密度可表示为：

$$D_n = \frac{L}{N \times (N-1)} \qquad (4-1)$$

其中，当密度值趋近于 1 时，表示网络的联结密度就越大；当密度值趋近于 0 时，表示网络的联结密度就越小。合作网络的联结密度越大，即国家

---

① 显著贸易关系是指贸易关系指数达到显著值的贸易关系。

间联系越紧密，合作行为就越多，信息流通较容易，合作绩效也会较好；反之则国家间的联系比较疏离，合作行为较为缺乏，信息不通，合作效率低下。因此，网络密度可用来分析国家之间的合作关系。

（一）出口合作网络密度分析

先将出口共现矩阵通过 Ucinet 6 软件中的 Transform-Dichotomize 进行二值化处理，然后将处理好的矩阵导入 Ucinet 6，依次点击 Network-Cohension-Density，进行网络密度分析，可以得出该出口合作网络的密度为 0.3333，就国家间的出口合作关系而言，网络中各国之间具有一定的关联性，整体结构较为稳健，互动性不低，合作程度尚可。另外，因为密度值小于中值 0.5，说明这些"一带一路"沿线国家间在出口方向上仍有大的潜在合作空间。一旦加强不同国家间在出口方向的合作，就会给该合作网络结构带来大的影响，使网络连通性增强进而使网络密度得以提升。

（二）进口合作网络密度分析

用同样的方法计算，得到进口合作网络的密度为 0.4561，就国家间的进口合作关系而言，整体结构较为紧密，互动性良好，合作程度较高。而且相比于出口合作网络，密度值更高，连通性更好，说明"一带一路"沿线国家在进口方向上的合作相比出口更为紧密。另外，因为密度值仍然小于中值 0.5，说明这些"一带一路"沿线国家间在进口方向上有一定的潜在合作空间。一旦加强不同国家间在出口方向的合作，就会给该合作网络结构带来大的影响，使网络连通性增强进而使网络密度得以提升。

四、中心性分析

社会网络分析中的中心性描述的是个人或组织在社会网络中所处的地位或位置及重要性，是评价一个人重要与否，衡量其职务的地位优越性或特权性，以及社会声望等的指标（罗家德）。中心性分为三种形式，即点度中心性（degree centrality）、接近中心性（closeness centrality）和中介中心性（betweenness centrality）。其中，点度中心性是用来衡量谁在这个团体中处于最重要的中心地位或谁最有权力；接近中心性则是以距离为概念来计算一个节点的中心程度，与别的节点越近者则中心性越高，与别的节点相距较远者则中心性低；中介中心性衡量了一个节点作为媒介者的能力，也就是沟通其他两个节点的能力。经过 Ucinet 计算，可以得出各"一带一路"沿线重要参与国家点度中心性、接近中心性和中介中心性，以此来进一步说明这些国家间的合作关系。

（一）出口合作网络中心性分析

1. 出口合作网络点度中心性

点度中心性是用来判断一个节点在社会网络中所处地位的最主要结构指标。若一个节点与许多其他节点直接相连则该节点具有较高的点度中心性，点度中心性的数值越高则该节点越是处于社会网络中的核心位置。对由若干国家组成的"一带一路"网络而言，点度中心性则表示的是不同国家在该网络中的能力、地位以及重要性。一个国家的点度中心性指数越高，表明该国在"一带一路"网络中的能力就越强、影响力就越大、越具有话语权，其公式为：

$$C_D(n_i) = \frac{\sum X_{ij}}{g-1} \tag{4-2}$$

其中，X_{ij} 是 0 或 1 的数值，代表某国在网络中所有关系数量的加总。g 是该网络中所有成员方的数量，$g-1$ 则为该网络中的最大可能直接相连的国家关系数目。

利用 Ucinet 6 软件，依次点击 Network-Centrality-Degree，进行点度中心性分析，得到表 4-12 结果：第一，点度中心性最高的国家是我国，说明我国在出口合作网络的所有国家中能力是最强的，且与最多的国家保有出口合作关系；其次是马来西亚、阿联酋、土耳其、新加坡、印度、韩国，这些国家能力较强，也与较多的国家保有出口合作关系。第二，只有白俄罗斯、乌克兰、伊朗、伊拉克、科威特、埃及、罗马尼亚等国家的点度中心性较低，说明只有小部分国家与其他国家间在出口方向上的合作与交流不多。第三，点度中心性排在最前面的几位核心国家所占的份额相对较高，说明这些核心国家在整个出口贸易合作网络中起到了关键性的作用。此外，整个网络的点度中心性为35.00%，说明该网络的集中趋势较为明显，网络中超过一半的国家在出口方向上存在明显的合作关系。

表 4-12 出口合作网络点度中心性分析

国家	Degree	NrmDegree	Share
中国	13.000	65.000	0.093
马来西亚	11.000	55.000	0.079
阿联酋	11.000	55.000	0.079
土耳其	11.000	55.000	0.079
新加坡	10.000	50.000	0.071
印度	10.000	50.000	0.071
韩国	10.000	50.000	0.071
越南	9.000	45.000	0.064
泰国	8.000	40.000	0.057
沙特阿拉伯	8.000	40.000	0.057
俄罗斯	7.000	35.000	0.050
波兰	6.000	30.000	0.043
印度尼西亚	6.000	30.000	0.043
菲律宾	6.000	30.000	0.043
白俄罗斯	2.000	10.000	0.014
乌克兰	2.000	10.000	0.014
伊朗	2.000	10.000	0.014
伊拉克	2.000	10.000	0.014
科威特	2.000	10.000	0.014
埃及	2.000	10.000	0.014
罗马尼亚	2.000	10.000	0.014

Network Centralization = 35.00%

2. 出口合作网络接近中心性

接近中心性是以距离为概念来衡量一个节点所处的中心程度。若一个节点通过比较短的距离与网络中许多其他节点相连，则该节点具有较高的接近中心性，也说明该节点越是处于社会网络中的核心位置。与点度中心性不同，接近中心性不但描述了节点的自身能力，还同时考虑到了在多大程度不受其他节点控制的能力。对由若干国家组成的"一带一路"网络而言，接近中心性则表示的是不同国家在该网络中的地位以及在交易过程中依赖其他国家的程度。一个国家的接近中心性指数越高，表明该国在"一带一路"网络中的地位越高，且较少依赖他国，越具有话语权。其公式为：

$$C_c(n_i) = \frac{1}{\sum_{j=1}^{g} d(n_i, n_j)} \qquad (4-3)$$

其中，g 是该网络中所有成员方的数量，$d(n_i, n_j)$ 代表国家 i 与国家 j 之间在网络中连接的距离，$\sum_{j=1}^{g} d(n_i, n_j)$ 则指的是国家 i 到网络中其他所有节点间的距离加总。因此，接近中心性 $C_c(n_i)$ 为国家 i 到网络中其他所有节点间距离之和的倒数。

利用 Ucinet 6 软件，依次点击 Network-Centrality-Closeness，进行接近中心性分析，得到表4-13结果：第一，距离加总数值最小的是中国，说明中国在整个出口合作网络中处于核心地位，对其他国家的依赖性最小，最具话语权；第二，土耳其、印度的接近中心性较高，它们在出口网络中的自身能力较强、独立性较高；第三，整个网络的接近中心性为42.95%，说明该网络的集中趋势较为明显，网络中大部分的国家之间在出口方向上存在明显的合作关系。

表4-13　　　　　　　　出口合作网络接近中心性分析

国家	Farness	nCloseness
中国	27.000	74.074
土耳其	29.000	68.966
印度	30.000	66.667
阿联酋	31.000	64.516
马来西亚	31.000	64.516

国家	Farness	nCloseness
韩国	32.000	62.500
新加坡	33.000	60.606
越南	34.000	58.824
沙特阿拉伯	34.000	58.824
俄罗斯	35.000	57.143
波兰	36.000	55.556
泰国	39.000	51.282
印度尼西亚	41.000	48.780
菲律宾	41.000	48.780
伊朗	43.000	46.512
伊拉克	43.000	46.512
罗马尼亚	45.000	44.444
埃及	49.000	40.816
科威特	49.000	40.816
白俄罗斯	52.000	38.462
乌克兰	52.000	38.462

Network Centralization = 42.95%

3. 出口合作网络中介中心性

中介中心性是用来判断一个节点在社会网络中作为桥梁而沟通、联系其他节点的能力。若一个节点作为中介为其他两个节点提供互动交流的能力越强，则该节点的中介性就越强，甚至还可以操纵这两个节点进而获得中介利益。对由若干国家组成的"一带一路"网络而言，中介中心性则表示的是不同国家在多大程度上能成为该网络中另外两个国家合作的中间人，以及控制资源的能力。一个国家的中介中心性指数越高，表明该国在"一带一路"网络中充当"中介"的次数越多，能力越大，影响力就越大。其公式为：

$$C_B(n_i) = \frac{\sum_{j \le k} g_{jk}(n_i)}{g_{ik}} \qquad (4-4)$$

其中，g 是该网络中所有成员方的数量，g_{jk} 是国家 j 与国家 k 之间所有的合作路径数量，$g_{jk}(n_i)$ 则表示的是由国家 i 作为媒介而实现的国家 j 与国家 k 之间达成合作的路径数量。

利用 Ucinet 6 软件，依次点击 Network-Centrality-Freeman Betweeness，进行中介中心性分析，得到表 4-14 的结果：一是有 12 个国家具有中介中心性，其余 9 个国家的中介中心性都为 0，这说明有将近一半的国家并不具备充当中间媒介、促成其他两国合作的能力。二是中介中心性最高的国家是土耳其，这说明土耳其在整个出口合作网络中的位置很重要，它具有最强的中介能力及最丰富的贸易伙伴资源。印度、韩国、马来西亚、新加坡、越南、泰国的中介中心性数值越来越小，意味着这些国家在整个出口合作网络中的中介能力是逐步递减的。三是整个网络的中介中心性为 17.27%，数值不高，说明该网络中国家之间的沟通性较低，还有很大的潜在合作空间。

表 4-14 出口合作网络中介中心性分析

国家	Betweenness	nBetweenness
土耳其	40.441	21.285
阿联酋	33.761	17.769
中国	30.807	16.214
俄罗斯	22.467	11.825
波兰	15.210	8.005
沙特阿拉伯	14.322	7.538
印度	9.412	4.954
韩国	9.003	4.739
马来西亚	8.514	4.481
新加坡	5.428	2.857
越南	3.136	1.650
泰国	0.500	0.263
印度尼西亚	0.000	0.000
菲律宾	0.000	0.000
白俄罗斯	0.000	0.000

续表

国家	Betweenness	nBetweenness
乌克兰	0.000	0.000
伊朗	0.000	0.000
伊拉克	0.000	0.000
科威特	0.000	0.000
埃及	0.000	0.000
罗马尼亚	0.000	0.000

Network Centralization Index = 17.27%

(二) 进口合作网络中心性分析

1. 进口合作网络点度中心性

由表 4-15 可知,第一,点度中心性最高的国家是印度,说明印度在进口合作网络的所有国家中能力是最强的,且与最多的国家保有进口合作关系;其次是韩国、中国、越南、马来西亚、沙特阿拉伯、阿联酋、土耳其、泰国、新加坡,这些国家能力较强,也与较多的国家保有进口合作关系。第二,只有俄罗斯、波兰、印度尼西亚、菲律宾、卡塔尔、捷克、伊朗、乌克兰、巴林等国家的点度中心性较低,说明只有小部分国家与其他国家在进口方向上的合作与交流不多。第三,点度中心性排在最前面的几位核心国家所占的份额相对较高,说明这些核心国家在整个进口贸易合作网络中起到了关键性的作用。此外,整个网络的点度中心性为 35.95%,说明该网络的集中趋势较为明显,网络中超过一半的国家间在进口方向上存在明显的合作关系。

表 4-15 进口合作网络点度中心性分析

国家	Degree	NrmDegree	Share
印度	14.000	77.778	0.090
韩国	13.000	72.222	0.083
中国	13.000	72.222	0.083

续表

国家	Degree	NrmDegree	Share
越南	12.000	66.667	0.077
马来西亚	11.000	61.111	0.071
沙特阿拉伯	11.000	61.111	0.071
阿联酋	11.000	61.111	0.071
土耳其	11.000	61.111	0.071
泰国	10.000	55.556	0.064
新加坡	10.000	55.556	0.064
俄罗斯	8.000	44.444	0.051
波兰	7.000	38.889	0.045
印度尼西亚	7.000	38.889	0.045
菲律宾	5.000	27.778	0.032
卡塔尔	4.000	22.222	0.026
捷克	3.000	16.667	0.019
伊朗	2.000	11.111	0.013
乌克兰	2.000	11.111	0.013
巴林	2.000	11.111	0.013

Network Centralization = 35.95%

2. 进口合作网络接近中心性

由表4-16可知,第一,距离加总数值最小的是印度,说明印度在整个进口合作网络中处于核心地位,对其他国家的依赖性最小,最具话语权;第二,韩国、中国、越南的接近中心性较高,它们在进口网络中的自身能力较强、独立性较高;第三,整个网络的接近中心性为42.29%,说明该网络的集中趋势较为明显,网络中大部分的国家之间在进口方向上存在明显的合作关系。

表4-16　　　　　　　　进口合作网络接近中心性分析

国家	Farness	nCloseness
印度	22.000	81.818
韩国	23.000	78.261

续表

国家	Farness	nCloseness
中国	23.000	78.261
越南	24.000	75.000
土耳其	25.000	72.000
马来西亚	26.000	69.231
沙特阿拉伯	26.000	69.231
阿联酋	26.000	69.231
泰国	28.000	64.286
新加坡	28.000	64.286
俄罗斯	29.000	62.069
波兰	30.000	60.000
印度尼西亚	31.000	58.065
卡塔尔	34.000	52.941
菲律宾	35.000	51.429
伊朗	37.000	48.649
捷克	39.000	46.154
巴林	41.000	43.902
乌克兰	45.000	40.000

Network Centralization = 42.29%

3. 进口合作网络中介中心性

由表 4 - 17 可知，一是有 12 个国家具有中介中心性，其余 7 个国家的中介中心性都为 0，这说明有将近一半的国家并不具备充当中间媒介、促成其他两国合作的能力。二是中介中心性最高的国家是印度，这说明印度在整个进口合作网络中的位置很重要，它具有最强的中介能力以及最丰富的贸易伙伴资源。波兰、沙特阿拉伯、越南、新加坡、马来西亚、泰国的中介中心性数值越来越小，意味着这些国家在整个进口合作网络中的中介能力是逐步递减的。三是整个网络的中介中心性为 9.99%，数值偏低，说明该网络中国家之间的沟通性较低，还有很大的潜在合作空间。

表 4 – 17　　　　　　　　　进口合作网络中介中心性分析

国家	Betweenness	nBetweenness
印度	20.530	13.419
土耳其	17.154	11.212
俄罗斯	12.301	8.040
中国	11.393	7.447
韩国	10.905	7.128
阿联酋	10.155	6.637
波兰	9.009	5.888
沙特阿拉伯	8.958	5.855
越南	6.601	4.314
新加坡	3.375	2.206
马来西亚	2.958	1.933
泰国	1.661	1.085
印度尼西亚	0.000	0.000
菲律宾	0.000	0.000
卡塔尔	0.000	0.000
捷克	0.000	0.000
伊朗	0.000	0.000
乌克兰	0.000	0.000
巴林	0.000	0.000

Network Centralization Index = 9.99%

（三）出口、进口合作网络分析小结

（1）分别对比表 4 – 12、表 4 – 13、表 4 – 14 和表 4 – 15、表 4 – 16、表 4 – 17 可以看出，不论是出口合作网络还是进口合作网络，它们各自在点度中心性、接近中心性、中介中心性排名前 10 的国家基本相同，只是排名有所差异。表明这些国家在"一带一路"沿线的贸易合作网络中具有重要地位，易对其他国家产生影响。

(2) 从表 4 - 12 和表 4 - 15,即出口、进口合作网络的点度中心性分析表可知,我国在两张表中的排名都是名列前茅,说明我国在"一带一路"沿线贸易网络中能力强大,且十分活跃、有着广泛的国家间的合作关系,在网络中占据着绝对的中心地位。在表 4 - 12 和表 4 - 13 中,即出口合作网络的点度中心性分析表和接近中心性分析表,我国的排名都位于第一,说明我国尤其是在"一带一路"沿线的出口贸易上更是具有无可比拟的优势,处于最重要的地位。

(3) 从表 4 - 14 和表 4 - 17,即出口、进口合作网络的中介中心性分析表可知,土耳其、阿联酋、俄罗斯这三个国家的中介中心性得分排名都很高,说明他们具备较强的扮演"中间人"角色的能力,纽带作用非常突出,善于在"一带一路"沿线不同的国家间建立起合作关系。这些在"一带一路"贸易网络中扮演"中间人"角色的国家能够有效地促进整体网络的信息流通,为其他国家之间的潜在合作创造条件,进而建立跨洲、跨文化国家间的贸易合作。因此,对于土耳其、阿联酋、俄罗斯等能够对合作网络的联通起到重要作用的国家,不但应给予充分的关注,甚至还要加强对它们的贸易培育,以创造尽可能多的合作互联渠道。

五、团体分析

团体即团体中关系特别紧密的一小群人。因为紧密的关系,这一小群人可结合成为一个次级团体。或者团体也可以看作是通过多种直接互惠关系而相连形成的派系,派系内部成员间可共享信息,一致行动。团体的计算方法有两种,本书选择以节点程度来计算的方法,利用 Ucinet 软件中的 faction 功能进行分析。

(一) 出口合作网络团体分析

在 Ucinet 的 faction 功能中,尝试设定 n 的值,发现 n = 5 时,结果呈现最优状态。因此,得到 5 个团体的结果是合理的,如图 4 - 6 所示。

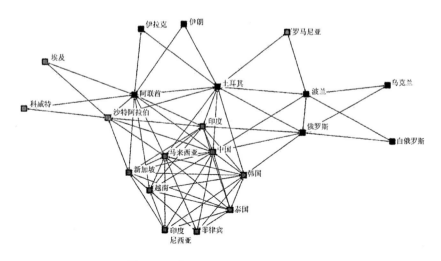

图4-6 出口合作网络团体分析结果

（1）合作团体一。该合作团体处于网络中绝对核心的位置，由中国、印度、韩国、马来西亚、泰国、越南、新加坡、印度尼西亚、菲律宾组成。说明这些国家在出口合作网络中处于主体地位，而且我国与这些国家间存在着密切的贸易合作关系。

（2）合作团体二。该合作团体由俄罗斯、波兰、白俄罗斯、乌克兰组成，它们之间存在着密切的合作关系。它们在整体出口合作网络中参与程度较低，处于边缘位置。且从图4-6可知，该小团体中的俄罗斯与其他国家间的连线数量是最多的，说明俄罗斯在这个合作团体中处于核心地位。此外，波兰、白俄罗斯、乌克兰在该网络中主要与俄罗斯相连，说明它们需要以俄罗斯为纽带而与该团体外的其他国家达成合作。

（3）合作团体三。该合作团体由土耳其、伊拉克、伊朗、阿联酋组成。且从图4-6可知，该团体中的土耳其、阿联酋与其他国家间的连线数量是最多的，说明土耳其和阿联酋在这个合作团体中处于领导地位。此外，伊拉克、伊朗在整个网络中仅与这两个国家相连，说明它们需要以土耳其、阿联酋这两个国家为纽带而与该团体外的其他国家达成合作。

（4）合作团体四。该合作团体由沙特阿拉伯、埃及、科威特组成，在整体出口合作网络中参与程度较低，处于边缘位置。此外，该团体中的沙特阿拉伯与最多的国家保有合作关系。

（5）孤点罗马尼亚。该节点未与其他节点形成合作的小团体，在整体出口合作网络中参与程度最低。

（二）进口合作网络小团体分析

在 Ucinet 的 faction 功能中，尝试设定 n 的值，发现 n = 4 时，结果呈现最优状态。因此，得到 4 个团体的结果是合理的，如图 4 - 6 所示。

（1）合作团体一。该合作团体处于网络中绝对核心的位置，由中国、越南、韩国、马来西亚、印度、印度尼西亚、阿联酋、沙特阿拉伯、泰国、新加坡组成。这说明这些国家在进口合作网络中处于主体地位，而且我国与这些国家间存在着密切的贸易合作关系。

（2）合作团体二。该合作团体处于次核心的位置，由土耳其、俄罗斯、波兰、捷克、乌克兰组成。且从图 4 - 7 可知，在该团体中土耳其、俄罗斯与其他国家间的连线数量是最多的，说明土耳其与俄罗斯在这个合作团体中处于核心地位。此外，波兰、捷克、乌克兰在该网络中主要与土耳其、俄罗斯相连，说明它们需要以土耳其、俄罗斯这两个国家为纽带而与该团体外的其他国家达成合作。

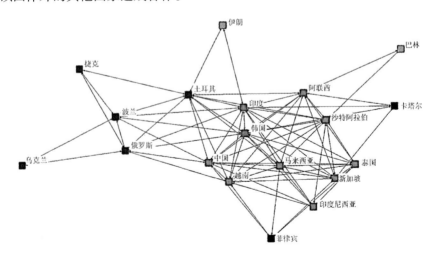

图 4 - 7　进口合作网络团体分析结果

（3）合作团体三，包括伊朗和巴林；合作团体四，包括卡塔尔和菲律宾。这两个团体在整个进口合作网络中参与程度最低，处于边缘位置。

（三）团体分析小结

从"一带一路"核心节点国家出口、进口合作网络团体分析的结果可知：

（1）出口合作网络可被划分为四个合作团体和一个未形成团体的孤点罗马尼亚，四个合作团体包括一个核心团体和三个次核心团体。我国所在的合作团体已处于绝对核心的位置；进口合作网络也可被划分为四个合作团体，四个合作团体包括一个核心团体、一个次核心团体以及两个边缘团体。我国所在的合作团体已处于绝对核心的位置。

（2）在两个合作网络中，与我国都保持着紧密合作关系的国家包括印度、韩国、马来西亚、泰国、越南、新加坡、印度尼西亚等七国。

（3）在出口合作网络团体分析中，合作团体二中的成员国主要通过俄罗斯与该网络中的其他国家达成联系与合作，合作团体三中的成员国则主要通过土耳其、阿联酋与该网络中的其他国家达成联系与合作。

（4）在进口合作网络团体分析中，合作团体二中的成员国主要通过土耳其、俄罗斯与该网络中的其他国家达成联系与合作。

六、社会网络分析小结

根据以上的分析，可知：

第一，毋庸置疑，我国在"一带一路"沿线国家组成的贸易网络中具有最为重要的领头羊地位。从目前的进出口情况来看，我国最重要的贸易合作伙伴包括印度、韩国、马来西亚、泰国、越南、新加坡、印度尼西亚等七国。

第二，土耳其、俄罗斯、阿联酋虽然不是我国最重要的贸易合作伙伴，但因为它们自身具有的较强中介特点，有助于我国以它们作为合作的桥梁从而进一步拓展在"一带一路"贸易网络中参与的深度与广度。例如，伊朗作为我国重要的石油进口来源地与西亚地区重要经贸合作伙伴，虽然近年来与我国经贸合作不断深化，但从图4-6中可知它与我国间并没有直接的连线相连、连通性弱，而连线代表的是真实网络中两个国家之间存在合作的情况，这说明我国与伊朗之间合作力度仍较低、合作总体上是松散的，尚未充分发挥双方资源的竞争优势。而纽带作用非常突出的土耳其、阿联酋的存在，使得我国可以通过它们与伊朗实现间接相连，进而推进双方的合作。同理，由表4-2与表4-4可知，波兰是我国在中东欧地区最大的贸易伙伴，但二者在图4-7中却没有连线相连，只能通过扮演"中间人"角色的土耳其、俄罗斯实现间接相连。

随着"一带一路"倡议稳步地向前推进，吸引并参与的国家数量越来越多，各国参与的程度也会越来越深。因此，"一带一路"沿线国家组成的进出口贸易网络必将愈加广阔，网络中具有高中介中心性的国家就显得愈发重要。中介中心性是衡量一个国家在贸易合作中作为媒介者的能力，越高的中介中心性就意味着越多的国家在交流与合作时必须要通过它，它越能将不同的国家连接起来。若它拒绝充当媒介，则会阻碍其他国家间的沟通与合作，合作网络就会断裂。由进、出口合作网络的小团体分析结果可知，网络中会存在若干个合作团体，且合作团体的数量会随着网络面积的增大而增多。中介中心性高的国家可以打破不同合作团体的组织边界，将不同的网络连接在一起，使之形成一个整体的大网络。网络面积越大、合作团体数量越多，对具有中介能力国家的需求就越迫切。因此，虽然土耳其、俄罗斯、阿联酋这三个国家的点度中心性不是最高的，可它们的中介中心性很高，是网络中的活跃分子，是"一带一路"沿线国家贸易网络中重要的黏合剂。为了进一步推进我国在该网络中合作的广度与深度，应该把这三个国家列为我国潜在的重点合作对象。

综上所述，印度、韩国、马来西亚、泰国、越南、新加坡、印度尼西亚、土耳其、俄罗斯、阿联酋等十国对我国"一带一路"现阶段及今后的贸易合作推进会产生重要的影响。因此，本书将主要以这些国家为研究对象，分析我国与它们之间可能产生的由文化距离而导致的物流供应链关系风险。

第五章

文化距离对物流绩效的影响分析

纵观国内外目前的相关文献，定量分析文化距离与物流供应链关系风险的很少，对两者之间的关系直接作出判断的研究成果较为缺乏。因此，基于第三章构建的文化距离与国际物流供应链关系风险的理论模型，为了探究文化距离与物流供应链关系风险之间的联系，本章首先以物流绩效为媒介，利用结构方程分析文化距离对物流绩效可能存在的影响关系，而后再进一步分析物流绩效与物流供应链关系风险间的联系，以此形成影响关系的传导链条。该关系传导链条有助于最终判断文化距离与物流供应链关系风险的内在联系。

第一节　文化距离的概念及衡量因素

一、文化距离的概念

根据第三章对文化内涵的总结，本书认为它是在同一个环境中的人们所具有的共同的心理程序（collective mental programming），即它不是一种个体特征，而是具有相同的教育和生活经验的许多人所共有的心理特征，包括在人际关系、价值观与信仰、风俗习惯、社会机构、语言、礼节与节日，以及家庭在社会中的地位等若干方面的共同认知。

不同的群体，不同的国家或地区的人们，受着不同的教育、有着不同的社会和工作，从而也就有不同的思维方式，这种共有的心理程序会有差异。国家文化是由一国成员所共同拥有的深层的价值观体系，国家间的文化差异一般是以国家文化距离（cultural distance）作为一个相对简单和标准化的测量工具来衡量的。

迄今为止，卢斯塔（Loustarinen，1980）、科古特和辛格（Kogut & Singh，1988）、瓦伦（Vahlne，1990）、约翰逊（Johanson，1997）、申卡尔（Shenkar，2001）、弗韩伊和格里菲斯（Tihanyi & Griffith，2005）等已从多种角度提出了文化距离的概念。本书综合以上学者对文化距离的定义，认为文化距离是指因地区异同，各地区人们所特有的文化差异而产生的距离，国家文化距离本质上是指不同国家的文化在价值观、思维方式、语言及非语言沟通方式等诸多方面的差异程度，它是两个国家之间基于一些基础文化维度，通过计算各维度间方差的平均值来比较两两国家间文化差异大小的指数。

二、文化距离的衡量因素

在文化距离的衡量方面，由于不同的学者对价值观的要素构成有不同的见解，价值观要素不同导致价值观差异研究的依据不同，理论界因此出现了不同的国家文化差异分析理论。迄今为止，比较著名及应用较广的文化维度划分理论有霍夫斯泰德的象征国家或地区文化差异的6个维度，施瓦茨的国家或地区文化的10类维度划分，克卢克霍恩－斯特罗德贝克的6大文化维度理论、特罗姆佩纳尔的7维文化架构理论及特里安迪斯的个体主义/集体主义理论。

综合对比各种文化差异理论，霍夫斯泰德文化维度理论是以迄今为止世界上最大规模的文化价值调查研究为基础，是最权威的、实用最广泛的研究成果，而且其稳定性、有效性及解释力都已经在国内外学者对这个理论的广泛应用中得到了充分证明。因此，本书选择霍夫斯泰德文化维度理论作为判别文化距离的衡量因素的基础。

（一）单个文化维度的度量

根据霍夫斯泰德文化维度理论，度量文化的维度一共有 6 个，分别是权利距离（power dIstance）、不确定性回避（uncertainty avoidance index）、个人主义与集体主义（individualism versus collectivism）、男性化与女性化（masculinity versus femininity）、长期取向与短期取向（long-term orientation versus short-term orientation）以及自我放纵与约束（indulgence versus restraint）。

通过查阅霍夫斯泰德官方网站，共有包括中国与印度、韩国、马来西亚、泰国、越南、新加坡、印度尼西亚、土耳其、俄罗斯、阿联酋等"一带一路"主要合作伙伴等 81 个国家的 6 个文化维度数据。每个维度上都有一个得分来表现其特征，且取值范围均为 0～100。每个维度得分的计算方法一致，具有横向可比性，能体现各国文化的相对位置。

（二）总文化距离的度量

考虑到文化维度之间相关性的存在，从不同文化之间的"综合距离"出发分析物流供应链关系风险根源显然不可或缺，相较于单个文化维度它对于宏观决策与项目管理来说也更为重要。因此，以单一文化维度为基础度量国家间的总文化距离就显得十分必要。

从现有的计算国家文化距离的方法来看，最为常见是科古特和辛格（Kogut & Singh）在 1988 年基于霍夫斯泰德文化维度理论以及其对各国家的文化维度指数的评分对文化距离进行测量，计算的方法为计算母国与目标国在不同文化维度指数上的算术平均数的差异，即：

$$CD_j = \sum_{i=1}^{n} \left[(I_{ij} - I_{ih})^2 / V_i \right] / n \qquad (5-1)$$

其中，CD_j 指目标国 j 与母国的文化距离值，I_{ij} 是目标国 j 在第 i 维度的文化距离取值，I_{ih} 指母国在第 i 文化维度上的取值，V_i 是第 i 文化维度的方差，n 代表文化维度的数量。这种测量方法虽然得到了后人的广泛使用，但同时因为本身存在的问题导致出现了不同的改进修正版本。本书在度量总的国家文化距离时，为了更好地体现文化距离的变化，加入国家间的建交年份变量来改进文化距离的测算，借鉴綦建红（2012）以中国为母国提出的国家文化距离公式，即：

$$CD_j = \left\{ \sum_{i=1}^{4} \left[(I_{ij} - I_{iCH})^2 / V_i \right] / 4 \right\} + 1/T_j \qquad (5-2)$$

其中，CD_j 是第 j 个国家与我国的总文化距离值，I_{ij} 是霍夫斯泰德关于 j 个国家 i 维度的文化维度评分，CH 代表我国，V_i 是 i 维度所有其他国家文化距离的方差，T_j 表示第 j 个国家与我国建交的年数，$1/T_j$ 表示我国与第 j 个国家之间的文化距离随着建交时间的推移而缩小，但缩小速度随着时间的推移而递减。

尽管以上计算国家文化距离的公式在一定范围内得到了应用，但每一种公式或多或少都存在一些缺陷或限制。因此，本章不直接使用这些既有公式计算国家间的文化距离，而是将文化距离作为结构方程中的潜变量，6 个文化维度作为该潜变量的指标，利用结构方程中的因子分析得到不同文化维度与总国家文化距离之间的关系。考虑到使用结构方程对样本数量的要求及本章第二节中物流绩效数据的获取，本章节罗列出包括我国与"一带一路"主要贸易伙伴在内的 78 个国家的 6 个文化维度数据，如表 5-1 所示。表中第 2 至第 11 位国家为我国重要的 10 个"一带一路"贸易伙伴国家，可以看出，我国与主要的"一带一路"贸易伙伴国家在 6 个文化维度上都存在一定的文化差异，但文化差异的大小参差不齐。其中，俄罗斯、土耳其与阿联酋与我国的文化差异较大；新加坡、印度尼西亚及越南与我国的文化差异较小。因此，我国与主要的"一带一路"贸易伙伴间普遍存在着文化差异，需要采取措施降低或避免由文化差异导致的误解或矛盾。

表 5-1　　　　中国与样本国间的 6 个文化维度差异比较

国家或地区	PDI	IDV	MAS	UAI	LTO	IVR
中国	80	20	66	30	87	24
印度	77	48	56	40	51	26
韩国	60	18	39	85	100	29

续表

国家或地区	PDI	IDV	MAS	UAI	LTO	IVR
新加坡	74	20	48	8	72	46
马来西亚	100	26	50	36	41	57
越南	70	20	40	30	57	35
泰国	64	20	34	64	32	45
印度尼西亚	78	14	46	48	62	38
土耳其	66	37	45	85	46	49
俄罗斯	93	39	36	95	81	20
阿联酋	95	25	60	80	36	52
阿尔巴尼亚	90	20	80	70	61	15
安哥拉	83	18	20	60	15	83
阿根廷	49	46	56	86	20	62
澳大利亚	36	90	61	51	21	71
奥地利	11	55	79	70	60	63
孟加拉国	80	20	55	60	47	20
比利时	65	75	54	94	82	57
巴西	69	38	49	76	44	59
保加利亚	70	30	40	85	69	16
布基纳法索	70	15	50	55	27	18
加拿大	39	80	52	48	36	68
智利	63	23	28	86	31	68
哥伦比亚	67	13	64	80	13	83
克罗地亚	73	33	40	80	58	33
捷克	57	58	57	74	70	29
丹麦	18	74	16	23	35	70
多米尼加	65	30	65	45	13	54
埃及	70	25	45	80	7	4
萨尔瓦多	66	19	40	94	20	89
爱沙尼亚	40	60	30	60	82	16
芬兰	33	63	26	59	38	57
法国	68	71	43	86	63	48
德国	35	67	66	65	83	40
迦纳	80	15	40	65	4	72

续表

国家或地区	PDI	IDV	MAS	UAI	LTO	IVR
希腊	60	35	57	100	45	50
匈牙利	46	80	88	82	58	31
冰岛	30	60	10	50	28	67
伊朗	58	41	43	59	14	40
伊拉克	95	30	70	85	25	17
爱尔兰	28	70	68	35	24	65
意大利	50	76	70	75	61	30
日本	54	46	95	92	88	42
约旦	70	30	45	65	16	43
拉脱维亚	44	70	9	63	69	13
黎巴嫩	75	40	65	50	14	25
利比亚	80	38	52	68	23	34
立陶宛	42	60	19	65	82	16
卢森堡	40	60	50	70	64	56
马耳他	56	59	47	96	47	66
墨西哥	81	30	69	82	24	97
摩洛哥	70	46	53	68	14	25
荷兰	38	80	14	53	67	68
新西兰	22	79	58	49	33	75
尼日利亚	80	30	60	55	13	84
挪威	31	69	8	50	35	55
巴基斯坦	55	14	50	70	50	0
秘鲁	64	16	42	87	25	46
波兰	68	60	64	93	38	29
葡萄牙	63	27	31	99	28	33
罗马尼亚	90	30	42	90	52	20
塞尔维亚	86	25	43	92	52	28
斯洛伐克	100	52	100	51	77	28
斯洛文尼亚	71	27	19	88	49	48
南非	49	65	63	49	34	63
西班牙	57	51	42	86	48	44
瑞典	31	71	5	29	53	78

续表

国家或地区	PDI	IDV	MAS	UAI	LTO	IVR
瑞士	34	68	70	58	74	66
特立尼达和多巴哥	47	16	58	55	13	80
乌克兰	92	25	27	95	55	18
英国	35	89	66	35	51	69
美国	40	91	62	46	26	68
乌拉圭	61	36	38	99	26	53
委内瑞拉	81	12	73	76	16	100
菲律宾	94	32	64	44	27	42
赞比亚	60	35	40	50	30	42

资料来源：吉尔特·霍夫斯泰德文化维度网站。

第二节　物流绩效的概念及衡量因素

一、物流绩效的概念

绩效（performance）是正在进行的某项活动或者已经完成的某种活动的成绩水平。物流绩效（logistics performance）则是指在一定的经营期间内企业的物流经营效益和经营者的物流业绩，就是企业根据客户要求在组织物流运作过程中的劳动消耗和劳动占用与所创造的物流价值的对比关系。

无论是在传统的实体经济时代，还是当下的互联网经济时代，物流能力对企业为了实现良好的绩效都至关重要。并且物流能力是与企业绩效衡量关联性最强的一个变量。而现在的企业与传统的企业相比，面临着更为严峻的市场挑战，全球化带来的高度分散的经营，客户需求越来越多样个性化，产品更新换代加快。而除了产品成本及产品质量外，物流绩效对于制造企业在当今艰难的环境下成功竞争起着非常重要的战略作用。

二、物流绩效的衡量因素

国家物流绩效一般以物流绩效指数的形式度量。物流绩效指数是关于跨境商贸流通性能即跨境物流业绩的一项综合性指标，它是一种呈现梯度变化的多面性商贸流通性能评估系统。物流绩效指数旨在将国家之间在商务贸易流通的各种层次上的差异进行比较和展示，并对较低物流绩效的成本和代价进行阐述，以此来为各国家的管理层或政策制定者指明一条针对物流贸易体系的改革路线和方案，帮助它们进行国际商贸相关的基础设施的投资并及时、有效建立起区域性、多边化的合作框架，帮助这些国家走出物流不和谐的困境。

由世界银行提出的物流绩效指数（logistics performance index，LPI）是基于对跨国货运代理商和快递承运商的绩效调研得出的一系列数据指标，它采用 5 分制评分，分值越高代表发展水平越高、绩效越好。它具体包含以下六个分项指标：

（1）海关效率（customs，CUS）。这里的海关指的是海关清关或边境通关的效率。世界银行主要从海关手续的便利性方面对这一指标进行评分，分别包括在线处理报关单的效率、对通关单和清关地点的要求、发放通关许可的标准及对进口货物实施检查的频率和严格程度等内容。此外，这一指标还对除海关外的产品质量检验机构和检验检疫机构的效率及手续是否过于烦琐进行了评价。

（2）物流基础设施质量（infrastructure，INF）。该项指标主要是指与贸易和运输有关的基础设施的质量，主要包括交通、通信和能源等几个方面。在 LPI 的评价体系中，主要包括对各个国家在港口、机场、公路、铁路、仓储和转运功能及信息通信技术等方面的基础设施进行打分评价。

（3）国际运输便利性（international shipments，ISH）。该项指标指能够安排有价格竞争力出货的容易程度，即承担国际货物运输的企业能够在多大程度上安排价格具有竞争力的国际运输。

（4）物流服务能力（logistics competence，LQC）。该项指标主要是对

国际物流运输中的各种运输方式、各个环节和各方参与商提供优质物流服务的能力进行评价。主要包括了对公路、铁路、航空、海运和港口及在物流过程中的仓储、转运和配送环节的质量进行评价，以及对货运代理商、报关行、贸易及运输协会、收货人和托运人等国际货物运输的参与方提供优质物流服务的能力进行评价。

（5）货物可追溯性（tracking & tracing，TTR）。该项指标指跟踪和追溯托运货物的能力。

（6）货物运输及时性（timeliness，TIM）。该项指标的含义是在计划或预期的交货时间内，货物到达收货人的频率。LPI 的评价体系主要从物流活动供应链的角度详细地列出了可能出现延误的环节，如仓储、装运前的检验过程、转运过程、货物被偷及付款流程不规范等可能出现延误情况的程度进行打分，并对是否能按计划发货进行评价，从而完成对及时性这一指标的评估。

其中，海关效率、物流基础设施质量及物流服务能力三个指标主要对应着供应链的输入方向；而国际运输便利性、货物可追溯性及货物运输及时性三个指标代表的是 LPI 中的时间、成本及可靠性，对应供应链结果的绩效。这六个指标相辅相成，完整地描述了整个国际物流环节。

为了保证下一节内容中，结构方程在使用时有充分的样本容量，本书选取同表 5-1 中一样的 76 个国家的物流绩效指数为研究对象。此外，LPI 数据来自世界银行公布的《物流绩效指数报告》。《物流绩效指数报告》每两年发布一次，截至目前分别于 2007 年、2010 年、2012 年、2014 年、2016 年以及 2018 年共发布了六个报告。为此，本章特别把我国与其重要的 10 个"一带一路"贸易伙伴国家的这 6 年的物流绩效状况进行描述并取平均值进行比较（见表 5-2 至表 5-12），其他国家的 6 个指标得分因为篇幅关系暂不列出。可以看出，我国与这 10 个主要贸易伙伴之间的物流绩效差距明显。例如，从表 5-5 可知，新加坡 LPI 指数的各分项指标在 6 个统计年份里一直处于国际前列，其中海关效率与货物运输及时性在 2012 年位于世界第一、国际运输便利性在 2010 年位于世界第一、货物运输及时性更是于 2007 年和 2012 年两年位于世界第一；从表 5-11 可知，俄罗斯 LPI 指数各分项指标的世界排名一直靠后,尤其是在海关效率与国际运输便利性两个指标上得分很低,处于 10 个主要贸易伙伴国家的末尾;除新加坡以外,韩国和马来西亚的 LPI 指数各分项指标的得分较高,印度尼西亚、越南的 LPI 指数各分项指标的得分都较低,世界排名也较低。

"一带一路"沿线国家和地区物流绩效的差异性很大,并且仍有进一步拉大的趋势,沿线国家和地区相互之间开展物流协作存在较高的门槛。物流绩效的严重失衡对于"一带一路"沿线国家和地区物流的有效对接是十分不利的。

表 5 - 2   2007～2018 年中国物流绩效指数分项指标得分及世界排名

年份	CUS		INF		ISH		LQC		TTR		TIM	
	得分	排名	得分	排名	得分	排名	得分	排名	得分	排名	得分	排名
2007	2.99	35	3.20	30	3.31	28	3.40	27	3.37	31	3.68	36
2010	3.16	32	3.54	27	3.31	27	3.49	29	3.55	30	3.91	36
2012	3.25	30	3.61	26	3.46	23	3.47	28	3.52	31	3.80	30
2014	3.21	38	3.67	23	3.50	22	3.46	35	3.50	29	3.87	36
2016	3.32	31	3.75	23	3.70	12	3.62	27	3.68	28	3.90	31
2018	3.29	31	3.75	20	3.54	18	3.59	27	3.65	27	3.84	27
均值	3.20		3.59		3.47		3.51		3.55		3.83	

资料来源:世界银行物流绩效网站。

表 5 - 3   2007～2018 年印度物流绩效指数分项指标得分及世界排名

年份	CUS		INF		ISH		LQC		TTR		TIM	
	得分	排名	得分	排名	得分	排名	得分	排名	得分	排名	得分	排名
2007	2.69	47	2.90	42	3.08	40	3.27	31	3.03	42	3.47	47
2010	2.70	52	2.91	47	3.13	46	3.16	40	3.14	52	3.61	56
2012	2.77	52	2.87	56	2.98	54	3.14	38	3.09	54	3.58	44
2014	2.72	65	2.88	58	3.20	44	3.03	52	3.11	57	3.51	51
2016	3.17	38	3.34	36	3.36	39	3.39	32	3.52	33	3.74	42
2018	2.96	40	2.91	52	3.21	44	3.13	42	3.32	38	3.50	52
均值	2.84		2.97		3.16		3.19		3.20		3.57	

资料来源:世界银行物流绩效网站。

表 5 - 4　　　　2007～2018 年韩国物流绩效指数分项指标得分及世界排名

年份	CUS		INF		ISH		LQC		TTR		TIM	
	得分	排名	得分	排名	得分	排名	得分	排名	得分	排名	得分	排名
2007	3.22	27	3.44	25	3.44	24	3.63	22	3.56	25	3.86	30
2010	3.33	26	3.62	23	3.47	15	3.64	23	3.83	23	3.97	28
2012	3.42	23	3.74	22	3.67	12	3.65	22	3.68	22	4.02	21
2014	3.47	24	3.79	18	3.44	28	3.66	21	3.66	21	4.00	28
2016	3.45	26	3.79	20	3.58	27	3.69	25	3.78	24	4.03	23
2018	3.40	25	3.73	22	3.33	33	3.59	28	3.75	22	3.92	25
均值	3.38		3.69		3.49		3.64		3.71		3.97	

资料来源：世界银行物流绩效网站。

表 5 - 5　　　　2007～2018 年新加坡物流绩效指数分项指标得分及世界排名

年份	CUS		INF		ISH		LQC		TTR		TIM	
	得分	排名	得分	排名	得分	排名	得分	排名	得分	排名	得分	排名
2007	3.90	3	4.27	2	4.04	2	4.21	2	4.25	1	4.53	1
2010	4.02	2	4.22	4	3.86	1	4.12	6	4.15	6	4.23	14
2012	4.10	1	4.15	2	3.99	2	4.07	6	4.07	6	4.39	1
2014	4.01	3	4.28	2	3.70	6	3.97	8	3.90	11	4.25	9
2016	4.18	1	4.20	6	3.96	5	4.09	5	4.05	10	4.40	6
2018	3.89	6	4.06	6	3.58	15	4.10	3	4.08	8	4.32	6
均值	4.02		4.20		3.86		4.09		4.08		4.35	

资料来源：世界银行物流绩效网站。

表 5 - 6　　　　2007～2018 年马来西亚物流绩效指数分项指标得分及世界排名

年份	CUS		INF		ISH		LQC		TTR		TIM	
	得分	排名	得分	排名	得分	排名	得分	排名	得分	排名	得分	排名
2007	3.36	23	3.33	38	3.36	26	3.40	26	3.51	28	3.95	26
2010	3.11	36	3.50	28	3.50	13	3.34	31	3.32	41	3.86	37
2012	3.28	29	3.43	27	3.40	26	3.45	30	3.54	28	3.86	28
2014	3.37	27	3.56	26	3.64	10	3.47	32	3.58	23	3.92	31
2016	3.17	40	3.45	33	3.48	32	3.34	35	3.46	36	3.65	47
2018	2.90	43	3.15	40	3.35	42	3.30	36	3.15	47	3.46	53
均值	3.20		3.40		3.46		3.38		3.43		3.78	

资料来源：世界银行物流绩效网站。

表 5 - 7　　　　2007～2018 年越南物流绩效指数分项指标得分及世界排名

年份	CUS		INF		ISH		LQC		TTR		TIM	
	得分	排名	得分	排名	得分	排名	得分	排名	得分	排名	得分	排名
2007	2.89	37	2.50	60	3.00	47	2.80	56	2.90	53	3.22	65
2010	2.68	53	2.56	66	3.04	58	2.89	51	3.10	55	3.44	76
2012	2.65	63	2.68	72	3.14	39	2.68	82	3.16	47	3.64	38
2014	2.81	61	3.11	44	3.22	42	3.09	49	3.19	48	3.49	56
2016	2.75	64	2.70	70	3.12	50	2.88	62	2.84	75	3.50	56
2018	2.95	41	3.01	47	3.16	49	3.40	33	3.45	34	3.67	40
均值	2.79		2.76		3.11		2.96		3.11		3.49	

资料来源：世界银行物流绩效网站。

表 5 - 8　　　　2007～2018 年泰国物流绩效指数分项指标得分及世界排名

年份	CUS		INF		ISH		LQC		TTR		TIM	
	得分	排名	得分	排名	得分	排名	得分	排名	得分	排名	得分	排名
2007	3.03	32	3.06	34	3.21	34	3.19	35	3.17	37	3.55	44
2010	3.02	39	3.16	36	3.27	30	3.16	39	3.41	37	3.73	48
2012	2.96	42	3.08	44	3.21	35	2.98	49	3.18	45	3.63	39
2014	3.21	36	3.40	30	3.30	39	3.29	38	3.45	33	3.96	29
2016	3.11	46	3.12	46	3.37	38	3.14	49	3.20	50	3.56	52
2018	3.14	36	3.14	41	3.46	25	3.41	32	3.47	33	3.81	28
均值	3.08		3.16		3.30		3.20		3.31		3.71	

资料来源：世界银行物流绩效网站。

表 5 - 9　　　2007～2018 年印度尼西亚物流绩效指数分项指标得分及世界排名

年份	CUS		INF		ISH		LQC		TTR		TIM	
	得分	排名	得分	排名	得分	排名	得分	排名	得分	排名	得分	排名
2007	2.73	44	2.83	45	3.05	44	2.90	55	3.30	33	3.28	58
2010	2.43	72	2.54	69	2.82	80	2.47	92	2.77	80	3.46	69
2012	2.53	75	2.54	85	2.97	57	2.85	62	3.12	52	3.61	42
2014	2.87	55	2.92	56	2.87	74	3.21	41	3.11	58	3.53	50
2016	2.69	69	2.65	73	2.90	71	3.00	55	3.19	51	3.46	62
2018	2.67	62	2.90	54	3.23	42	3.10	44	3.30	39	3.67	41
均值	2.65		2.73		2.97		2.92		3.13		3.50	

资料来源：世界银行物流绩效网站。

表 5 - 10   2007～2018 年土耳其物流绩效指数分项指标得分及世界排名

年份	CUS		INF		ISH		LQC		TTR		TIM	
	得分	排名	得分	排名	得分	排名	得分	排名	得分	排名	得分	排名
2007	3.00	33	2.94	39	3.07	41	3.29	30	3.27	34	3.38	52
2010	2.82	46	3.08	39	3.15	44	3.23	37	3.09	56	3.94	31
2012	3.16	32	3.62	25	3.38	30	3.52	26	3.54	29	3.87	27
2014	3.23	34	3.53	27	3.18	48	3.64	22	3.77	19	3.68	41
2016	3.18	36	3.49	31	3.41	35	3.31	36	3.39	43	3.75	40
2018	2.71	58	3.21	33	3.06	53	3.05	51	3.23	42	3.63	44
均值	3.02		3.31		3.21		3.34		3.38		3.71	

资料来源：世界银行物流绩效网站。

表 5 - 11   2007～2018 年俄罗斯物流绩效指数分项指标得分及世界排名

年份	CUS		INF		ISH		LQC		TTR		TIM	
	得分	排名	得分	排名	得分	排名	得分	排名	得分	排名	得分	排名
2007	1.94	137	2.23	93	2.48	94	2.46	83	2.17	119	2.94	86
2010	2.15	115	2.38	83	2.72	96	2.51	88	2.60	97	3.23	88
2012	2.04	138	2.45	97	2.59	106	2.65	92	2.76	79	3.02	94
2014	2.20	133	2.59	77	2.64	102	2.74	80	2.85	79	3.14	84
2016	2.01	141	2.43	94	2.45	115	2.76	72	2.62	90	3.15	87
2018	2.42	97	2.78	61	2.64	96	2.75	71	2.65	97	3.31	66
均值	2.13		2.48		2.59		2.65		2.61		3.13	

资料来源：世界银行物流绩效网站。

表 5 - 12   2007～2018 年阿联酋物流绩效指数分项指标得分及世界排名

年份	CUS		INF		ISH		LQC		TTR		TIM	
	得分	排名	得分	排名	得分	排名	得分	排名	得分	排名	得分	排名
2007	3.52	20	3.80	18	3.68	13	3.67	20	3.61	23	4.12	17
2010	3.49	21	3.81	17	3.48	14	3.53	27	3.58	28	3.94	33
2012	3.61	15	3.84	17	3.59	19	3.74	17	3.81	18	4.10	13
2014	3.42	25	3.70	21	3.20	43	3.50	31	3.57	24	3.92	32
2016	3.84	12	4.07	13	3.89	7	3.82	18	3.91	18	4.13	18
2018	3.63	15	4.02	10	3.85	5	3.92	13	3.96	13	4.38	4
均值	3.59		3.87		3.62		3.70		3.74		4.10	

资料来源：世界银行物流绩效网站。

为了进一步分析我国这 10 个主要"一带一路"贸易伙伴国家物流绩效存在较大差异的原因,本书对 2007 年、2010 年、2012 年、2014 年、2016 年及 2018 年六个年度 LPI 分项指标均值得分情况进行了观测(见图 5 - 1)。从中可见,这 10 个国家间物流绩效子因素失衡严重,对于新加坡这个 LPI 指数最高的国家,6 个分项指标都发展得较为均衡,其中货物运输的及时性、物流基础设施的质量和物流服务的质量与竞争力对物流绩效的贡献最大。而对于 LPI 指数较低的国家,如印度尼西亚、越南、俄罗斯,基础设施质量分项是短板,海关效率也是其中的薄弱环节,拉低了 LPI 分数。因此,物流绩效的严重失衡对于我国与这些"一带一路"沿线的主要贸易伙伴国家间物流的有效对接是十分不利的。除新加坡外,我国其他"一带一路"主要贸易伙伴国家的物流绩效发展相对滞后,还有改善的空间。

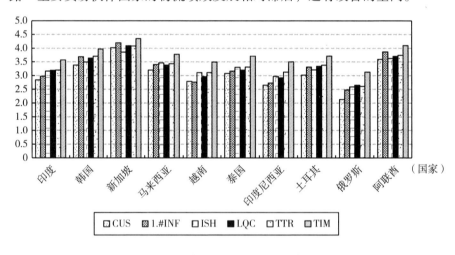

图 5 - 1　10 个样本国 LPI 分项指标均值

第三节　文化距离与物流绩效差异关系分析

文化距离的确定涉及权利距离、不确定性规避、个人主义与集体主义、男性化与女性化、长期取向与短期取向及自我放纵与约束等 6 个文化维度在各国间得分的差异。根据判断,本书对国家间的物流绩效的差异,即海关效率差异、物流基础设施质量差异、国际运输便利性差异、物流服务能力差异、货物可追溯性差异及货物运输及时性差异可能产生一定的影响，将从以下 9 个方面予以分析。

一、权利距离差异与物流服务能力差异

物流服务能力是对国际物流运输中的各种运输方式、各个环节和各参与商提供优质物流服务的能力进行评价，它是一种同时体现在物流系统的内部和外部，以满足顾客物流服务需求为目标的综合能力。主要包括了对公路、铁路、航空、海运和港口及在物流过程中的仓储、转运和配送环节的质量进行评价，以及对货运代理商、报关行、贸易及运输协会、收货人和托运人等国际货物运输的参与方提供优质物流服务的能力进行评价。具体包括组织管理能力、规划能力、信息处理能力、服务创新能力以及对客户需求的响应能力。

高权利距离意味着社会倾向于遵从层级制度体系，强调强制力和指示性权力。倾向于高权利距离的社会文化对权威的过多依赖，使得组织中下级对上级有较大的依赖性、往往只会服从、很少向上级管理者表达自己的想法。上级的决策具有较大的权威，不容置疑。这样容易导致在权力有高低之分的情况下，不能以客观事实来说话或以平等的身份磋商，不利于达成到理想的合作成效。此外，高权利距离还意味着社会对市场或政治权力滥用的忍耐性，易导致官僚主义盛行、政府机制效率低下、监管效率低下甚至官吏腐败，大大增加了企业运营的交易费用。最后，为了提高对权威素质的要求，还会进一步增加为监督权利合理使用而花费的无谓成本。

国际物流供应链涉及不同国家企业之间的协作，信息是各个环节的沟通载体。信息沟通的顺畅、及时、有效是参与企业实现顺利合作的基础与关键。具有较高权利距离倾向的国家文化易使企业体现出政治性、组织结构层级制度分明的特点，信息从上至下单向流动、传导速度慢且不能及时反映物流活动的实时状况。而较低权利距离维度国家文化的低阶级存在感的特点易使企业形成扁平化的利润中心式的组织结构，信息多角度双向流

动、传导速度快且能实现有效的互联互通。这两种截然不同的信息传递模式，可能导致企业间信息传递出现延误，不能准确、及时地指导物流供应链中下一个环节的顺利衔接，从而耽误了物流服务时间，影响了物流服务的能力。

以新加坡与俄罗斯为例，它们在权利距离维度上的得分分别为 74 分和 93 分，是典型的较低权利距离国家和较高权利距离国家。新加坡物流绩效指数常年居世界榜首，其高质量的物流服务能力有目共睹，这与其社会橄榄型、较为扁平化的结构密不可分。而俄罗斯物流发展比较慢，一个主要原因就是其典型且僵化的金字塔形的社会结构导致的程序烦琐，通关效率较低，物流服务质量不尽如人意。

二、权利距离差异与物流基础设施质量差异

物流基础设施是指物流整体服务功能上满足物流组织与管理需要的、具有综合或单一功能的场所或组织的统称，主要包括了公路、铁路、港口、机场、流通中心及网络通信基础等。"一带一路"倡议正是以这些物流基础设施为纽带，又以纽带间的互联互通为前提和基础的新型区域合作安排。依托物流基础设施互联互通，"一带一路"有利于实现沿线各国和地区的联动发展与共同繁荣。目前，由于"一带一路"沿线国家或地区的公路、铁路、港口等基础设施分布严重不均，难以满足经贸合作的要求，已经成为制约区域合作升级的一大阻碍。

倾向高权利距离的国家文化，由于行政系统权力大、对经济干预多，可能形成官员营私舞弊。对企业来说，腐败是一种专断的、随意性的赋税，它迫使企业必须去寻找贿赂对象，进而增加了企业的额外负担。在与这些国家的经贸合作过程中，必然要面对由腐败而推高的商品与服务的价格，扭曲的社会经济资源配置，导致企业运营成本上升。另外，国际物流供应链能够顺利运行的基础是交通运输渠道的完善与畅通。一般来说，越是高效、廉洁的政府，提供的公共产品和服务（如公路、铁路、通信以及其他公共产品的服务）的质量越高；反之，则会严重损害公共产品和服务

的质量。因此，高权利距离维度对物流基础设施质量有负向影响。有研究报告指出，物流绩效的提高取决于各国的制度环境。在 LPI 排行榜上排名靠前的 30 个国家中，很少存在非正规款项（如贿赂）的诱惑，但这现象在物流绩效较差的国家则较为常见。

三、不确定性规避差异与物流服务时间差异

物流服务时间是指国际物流活动从开始到完结所花费的所有时间的总和，它包括计划时间、物流项目设计与开发时间、操作时间、节点间连接时间以及给最终顾客的交付时间。物流服务时间在一定程度上反映了物流活动的效率。在保证物流服务质量的前提下，尽量压缩物流服务的时间是国际物流的主要目标之一。

低不确定性规避的国家乐于并善于挑战未知的事物，社会氛围相对宽松。高不确定性规避的国家不容忍偏离的观点和行为，偏好熟悉及可预见的环境，注重通过构建法律法规来约束人们的行为，从而以减少社会成员所感知的不确定性和模糊性的威胁。但与此同时，一成不变、过于教条的法律法规可能成为阻碍社会成员探索未知事物的绊脚石。

国际物流供应链并不是将国内物流业务范围简单地向国际扩展，它是一个由国际物流服务企业、功能性服务商以及最终客户构成的一个需要相互协调与合作的国际网络组织。无论是从纵向（长度）还是横向（宽度）考虑，它的管理都更复杂、难度更高，需要因地制宜地规划不同物流供应链组织方案及更多创新的管理思想和方法。在具有高不确定性规避特点的国家，本国物流行业法规等制度建设上可能规避风险有余但灵活性不足。这使得它们在与其他国家开展经贸合作时，容易面临因僵化的物流行业规则而排斥创新的、更加优化的物流组织方案，进而导致物流服务时间延迟，物流成本上升，物流供应链绩效无法实现最优。以俄罗斯与新加坡为例，它们在该项上的得分分别为 95 分和 8 分，即俄罗斯属于高不确定性规避的社会，而新加坡正好相反，属于低不确定性规避的社会。俄罗斯的基础设施和通信设施都不太发达，因此效率低下并导致物流承载力较差。但

即便如此，俄罗斯近些年来也并没有就这些实际问题而大刀阔斧地完善交通运输环境，物流低效率的问题仍存在。反观新加坡，作为一个低不确定性规避的国家，它凭借其优越的地理位置及发达的物流行业，在物流科技、航空与港口物流及供应链流程改造等方面大胆尝试、开拓创新，奠定了其亚洲物流中心的地位。

四、个人主义、集体主义差异与物流服务能力差异

个人主义指数较高的国家文化，重视培养人的自我意识。遇到问题或冲突时，坦诚交流、不因考虑到对方的心理感受就妥协让步，将工作关系与私人关系分得比较清楚，强调以事论事。因此，人与人之间的交往是基于规则或契约。集体主义指数较高的国家文化，强调从"我们"的角度考虑问题，注重人际关系的维护，进而以"关系"为界分为圈内和圈外。在解决矛盾冲突时尽量避免正面交锋，强调以和为贵。因此，人与人之间的交往更多的是基于关系而不是规则或契约。集体主义的这种特点导致圈外人与人之间关系信任度低，抬高了交易成本，甚至严重干扰了合作对象的正确选择。此外，建立工作关系前要以建立人际间的信任关系为前提，而建立人与人之间的关系网络需要花费大量的时间和精力，产生无谓的成本。更严重的是，关系链条建立的过程中容易滋生腐败。由利益关系、裙带关系等交织而成的不正当关系网导致在管理中有很多的措施很难执行到位，管理的目标难以顺利实现，进而严重影响物流服务能力，供应链风险也随之出现。

我国的集体主义倾向是相对比较明显的。这种文化特点致使我国在对外合作中，往往考虑更多的是与对方的人际关系的交流。世界银行高级运输经济学家和LPI项目创始人让·弗朗索瓦阿维斯曾提出："LPI试图捕捉一个相当复杂的现实，即供应链的属性。在物流成本较高的国家，造成高成本的最重要的因素往往不是贸易伙伴之间的距离，而是供应链的可靠性。"[①]

---

① 让·弗朗索瓦·阿维斯. 世界银行物流绩效指数报告：联结以竞争，优选经济中的贸易物流［M］. 北京：中国财富出版社，2016.

这说明国际物流服务成功与否很大程度上取决于供应链上不同国家企业间协作的程度。协作程度越高，供应链越稳定以及物流成本越低，物流服务能力就越高。因此，我国在与其他国家的经贸往来中，要特别注意由高集体主义倾向所引发的企业在管理中的人情化因素，避免关系网等问题。这些问题的存在会导致在管理中的措施很难执行到位，直接阻碍了物流服务能力的正常发挥，最终管理的目标也难以顺利实现。

五、男性化、女性化差异与国际运输便利性差异

国际运输便利性是指能够安排有价格竞争力出货的容易程度，即承担国际货物运输的企业能够在多大程度上安排价格具有竞争力的国际运输。它关乎货物跨境流通的便捷性、顺畅性和经济性，对于实现"一带一路"沿线国家贸易畅通有直接的促进作用，是推进"一带一路"倡议实施的基础。

在男性化特点突出的国家文化，社会竞争意识强烈，注重工作绩效，崇尚采用决断的方式来解决冲突矛盾，对生活的看法是活着、是为了工作；而在女性化特点突出的国家文化，注重生活质量，强调平等、团结，倾向于采取和解的、谈判的方式去解决冲突矛盾，对生活的看法则是工作、是为了生活。

国际物流供应链不是一个企业的单打独斗，而是需要依靠若干家企业的协调与合作才能顺利运行。因此，在男性化与女性化程度不同的国家开展经贸往来时，高男性化倾向的国家可能表现出企业间缺乏紧密协作、缺乏凝聚力和向心力，企业间难以实现有关物流、信息流、资金流等资源的共享，从而使得国际物流供应链整体市场竞争力下降。此外，每一个国际物流供应链参与企业都是独立的经济实体，各自掌握私有信息。企业间拥有信息的不对等、不相同，有可能使得其中缺乏合作精神的企业有机会实施机会主义行为，即出于一己私利的考虑在合作中只是共享有限的信息甚至故意歪曲信息，给上下游其他企业和整个物流供应链带来损害，影响国际运输便利性，从而导致严重的关系风险。因此，中国在与其他国家，尤

其是女性化倾向明显的国家的经贸往来中，要特别注意双方间有关物流、信息流、资金流等资源的共享问题，尽可能避免由不同社会倾向而导致的合作效率低下。

六、长期取向、短期取向差异与国际运输便利性差异

运输便利化就是要通过优化运输各环节的条件提高效率，降低运输成本并以此来促进经济发展。国际运输便利化除了要改进货物运输流程所涉及的要素及条件，包括交通基础设施、海关、边防、检验检疫等各部门的工作要素之外，制定各国共同遵守国际运输规则也同样重要。因为一国的法律制度往往取决于该国的政治、经济、社会及文化，这导致各国间在物流运输方面的法律规定和技术标准差异较大。若不能实现法律法规上的互联互通，则必然会让国际物流合作产生法律方面的障碍。

倾向长期取向的国家文化更重视长期发展，鼓励通过不断学习新知识去适应新的变化。因此在处理国际交往中，习惯于把各种可能发生的情况都预见到，为自己留退路和余地。倾向短期取向的国家文化看重即时的效益与成果，追求立竿见影的成效，通常按传统观念去理解和处理新生事物。在国际交往中往往开门见山、直奔主题。因此，长期取向的国家文化更容易形成适应时代发展的、较规范的制度体系；相反，短期取向的国家文化则关注于非正式制度的传承，比如宗教观念和道德规范，易于忽略正式制度体系的构建。

国际物流供应链涉及多个国家的企业间的协同与合作，它的顺利运行需要完善的安全标准体系、信息传输标准体系及法律规范等制度体系的保驾护航。这些制度体系并不是一成不变的，而是要随着复杂多变的国际贸易发展状况和国际局势不断地做出调整。短期取向的国家文化在这方面可能有所欠缺。

另外，由于国际物流供应链中的运输环节往往要历经若干个国家，运输距离较长。加之途经各国在通关手续流程、基础设施状况及信息传递标准等方面不尽相同，导致运输途中流程烦琐，运输时间一般较长。因此，

确保货物按时送达、提升物流运输效率就成为国际物流供应链的一个首要目标。长期取向与短期取向程度不同的国家可能由于各自目标的差异，导致物流运输在不同国家间协调困难，物流环节间不畅通，最终无法满足客户的需求，影响了物流服务质量。

七、自我放纵或约束差异与货物运输及时性差异

货物运输及时性是指在计划或预期的交货时间内，货物到达收货人的频率。频率越高，则物流效率越高。它一般可以用货运及时率与货物合同履行率两个指标来衡量。

倾向自我放纵文化的国家文化，人们倾向于放纵欲望，积极享乐生活，对享乐主义宽容度高。倾向自我约束文化的国家文化，则关注于用严格的制度和道德去约束和管理个人欲望，对于享乐主义认同度低。

自律是所有合作的前提与基础。只有参与的每一个成员尊重规则、尊重契约，自觉地履行自己的义务、合理地行使自己的权利，合作才能顺利开展。国际物流供应链是由有经贸联系的若干不同国家的企业通过相互协同与合作组成的网络组织，各国企业的自律精神显然对该网络组织是否能够顺利运行起着极为关键的作用。在与自我放纵型国家的经贸合作过程中，可能面临因对方在履行契约、遵守规则等方面的懈怠态度而导致物流活动无法按照计划进行，货物运输及时性无法实现，最终影响物流供应链绩效。对于自我约束程度不尽相同的国家，可能采取不同的参照标准进行思考，对于货物运输及时性这个问题有着不同的理解和响应方式，从而造成双方在行为方面的矛盾甚至冲突，提高了物流供应链成员间协调的难度，增加了物流供应链的交易成本。

八、文化维度差异与海关效率差异

随着经济全球化的发展，参与国际贸易的各国对贸易便利化的诉求也越来越强烈。世界海关组织（World Customs Organization，WCO）是世界性

的、为统一关税、简化海关手续而建立的政府间协调组织，它提出贸易便利化主要是指海关程序的简化和标准化，其核心聚焦于海关管理效率的提高。海关效率是指国家海关和其他边境管理机构的通关效率和相关事务的处理效率，包括是否注重推行快速通关系统、加速检验检疫程序；是否建立了相关规则的咨询制度、认真高效地做好单证核查；包括标准化流程化出入境整体规则与程序在内的一系列海关业务是否有效实施了简化加速通关手续的措施。

在6个文化维度因素里，权利距离差异、不确定性回避差异、长期取向与短期取向差异以及自我放纵与约束差异都会对海关效率差异产生一定的影响。首先，权利距离代表着社会的层级制度体系的模式，权利距离取值越高则意味着社会越倾向于遵从严格的层级制度关系，也就是说决策一般由上级来指定，下级往往处于服从的地位。相反，权利距离取值越低则意味着层级制度的淡化，下级往往有更大的自由量裁权，能根据第一线的实际情况较为灵活地调整处理的方式方法。如上段所述内容，海关效率一般是指通关效率和相关事务的处理效率。权利距离取值不同的两个国家，在处理通关及相关事务的过程中，尤其在面对突发事件或以往没有出现过的情况时，必然会采取截然不同的处理办法。高权利距离国家的海关被动等待上级指示，而低权利距离国家的海关很可能高效地采用柔性化的方法予以解决，两个国家海关效率的差异由此产生。其次，不确定性回避维度代表了对于未知事物的处理态度，取值越高越意味着对陌生事物与行为越不能容忍，相关法律法规越教条、缺乏变通。相反，取值越低越意味着能采用灵活的方式方法、因地制宜地应对未知事物。随着全球化进程不断地加速、国家间贸易往来不断地深入，海关作为参与国际贸易的重要一环，它面对的新鲜事物也必然会越来越多、越来越复杂。不确定性回避维度取值不同的两个国家的海关，在面对通关及相关事务中出现的未知事件时，必然会因为采取不同的应对策略而产生不同的处理结果，花费不同的处理时间，从而出现不同的海关效率。再次，长期取向与短期取向维度表明了对于效益与成果持有的观念，以及对制度体系的态度。具有长期取向的文化更看重长远利益，对制度体系更容易适应时代发展而做出调整，使制度体系一直能随着外界事物的变化而长期保持活力与适用性。相反，具有短期取向的文化则往往看重的是即时的、立竿见影的成效，忽略对正式制度体系的构建与不断完善。在影响海关效率的众多因素中，海关的基础设施建设问题是核心因素之一、具有先行性与基础性，它关乎通关的便利程度，需要随着外界事物的变化而持续地改造与升级。而基础设施建设具备两个重要特点，其一是建立完善的基础设施往往需较长时间和巨额投资，不但先期投入大而且还要有持续性的投入；其二，基础设施建设具有"乘数效应"，即能带来几倍于投资额的社会总需求和国民收入。一个国家或地区的基础设施是否完善，是其经济是否可以长期持续稳定发展的重要基础。对于长期与短期取向不同的国家文化，必然在海关的基础设施建设方面持不同的意见与做法。长期取向的文化注重长期利益，有预见性的持续投入与改进，有助于海关效率的不断提升。相反，短期取向的文化注重眼前的短期收益而忽略对海关基础设施建设的完善，导致海关效率的低下。具有长期与短期取向不同的文化，对制度体系的构建与调整也可能持有不同的态度，进而影响海关效率。最后，自我放纵与约束的文化倾向意味着对于制度和道德的管理与遵守情况。具有自我放纵倾向的文化认同享乐主义，自律程度较低。相反，具有自我约束的文化则往往对于享乐主义认同度低，尊重规则、尊重契约，能合理地行使自己的权利。海关是组成国际贸易的一个重要环节，它承担着对进出境货物或物品监管、查缉走私、征收关税，甚至对无形贸易（服务贸易）进行监管等的职能。对于自我放纵与约束倾向不同国家的海关，在处理各种行政事务时也必然持有不同的应对态度。具有自我放纵文化倾向的海关在履行契约、遵守规则等方面容易持有懈怠态度，可能导致物流活动无法按照计划进行，处理时间拖延，极大地损害海关效率。而具有自我约束文化倾向的海关则往往能严格按照海关规则高效地处理清关手续。

九、文化维度差异与货物可追溯性差异

在物流管理中，货物的可追溯性是指海关追踪货品位置及其状况等资

料的能力。例如，我国福州海关推行的"全球质量溯源体系"就是国际上公认的一套建设理念先进的溯源体系。该体系于 2019 年 3 月 16 日在我国（福建）国际贸易单一窗口上线，它开创了政府、企业、消费者三方共建、共享、共治的创新模式，可采集进出口商品从生产、贸易、流通直至消费者的全生命周期的碎片化质量信息，进行整合并写入溯源码，实现"一物一码"全流程正品溯源。进口企业在入境之前，将该批商品的生产商、原产国、第三方检测机构出具的商品溯源质量检验证书等信息录入"福州海关全球质量溯源体系"，海关在商品抵达口岸前启动准入风险预判，压缩企业通关时间，商品抵达口岸后，再通过该系统实施精准监管、快速验放；商品进入流通环节后，消费者通过系统或商品外包装上的溯源码查询，快速厘清商品的"来龙去脉"，切实保障消费者权益。形成事前"源头可溯、风险可控"、事中"守信便利、失信惩戒"、事后"去向可查、责任可究"的全链条闭环监管。

在 6 个文化维度因素里，权利距离差异、不确定性回避差异、长期取向与短期取向差异以及自我放纵与约束差异都会对货物可追溯性差异产生一定的影响。第一，如前所述，高权利距离文化背景下，往往行政机关系统办事效率低但权力大，对经济干预多，特别可能出现的腐败情况会扭曲社会的经济资源配置，还可能会严重损害公共产品和服务的质量，对物流基础设施质量有负向影响。而要实现货物的可追溯性首要条件就是相关政府部门与物流企业间通力协作，在货物追踪信息化基础设施上进行投入与建设。因此，不同权利距离的国家有可能在货物追踪信息化基础设施的建设结果与效率上千差万别，进而导致货物的可追溯性上的差异。第二，低不确定性规避的国家乐于并善于挑战未知的事物，社会氛围相对宽松。高不确定性规避的国家则偏好熟悉及可预见的环境，过于教条的法律法规可能阻碍新生事物的开展与推行。对货物的及时追溯是各国海关非常重要的一项工作内容，因为这事关召回问题货物及应对突发事件的能力。尤其是在新冠肺炎疫情及其他特殊情况期间，有利于追踪溯源，找到事件的症结所在，以采取更为恰当的应对方式。但是对于高不确定性规避的国家来说，在货物追踪信息化建设过程中有可能因为整体社会对原有法律法规的坚持而不易发生改变，或因为涉及个人隐私，抑或担心个人信息泄露而导致开展进程缓慢，影响了货物可追溯性能力的建设。第三，长期取向与短期取向维度表明了对于效益与成果持有的观念，以及对制度体系的态度。具有长期取向的国家对制度体系更容易适应时代发展而做出调整而长期保持活力与适用性。相反，具有短期取向的国家则往往坚持对非正式制度的传承而易忽略对正式制度体系的构建与不断完善。货物可追溯性能力建设也属于海关等相关部门制度建设中的一环，显然具有长期与短期取向不同的国家在该项制度建设中很可能采取不同的态度与举措，前者可能本着顺应海关需求或贸易环境变化而积极筹措相关建设的实施，而后者则可能因为对既有体系的坚持而建设进度缓慢甚至停滞不前，最终导致货物可追溯性能力的大小不同。第四，自我放纵文化的国家，对享乐主义宽容度高。自我约束型文化，人们则倾向于用严格的制度和道德去约束和管理个人欲望。货物可追溯性建设涉及若干参与方，它是由有经贸联系的若干不同国家的海关、企业、消费者通过相互协同与合作组成的网络组织，各参与方的自律精神、是否尊重契约并自觉地履行自己的义务，以及是否能合理地行使自己的权利显然对该网络组织是否能够顺利运行起着极为关键的作用。自我放纵型文化可能因对自我约束程度低，而出现货物可追溯性建设中的参与方在准确、及时提供货物信息上存在懈怠态度而导致该建设无法按照计划进行，信息传递的及时性无法实现，最终导致低下的货物可追溯性能力。

第四节　文化距离对物流绩效影响因素的结构方程模型实证分析

一、基本概念与建模过程

结构方程模型最早出现在莱特（Wright，1921）发表的论文中，20 世纪 70 年代初才初步提出结构方程的概念。随后约雷斯科格（Joreskog，

1993）将结构方程模型分为测量模型和结构模型，进一步发展了结构方程模型。它的英文简称为 SEM，是通过观测变量集合间的协方差结构和相关结构出发的一种多元统计技术，是近些年来在社会学研究领域中较为常见的建模方法之一，可以有力地解决社会科学领域的一些问题。例如，在社会学研究过程中，会形成一些无法实际衡量或难以测量的概念指标，如幸福、和谐、环境友好度等概念。在结构方程模型中，每一个概念指标可以借由一组可显性观测到的指标数据量化，概念指标叫作潜在变量，潜在变量与可测量观测到的变量之间是一组线性函数关系。潜在变量与相应的显性变量之间所构成的模型即为测量模型。结构模型是建立在测量模型基础上，分析潜在变量之间的因果关联关系。在结构方程模型建模中，可以同时估计两个模型中的参数（吴明隆，2013）。结构方程模型的基本构架如图 5-2 所示。

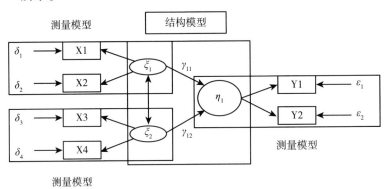

图 5-2 结构方程模型的简单架构

在结构模型中，作为因的潜在变量称为潜在自变量，以符号 ξ 表示，作为果的潜在变量即称为潜在因变量，以符号 η 表示。潜在自变量对潜在因变量的解释变异会受到其他噪声变量的影响，此噪声变量被称为潜在干扰变量，以符号 ζ 表示，ζ 即是结构模型中的干扰因素或残差值。结构方程的方程式可以下列矩阵的方程形式表示：

$$\eta = \lambda\xi + \zeta \qquad (5-3)$$

其中，ξ 与 ζ 无相关存在。

此外，一个完整的结构方程模型的技术研究过程如图 5-3 所示。

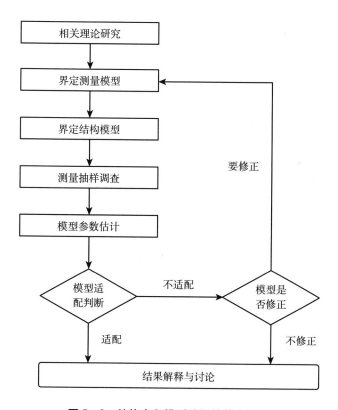

图5-3　结构方程模型分析的基本程序

在本书中，通过结构方程模型进行文化距离对物流绩效的影响研究，要做好以下几点准备工作：

第一，进行完善的数据清洗工作，抽取出合适的样本量，因为结构方程模型不适用于样本量过多的情形。

第二，结合可测量出的满意度指标，提炼出潜在变量以及各自对应的显性观测变量。在一定的理论基础上，合理构建潜在变量之间的关系。

第三，在建模过程中，组合路径图的方式可能有多种，在同等条件下，应当遵循简约原则，用相对简单的模型来解释复杂的关系。

二、研究假设的提出

本书通过本章第三节对相关因素之间关系的探讨，认为国家间的文化距离对国家间的物流绩效差异有正向影响，即文化距离越大，国家间表现出的物流绩效差异就越大。为通过实证分析文化距离与物流绩效之间的关系，所以提出以下假设：

H：国家文化距离对物流绩效差异有正向影响。

其中，各指标的代码如表 5－13 所示。

表 5－13   文化差异与物流绩效差异衡量指标

类别	指标	指标代码
文化距离	权利距离差异	WH1
	不确定性回避差异	WH2
	个人主义与集体主义差异	WH3
	男性化与女性化差异	WH4
	长期取向与短期取向差异	WH5
	自我放纵与约束差异	WH6
物流绩效差异	海关效率差异	LP1
	物流基础设施质量差异	LP2
	国际运输便利性差异	LP3
	物流服务能力差异	LP4
	货物可追溯性差异	LP5
	货物运输及时性差异	LP6

三、数据的处理与分析

（一）描述性统计检验

建立结构方程模型前，需要对数据进行一系列的处理和检验。为保证结构方程有足够的样本容量，本书选取文化维度与物流绩效都有记录的国家的数据，剔除无数据的样本，总共 78 个样本数据。首先进行数据的描述性统计检验，如表 5－14 所示。对样本进行统计性描述的目的是检测原始数据的波动幅度，以消除由于统计误差导致的模型失真影响。从表中可以看出数据的波动幅度（标准差）大部分都较小，是在允许的范围内。

表 5 - 14　　　　　　　　　数据的描述性统计检验

项目	N	均值绝对值	标准差	极值数目	
				低	高
权利距离差异	78	18.5974	20.5870	0	5
不确定性回避差异	78	23.0909	22.6183	0	6
个人主义与集体主义差异	78	17.1558	19.4369	0	7
男性化与女性化差异	78	36.5584	20.8261	0	3
长期取向与短期取向差异	78	42.8571	23.2500	0	6
自我放纵与约束差异	78	22.9090	22.8417	0	2
海关效率差异	78	0.6167	0.5763	0	4
物流基础设施质量差异	78	1.0270	0.6721	0	3
国际运输便利性差异	78	0.7067	0.5134	0	4
物流服务能力差异	78	0.7381	0.5729	0	3
货物可追溯性差异	78	0.7489	0.6114	0	4
货物运输及时性差异	78	0.6037	0.5739	0	4

（二）正态分布性检验

对数据的描述性统计分析后，进行数据的正态分布检验也是建立结构方程之前的必要步骤。数据的正态分布检验如表 5 - 15 所示。

表 5 - 15　　　　　　　　　数据的正态性检验

项目	Kolmogorov-Smirnova			Shapiro-Wilk		
	统计量	df	Sig.	统计量	df	Sig.
权利距离差异	0.110	78	0.200	0.982	78	0.708
不确定性回避差异	0.115	78	0.167	0.979	78	0.571
个人主义与集体主义差异	0.079	78	0.200	0.984	78	0.786
男性化与女性化差异	0.071	78	0.200	0.983	78	0.756
长期取向与短期取向差异	0.132	78	0.056	0.956	78	0.086
自我放纵与约束差异	0.164	78	0.054	0.825	78	0.054
海关效率差异	0.073	78	0.200	0.968	78	0.238
物流基础设施质量差异	0.091	78	0.200	0.982	78	0.705
国际运输便利性差异	0.098	78	0.200	0.979	78	0.587
物流服务能力差异	0.339	78	0.182	0.956	78	0.083
货物可追溯性差异	0.146	78	0.054	0.910	78	0.048
货物运输及时性差异	0.072	78	0.166	0.922	78	0.516

数据中除个别数据的 Sig. 值基本接近 5% 以外，总体的数据 Sig. 值都比较大；Shapiro-Wilk 检验中，Sig. 值也有个别数据接近 5%，整体符合标准，因为可选样本属于小样本，所以按照整体结果来看，数据处理的结果可以接受。

（三）信度和效度检验

1. 信度检验

信度检验的目的是检测数据本身的可信度，以判断是否适合于结构方程模型。检验的方法是比照变量的 Cronbach's Alpha 系数，大部分学者认为选择该系数达到 0.7 为标准，一般来说，Alpha 的值越大，说明数据本身的信度越高。本章节也采用 0.7 作为比照标准，大于 0.7，则说明数据可信度较高，能够用来做模型，利用 SPSS 软件对数据进行信度检验的结果如表 5 – 16 所示。从表中可以看出 α 值都符合要求，而且数据整体的 Cronbach's Alpha 值为 0.861，说明所有变量的数据可信度都通过了检验。

表 5 –16   数据的信度检验

变量	Cronbach's Alpha
国家间文化距离	0.734
国家间物流绩效差异	0.723

2. 效度检验

效度即有效性，反映准确测出所需测量的事物的程度。效度分析主要检验以下三个方面：一是是否有不良估计值，如潜变量间标准化回归系数或者相关系数的绝对值大于 1，标准化回归系数符号与理论相反等。如果出现类似情况，需要进行相关处理，否则模型的结果视作无效。二是拟合出的模型指标是否达到了标准模型的指标。三是路径系数是否达到显著性。

从表 5 – 16 的相关数据可以看出，整体模型的效度良好，同时潜变量上面的因子载荷均达到了要求，这里的因子载荷即是该潜在变量的效度。该模型进行拟合以后，路径系数的参数均达到了 0.01 或者 0.05 的显著性水平，拟合出的模型指标也达到了标准模型的指标，故该模型及样本数据是可以接受的。综上所述，有关各指标都通过了信度检验和效度检验，可以进行结构方程建模。

四、方程模型分析

方程拟合过程通常首先从整体模型中的一部分来进行，然后再增加到整体模型，这也是本章节采用的方式。即首先进行验证性因子分析，得到分析中的路径标准化系数及相应的 t 检验值，删除因子载荷过小、统计检验不显著的指标，然后继续进行拟合，直到拟合结果可以接受。然后进行潜变量间的路径分析，分析过程与验证性因子分析过程相同。

检验模型是否拟合成功，需要比较样本模型的拟合指数与标准模型的拟合指数，关于模型拟合的指标有很多，不同的学者有不一样的评价体系，本章节主要比较绝对拟合指数、相对拟合指数、简约拟合指数。

（一）验证性因素分析

根据本节中对文化距离对物流绩效差异影响的结构方程模型分析，此结构方程模型中包括两个潜在变量，其中文化距离是外因潜在变量，物流绩效差异是内因潜在变量。结构方程模型首先对模型中涉及的潜在变量进行分析，观察潜变量是否符合要求。

76 个国家的文化距离数据和物流绩效差异数据处理后，由 AMOS 对模型进行拟合，输出路径系数表，拟合指数摘要如表 5 - 17 和表 5 - 18 所示。

表 5 - 17　　　　　　　　　　初始模型的回归结果

类别	Estimate	S. E.	C. R.	P	标准 Estimate
权利距离差异 < 文化距离	0.883	0.082	10.838	***	0.865
不确定性回避差异 < 文化距离	0.643	0.121	5.333	***	0.630
个人主义与集体主义差异 < 文化距离	1.024	0.031	33.001	***	1.003
男性化与女性化差异 < 文化距离	1.000				0.980
长期取向与短期取向差异 < 文化距离	0.831	0.135	6.030	***	0.745
自我放纵与约束差异 < 文化距离	1.000				0.916

续表

类别	Estimate	S. E.	C. R.	P	标准 Estimate
海关效率差异 < 物流绩效差异	1.002	0.065	15.370	***	0.965
物流基础设施质量差异 < 物流绩效差异	1.000				0.963
国际运输便利性差异 < 物流绩效差异	1.000				0.913
物流服务能力差异 < 物流绩效差异	1.150	0.074	15.636	***	1.050
货物可追溯性差异 < 物流绩效差异	0.820	0.134	6.124	***	0.752
货物运输及时性差异 < 物流绩效差异	1.000				0.775

注：*** 表示 P < 0.001。

表 5 - 18　　　　　　初始拟合指数摘要表

拟合指数	绝对拟合指数			相对拟合指数		简约拟合指数	
	CMIN/df	GFI	RMR	IFI	CFI	PNFI	PCFI
标准	<3	>0.90	<0.05	>0.90	>0.90	>0.50	>0.50
	2.420	0.714	0.085	0.882	0.884	0.606	0.651

再从拟合指数摘要表中可以看出，第一次拟合指数中 GFI、RMR、IFI、CFI 这几个指标均未达到标准，且个人主义与集体主义差异与文化距离之间的路径系数为 1.003 大于 1，故模型有待于进一步的拟合。

由表 5 - 19、表 5 - 20 中的标准化路径系数可以看出，文化距离对个人主义与集体主义差异的数据已经基本达标，在模型适配度阶段可以看出除了 GFI 这一指标与标准模型有一定的差距以外，其他指标均达到了要求，故该模型的基本达标。

表 5 - 19　　　　　　修正后模型的回归结果

类别	Estimate	S. E.	C. R.	P	标准 Estimate
权利距离差异 < 文化距离	0.886	0.081	10.99	***	0.868
不确定性回避差异 < 文化距离	0.633	0.121	5.218	***	0.621
个人主义与集体主义差异 < 文化距离	0.809	0.111	7.297	***	0.783
男性化与女性化差异 < 文化距离	1.000				0.980
长期取向与短期取向差异 < 文化距离	0.720	0.137	5.266	***	0.687
自我放纵与约束差异 < 文化距离	1.000				0.955
海关效率差异 < 物流绩效差异	1.005	0.065	15.41	***	0.966

续表

类别	Estimate	S. E.	C. R.	P	标准 Estimate
物流基础设施质量差异 < 物流绩效差异	1.000				0.961
国际运输便利性差异 < 物流绩效差异	1.000				0.918
物流服务能力差异 < 物流绩效差异	1.139	0.091	12.516	***	0.945
货物可追溯性差异 < 物流绩效差异	0.722	0.136	5.296	***	0.690
货物运输及时性差异 < 物流绩效差异	1.000				0.780

注：*** 表示 P<0.001。

表 5-20　　　　　修正后拟合指数摘要表

拟合指数	绝对拟合指数			相对拟合指数		简约拟合指数	
	CMIN/df	GFI	RMR	IFI	CFI	PNFI	PCFI
标准	<3	>0.90	<0.05	>0.90	>0.90	>0.50	>0.50
	2.202	0.745	0.042	0.908	0.905	0.602	0.647

注：*** 表示 P<0.001。

（二）路径分析

从表 5-21 中可以看出，文化距离对个人主义与集体主义差异的标准化路径系数为 1.002 超出了 1 的范围，物流绩效差异对物流服务能力差异的标准化路径系数为 1.048 超出了 1 的范围，所以也不符合整个模型拟合标准。

表 5-21　　　　　初始模型的回归结果

类别	Estimate	S. E.	C. R.	P	标准 Estimate
物流绩效差异 < 文化距离	0.809	0.107	7.552	***	0.824
权利距离差异 < 文化距离	0.887	0.080	11.023	***	0.869
不确定性回避差异 < 文化距离	0.633	0.121	5.219	***	0.621
个人主义与集体主义差异 < 文化距离	1.017	0.031	33.226	***	1.002
男性化与女性化差异 < 文化距离	1.000				0.981
长期取向与短期取向差异 < 文化距离	0.733	0.140	5.221	***	0.691
自我放纵与约束差异 < 文化距离	1.000				0.943
海关效率差异 < 物流绩效差异	0.996	0.067	14.856	***	0.956
物流基础设施质量差异 < 物流绩效差异	1.000				0.960

续表

类别	Estimate	S. E.	C. R.	P	标准 Estimate
国际运输便利性差异 < 物流绩效差异	1.000				0.914
物流服务能力差异 < 物流绩效差异	1.139	0.075	15.255	***	1.048
货物可追溯性差异 < 物流绩效差异	0.745	0.139	5.349	***	0.703
货物运输及时性差异 < 物流绩效差异	1.000				0.766

注：*** 表示 P < 0.001。

同时从表 5 - 22 分析模型适配指标来看，CFI、RMR 完全不符合标准模型的适配情况，IFI、CFI 和标准模型的适配指数相接近，所以本模型还需要进一步的拟合。第二次拟合情况如表 5 - 23 所示。

表 5 - 22 初始拟合指数摘要表

拟合指数	绝对拟合指数			相对拟合指数		简约拟合指数	
	CMIN/df	GFI	RMR	IFI	CFI	PNFI	PCFI
标准	< 3	> 0.90	< 0.05	> 0.90	> 0.90	> 0.50	> 0.50
	2.319	0.728	0.089	0.897	0.894	0.604	0.649

表 5 - 23 修正后模型的回归结果

类别	Estimate	S. E.	C. R.	P	标准 Estimate
物流绩效差异 < 文化距离	0.807	0.107	7.562	***	0.823
权利距离差异 < 文化距离	0.884	0.082	10.807	***	0.864
不确定性回避差异 < 文化距离	0.639	0.121	5.282	***	0.625
个人主义与集体主义差异 < 文化距离	0.920	0.061	14.953	***	0.983
男性化与女性化差异 < 文化距离	1.000				0.980
长期取向与短期取向差异 < 文化距离	0.733	0.140	5.236	***	0.692
自我放纵与约束差异 < 文化距离	1.000				0.944
海关效率差异 < 物流绩效差异	0.992	0.067	14.912	***	0.955
物流基础设施质量差异 < 物流绩效差异	1.000				0.962
国际运输便利性差异 < 物流绩效差异	1.000				0.913
物流服务能力差异 < 物流绩效差异	0.942	0.074	12.73	***	0.950
货物可追溯性差异 < 物流绩效差异	0.744	0.139	5.348	***	0.702
货物运输及时性差异 < 物流绩效差异	1.000				0.762

注：*** 表示 P < 0.001。

从表 5 – 24 中可以看出，整体模型的路径系数基本处于符合标准的状态，而方程拟合系数表中，可以看出除了 RMR 略微没有符合标准方程模型指标以外，其他指标均达到相应的水平。

表 5 – 24　　　　　　　　　修正后拟合指数摘要表

拟合指数	绝对拟合指数			相对拟合指数		简约拟合指数	
	CMIN/df	GFI	RMR	IFI	CFI	PNFI	PCFI
标准	<3	>0.90	<0.05	>0.90	>0.90	>0.50	>0.50
	2.252	0.936	0.054	0.903	0.90	0.607	0.652

五、结构方程模型假设检验结果

基于上述的实证过程，得出的结构方程模型路径如图 5 – 4 所示，图中单箭头上的数据表示模型中标准化的路径系数大小。从测量模型的参数估计结果可以看出，各指标在 1% 的显著性水平上通过了检验，说明各个潜在变量的模型都是有效的。

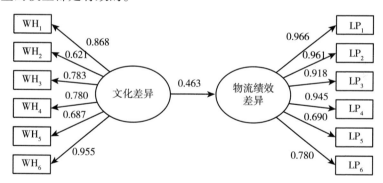

图 5 – 4　结构方程路径图及标准化输出结果

假设验证结果如表 5 – 25 所示，说明本章节中提出的假设得到了实证确认。

表 5 – 25　　　　　　　　　假设验证结果统计表

基本假设	标准 Estimate	t 值	验证结果
文化距离对物流绩效差异具有直接正向的影响	0.463	2.367	支持

六、模型结果分析

（一）文化距离度量分析

在文化距离的度量模型中，权利距离差异、不确定性回避差异、个人主义与集体主义差异、男性化与女性化差异、长期取向与短期取向差异、自我放纵与约束差异与国家间文化距离的相关性都较高，各指标的标准负荷系数从大到小依次为男性化与女性化差异（0.980）、自我放纵与约束差异（0.955）、权利距离差异（0.868）、个人主义与集体主义差异（0.783）、长期取向与短期取向差异（0.687）、不确定性回避差异（0.621），都能很好地反映不同国家间文化距离的程度。

（二）物流绩效度量关系分析

在物流绩效差异的度量模型中，各指标的标准负荷系数从大到小依次为海关效率差异（0.966）、物流基础设施质量差异（0.961）、物流服务能力差异（0.945）、国际运输便利性差异（0.918）、货物运输及时性差异（0.780）、货物可追溯性差异（0.690）。

（三）文化距离与物流绩效差异的关系分析

从模型的实证结果可以看出，文化距离对物流绩效差异具有正向影响，其标准化影响效果值为0.463，即文化距离越大，国家间表现出的物流绩效差异越大。具体来看，文化距离对物流绩效的6个指标都有影响，按照系数从大到小排列可以看出，文化距离对物流绩效各指标的影响依次为海关效率差异（0.447）、物流基础设施质量差异（0.445）、物流服务能力差异（0.438）、国际运输便利性差异（0.425）、货物运输及时性差异（0.361）、货物可追溯性差异（0.319）。

第六章

物流绩效对我国物流供应链关系风险影响实证研究

纵观国内外关于物流绩效指数的研究，普遍认为一国物流绩效指数越高越有利于促进区域贸易发展。普埃塔斯和路易莎玛特（R. Puertas & Luisa Mart，2014）认为物流绩效是国家出口竞争力的一个决定性因素，并以欧盟成员国为例，得出改善物流绩效将显著提高出口量并对贸易产生积极影响的结论。路易莎·玛蒂亚（Luisa Martía，2014）通过分析各个国家在通关手续、物流成本、基础设施、陆路和海上运输等差异，提出改进的 LPI 组件将导致一个国家的贸易流动显著增长，LPI 指数对非洲、南美和中东的发展中国家的贸易出口影响显著。罗珊娜·努内斯·德法利亚（Rosane Nunes De Faria，2010）通过评估巴西物流绩效指数相对于其在国际贸易中的主要竞争对手，认为高效物流将会引起贸易扩张、出口多样化、吸引外国直接投资能力增强和经济增长。科里内克等（Korinek et al.，2011）将 LPI 作为贸易的一个解释变量，证实了物流绩效对贸易的显著影响，特别是基础设施的改善对于中等收入国家出口影响最大，而行政管理改进对进口国影响更大。

国内学者同样对物流绩效与进出口贸易的关系做了深入的研究。孙慧等（2016）以中国中间产品出口为研究对象，利用基本引力模型分析国际物流绩效对中国中间产品出口的影响，提出物流基础设施质量的提升有利于促进中间产品出口。樊秀峰等（2015）以海上丝绸之路为研究对象，利用拓展贸易引力模型分析物流绩效对中国进出口贸易的影响，发现物流绩效对国际贸易有显著的影响。刘小军等（2016）对"一带一路"沿线62个国家进出口贸易额和物流绩效水平进行分析，并提出相关的政策建议。杨振华等（2017）基于LPI对20国集团物流绩效指数进行比较分析，提出提升我国物流绩效水平的建议。艾赛提江等（2012）采用LPI实证分析了物流绩效对中亚地区双边贸易的影响，发现对双边贸易的影响程度从大到小依次为物流发展水平、基础设施和海关效率。黄伟新等（2014）运用贸易引力模型进行了实证分析，发现丝绸之路经济带国际物流绩效改善能够显著推动中国对丝绸之路经济带贸易伙伴的机电产品出口。

国际物流供应链是国际贸易的一个必然组成部分，各国之间的相互贸易最终都将通过它来实现。国际物流供应链关系风险是参与国家之间由于目标、利益等方面协调上的困难，进而导致合作上的不尽如人意从而导致的风险，它是使供应链系统不能有效发挥其功能并遭受损失的可能性，最终表现为进出口贸易上的损失。因此，为了探究我国与其主要的10个"一带一路"贸易伙伴间在国际贸易中可能面临的由物流绩效产生的物流供应链关系风险，本章基于我国进出口贸易视角，在引入LPI指数对贸易引力模型进行拓展的基础上，实证分析LPI指数及各分项指标对我国进出口贸易的影响。

第一节　模型构建

由廷贝根（Tinbergen，1962）和波霍农（Poyhonon，1963）提出的引力模型可用于探究贸易规模与各国GDP、两国之间距离的关系，即两国之间的贸易规模与两国GDP成正比，与两国之间距离成反比（Bergeiik，2011）。此后，学者们不断在此模型中引入新的变量。为探究物流绩效对我国与"一带一路"主要贸易合作伙伴间的进出口贸易的影响，本章在基本引力模型基础上引入物流绩效解释变量，并在实证研究中增加"贸易国是否接壤"这个虚拟变量来反映其对贸易流量的影响。构建如下回归方程：

$$\ln Trade_{ict} = \beta_0 + \beta_1 \ln GDP_{it} + \beta_2 \ln GDP_{ct} + \beta_3 \ln DIST_{ic} + \beta_4 \ln LPI_{it} + \beta_5 Contig_{ic} + \mu_{it}$$

$$(6-1)$$

其中，各种变量的解释如表6-1所示。

表6-1 模型变量含义

变量	含义	预期符号
$Trade_{ict}$	第t年我国与第i国的进出口总额	
GDP_{it}	第t年第i国的国内生产总值	+
GDP_{ct}	第t年我国的国内生产总值	+
$DIST_{ic}$	第i国首都与我国首都北京之间的空间距离	-
LPI_{it}	第i国第t年物流绩效指数	+
$Contig_{ic}$	贸易伙伴国与我国是否有共同边界	-
CUS_{it}	第i国第t年海关效率	+
INF_{it}	第i国第t年物流基础设施质量	+
ISH_{it}	第i国第t年国际运输便利性	+
LQC_{it}	第i国第t年物流服务质量与竞争力	+
TTR_{it}	第i国第t年追踪查询货物能力	+
TIM_{it}	第i国第t年货物运输及时性	+

为进一步探究6个LPI分项指标对我国对外贸易的影响，为具体考察其影响的差异性，以便提出针对性政策，本章节还以CUS_{it}、INF_{it}、ISH_{it}、LQC_{it}、TTR_{it}、TIM_{it}分别代替模型中的LPI_{it}变量，从而得到6个分项指标的回归方程如下：

$$\ln Trade_{ict} = \beta_0 + \beta_1 \ln GDP_{it} + \beta_2 \ln GDP_{ct} + \beta_3 \ln DIST_{ic}$$
$$+ \beta_4 \ln Sub\text{-}indicator_{it} + \beta_5 Contig_{ic} + \mu_{it}$$

$$(6-2)$$

式（6-2）中$Sub\text{-}indicator$分别代表LPI的六个分项指标。

第二节 样本选择与数据来源

本章以我国与10个"一带一路"主要贸易合作伙伴，即印度、韩国、马来西亚、泰国、越南、新加坡、印度尼西亚、土耳其、俄罗斯、阿联酋为研究样本,采用 2007~2019 年面板数据分析物流绩效与我国对外贸易之间的关系。

我国对其他贸易伙伴国的进出口贸易额来源于世界银行的公开数据。各国与我国双边贸易之间的空间距离,本书采用 CEPII 的计算方法,具体数值由 GeoDist database 获得①。

LPI 数据来自世界银行公布的《物流绩效指数报告》。《物流绩效指数报告》每两年发布一次,截至目前分别于 2007 年、2010 年、2012 年、2014 年、2016 年及 2018 年共发布了六个报告。LPI 及其分项指标缺失值用相近年份的 LPI 及其分项指标值替代,即分别选择 2007 年、2010 年、2012 年、2014 年、2016 年、2018 年 LPI 及其分项指标值作为 2008 年、2011 年、2013 年、2015 年、2017、2019 年的 LPI 及其分项指标值。

本章对 2007 年、2010 年、2012 年、2014 年、2016 年、2018 年及 2019 年我国与 10 个"一带一路"主要贸易合作伙伴的物流绩效状况进行了描述及比较,如表 6-2 所示为 6 年中各国的 LPI 指数及其均值,这些国家的分项指标值在表 5-2~表 5-12 已列出,本章节不再赘述。

表 6-2　　　　　　　　2007~2018 年中国与样本国家 LPI 值

国家或地区	2007 年	2010 年	2012 年	2014 年	2016 年	2018 年	LPI 均值
中国	3.32	3.49	3.52	3.53	3.66	3.61	3.52
印度	3.07	3.22	3.08	3.08	3.42	3.18	3.18
韩国	3.52	3.64	3.70	3.67	3.72	3.61	3.64
新加坡	4.19	4.09	4.13	4.00	4.14	4.00	4.09
马来西亚	3.48	3.44	3.49	3.59	3.43	3.22	3.44
越南	2.89	2.96	3.00	3.15	2.98	3.27	3.04
泰国	3.31	3.29	3.18	3.43	3.26	3.41	3.31
印度尼西亚	3.01	2.76	2.94	3.08	2.98	3.15	2.99
土耳其	3.15	3.22	3.51	3.50	3.42	3.15	3.33
俄罗斯	2.37	2.61	2.58	2.69	2.57	2.76	2.60
阿联酋	3.73	3.63	3.78	3.54	3.94	3.96	3.76

资料来源:世界银行物流绩效网站。

___

① 资料来源:地理数据库网站。

第三节　实证分析

一、描述性统计分析

表 6 - 3 给出了 10 个样本国家主要变量的描述性统计分析结果。可以看出，10 个样本国家的 GDP、与我国的进出口总额、与我国的距离、LPI 的方差分别为 6244.22、584.99、1629.12、0.42，说明这 10 个样本国家在经济发展水平、与我国的贸易情况、相互距离以及物流绩效方面存在较大差异。贸易总额方面，以 2019 年为例，我国与韩国的进出口贸易额高达 2802.56 亿美元，是与沙特阿拉伯贸易额 501.37 亿美元的近 6 倍。经济规模方面，2018 年印度的 GDP 达到 25974.91 亿美元，接近同年越南 GDP 总量 2238.64 亿美元的 12 倍。双边贸易距离方面，主要贸易伙伴国中与我国的双边贸易距离最近的是韩国 945 公里，最远为阿联酋，达到了 7029.19 公里。在 LPI 指数方面，物流绩效最优的新加坡与物流绩效最差的俄罗斯之间存在巨大悬殊。因此，为了进一步挖掘我国与 10 个"一带一路"主要贸易伙伴间的贸易潜力，物流绩效的改善无疑是抵消长途货运带来的贸易成本进而推进双边贸易的重要途径。

表 6 - 3　　　　　　　　　　主要变量的描述性统计

变量名	样本数量	平均值	标准差	最大值	最小值
$Trade_{ict}$（亿美元）	110	523.35	584.99	2904.42	151.21
GDP_{it}（亿美元）	110	8398.11	6244.22	25974.91	774.14
GDP_{ct}（亿美元）	110	81888.20	28555.86	122377	35521.82
$DIST_{ic}$（公里）	110	3818.79	1629.12	6597	945
LPI_{it}	110	3.23	0.42	4.19	2.37
CUS_{it}	110	2.95	0.51	4.18	1.94
INF_{it}	110	3.11	0.55	4.28	2.23
ISH_{it}	110	3.20	0.37	4.04	2.45

续表

变量名	样本数量	平均值	标准差	最大值	最小值
LQC_{it}	110	3.18	0.44	4.21	2.46
TTR_{it}	110	3.27	0.42	4.25	2.17
TIM_{it}	110	3.65	0.36	4.53	2.94

二、总体回归

本书运用 Eviews 8.0 软件,对 2007~2018 年的面板数据采用广义最小二乘法来探究 LPI 指数对进出口贸易额的回归情况,通过 Hausman 检验确定固定效应或是随机效应模型。首先选取基本引力模型中的 GDP_{it}、GDP_{ct} 及 $DIST_{ic}$ 进行回归,然后引入 $Contig_{ic}$、$\ln LPI_{it}$ 进行逐一回归,结果如表 6-4 所示。

表 6-4　　　　　物流绩效指数对进出口贸易额回归结果

变量	基本引力模型	扩展引力模型	
		共同边界	物流绩效
常数	-35.600 ** (13.52)	-22.832 ** (-2.432)	-3.331 ** (-1.856)
$\ln GDP_{it}$	0.962 *** (19.822)	1.028 *** (22.577)	0.906 (21.033)
$\ln GDP_{ct}$	0.513 *** (3.302)	3.624 *** (2.741)	0.508 *** (3.221)
$\ln DIST_{ic}$	-0.375 ** (-1.879)	-0.785 *** (-3.160)	-0.511 *** (-1.466)
$Contig_{ic}$		-0.173 ** (-2.569)	-0.046 (-0.687)
$\ln LPI_{it}$			1.892 *** (4.670)
R^2	0.761	0.869	0.799
F 值	48.763	40.389	34.920
DW 值	2.398	2.370	1.873
Hausman 检验	34.047 *** R^2	17.006 *** R^2	2.694 R^2

注:括号内为 t 统计量,*、**、*** 分别表示10%、5%、1%的置信水平。

从表6-4可知，随着变量的逐步加入，从基本引力模型到扩展引力模型，代表模型拟合优度的可决系数 R^2 随着不断加入的变量逐渐增大，这说明模型的解释能力逐渐增强。从回归系数来看，样本各国的GDP对其与我国的进出口贸易有显著的正向影响，说明经济实力越强则贸易额越大。我国与样本国之间的空间距离对双方的进出口影响较大，回归系数 -0.511 说明我国与样本国的距离每增加1%，双方进出口贸易额就会减少 0.511%。但随着 $lnLPI_{it}$ 指标的加入，空间距离和是否有共同边界这两个指标的负向影响在变小、变得不显著。这一方面说明随着物流基础设施的不断改善、运输成本的显著降低，空间距离已经不是阻碍双边贸易的首要因素。另一方面，说明物流绩效的改善在一定程度上能够抵消空间距离带来的交易成本，提高贸易便利化程度。

此外，在其他因素不变的情况下，LPI在所有影响因素中排在首位，对进出口贸易的弹性系数为 1.892，说明"一带一路"主要贸易伙伴的物流绩效总体水平每提高1%，我国进出口贸易额将增长 1.892%。贸易伙伴国的经济规模是仅次于LPI的影响因素，弹性系数为 0.906，之后依次为空间距离、我国的经济总量。这些影响因素都通过了1%的显著性检验。共同边界指标的系数仅为 -0.046，且不显著。

三、LPI 分项指标回归

为了进一步探究LPI不同指标对我国与"一带一路"主要贸易伙伴国家间进出口贸易的影响程度，本章节对6个分项指标分别进行回归检验。由表6-5可知，与总体回归结果一样，LPI分项指标的加入弱化了空间距离这个指标负向的影响，各分项指标对进出口贸易的影响程度回归系数均为正数，影响力排序依次为海关效率、货物运输及时性、物流基础设施质量、物流服务能力、国际运输便利性和货物可追溯性，它们的回归系数分别达到了 1.904、1.732、1.659、1.308、1.182、0.706。其中，物流服务质量、物流基础设施、国际运输便利性、海关效率及货物运输及时性均通过了1%的显著性水平检验，追踪货物能力通过了5%的显著性水平。这表明贸易的繁荣离不开贸易国物流绩效的改善，而各个分项措施的改进都有助于进一步降低贸易成本。

表6-5   LPI 分项指标对进出口总额的回归结果

变量	海关效率	物流基础设施质量	国际运输便利性	物流服务质量	追踪货物能力	货物运输及时性
常数	-2.562 * (-1.799)	-1.673 (-1.098)	-3.771 *** (-2.357)	-3.466 ** (-2.202)	-3.385 ** (-2.075)	-3.916 ** (-2.561)
$\ln GDP_{it}$	0.833 *** (23.371)	0.796 ** (22.097)	0.867 *** (21.191)	0.902 ** (20.198)	0.906 *** (21.753)	0.899 *** (21.096)
$\ln GDP_{ct}$	0.529 *** (3.182)	0.623 *** (2.741)	0.644 *** (3.381)	0.698 *** (3.246)	0.596 *** (3.315)	0.702 *** (4.066)
$\ln DIST_{ic}$	-0.598 *** (-0.734)	-0.611 *** (-3.160)	-0.533 *** (-1.256)	-0.607 *** (-1.017)	-0.496 *** (-1.357)	-0.487 *** (-1.025)
$Contig_{ic}$	-0.617 *** (-0.781)	-0.612 *** (-0.332)	-0.568 *** (-0.695)	-0.571 *** (-1.032)	-0.552 *** (-1.367)	-0.525 *** (-1.115)
$\ln CUS_{it}$	1.904 *** (4.164)					
$\ln INF_{it}$		1.659 *** (5.720)				
$\ln ISH_{it}$			1.182 *** (4.146)			
$\ln LQC_{it}$				1.308 *** (6.435)		
$\ln TTR_{it}$					0.706 ** (1.722)	
$\ln TIM_{it}$						1.732 *** (3.019)
R^2	0.772	0.805	0.786	0.810	0.821	0.865
F 值	53.271	50.633	48.766	41.643	36.782	33.972
DW 值	2.176	2.261	2.217	2.217	2.128	2.030
Hausman 检验	4.132 R	2.369 R	4.568 R	4.378 R	6.210 R	5.735 R

注：括号内为 t 统计量，* 、** 、*** 分别表示 10%、5%、1% 的置信水平。

四、回归结果分析

本章节内容基于文化距离指标与 LPI 指标对我国与"一带一路"主要贸易伙伴的进出口情况进行研究，得到以下结论：

（1）我国"一带一路"主要贸易伙伴国家的物流绩效呈现不同的发展水平且差距明显。具体表现为新加坡 LPI 指数较高、发展较为均衡，LPI 指数较低的国家主要集中于俄罗斯、印度尼西亚等，物流基础设施质量与海关效率尤其薄弱。

（2）基于 LPI 整体回归来看，我国"一带一路"主要贸易伙伴国物流绩效的悬殊并未抑制我国对它们的进出口贸易。LPI 在所有影响因素中排在首位，LPI 每提高 1%，贸易额将增加 1.892%，其他影响系数大小依次为贸易伙伴国经济规模、空间距离、我国的经济总量。且物流绩效的改善从一定程度上抵消了空间距离及共同边境线带来的交易成本，促进了贸易便利化进程。

（3）从 LPI 分项指标回归结果看，各分项指标对我国进出口贸易的影响系数均显著为正，排序依次为海关效率、货物运输及时性、物流基础设施质量、物流服务能力、国际运输便利性和货物可追溯性。经济规模对促进双边贸易具有正面影响，空间距离、共同边界变量阻碍了双边贸易的发展，但 LPI 及分项指标的提高弱化了这两个指标的负向影响。

第七章

结论与政策建议

第一节　结　论

本书选取 2007～2018 年我国"一带一路"沿线主要贸易伙伴国家的相关数据，利用结构方程模型与扩展的引力模型，研究文化距离对我国在参与"一带一路"进出口贸易中可能遭受的物流供应链关系风险的影响。根据实证结果可得出如下主要结论：

（1）国家间的文化距离与国家间的物流绩效差异具有正向相关关系，即文化距离越大，国家间表现出的物流绩效差异越大。具体来看，按与国家间文化距离相关性从大到小排序，依次为权利距离差异、不确定性回避差异、个人主义与集体主义差异、男性化与女性化差异、长期取向与短期取向差异、自我放纵与约束差异，它们都能很好地反映不同国家间文化距离的程度；文化距离对表现物流绩效差异的 6 个指标都有正向影响，按照文化距离对物流绩效差异各指标的影响力，从大到小依次为海关效率差异、物流基础设施质量差异、物流服务能力差异、国际运输便利性差异、货物运输及时性差异、货物可追溯性差异。

（2）物流绩效对我国与"一带一路"主要贸易伙伴的进出口贸易有着正向的影响，即物流绩效越高，进出口贸易额越大。具体来看，按照物流绩效对进出口贸易的影响力，从大到小排序依次为海关效率、货物运输及

时性、物流基础设施质量、物流服务能力、国际运输便利性和货物可追溯性。

（3）"一带一路"沿线国家和地区的物流绩效差异与沿线跨境物流的有效对接具有直接相关性，差异程度越大，越会阻碍跨境物流的有效对接。而跨境物流的有效对接的实现程度直接决定了"一带一路"沿线国家间进出口贸易的规模。由结论 1、结论 2 可以推断：国家间的文化距离会导致物流绩效的差异，而物流绩效的高低不同影响了我国与"一带一路"主要贸易伙伴间的进出口贸易额，物流绩效越低并与我国物流绩效差异越大则进出口贸易额越少，产生了由文化距离因素引发物流绩效差异进而导致的物流供应链关系风险。其中，海关效率、物流基础设施以及物流服务能力这三个因素是物流绩效中最重要的三个风险传递载体。

第二节　政策建议

一、文化方面

为了避免由文化距离导致的我国与"一带一路"沿线重要贸易伙伴国家间的物流供应链关系风险，首先应从企业、政府以及信用体系等方面构建风险防范机制。

（一）强化构建企业风险防范机制

第一，首先应重视和提高对拟推进海外项目的前期论证。虽然政府政策对企业在海外的经贸合作能发挥很大的作用，但企业才是对外经济活动的主导者。因此，我国企业应在国家相关政府部门政策法规的基础之上，再制定适合自身的治理机制。在进入海外市场之前，我国企业应充分了解及评估东道国各种投资条件，尤其是需要对企业自身文化、母国文化和东道国文化进行深入分析，积极识别不同的国家文化及文化差异的性质，从文化的角度理解他国的相关理念，并找到双方文化的共同点及彼此都能接受的经营与管理模式,以防范与东道国间的文化距离风险,提高投资成功率和投资收益。

同时,还要与国际标准和通行程序接轨,构建科学的项目可行性评价机制,全面权衡项目投资收益、经营成本及各种约束条件,构建项目投前、投中与投后全面、全过程的风险管控体系,防重大风险于未然。

在达成经贸合作关系之后,也应建立风险预警机制,密切注意东道国文化距离风险及母国同东道国间在法律法规、思维方式、价值观念、生活方式、行为规范、艺术文化、科学技术等文化领域出现的新发展与变化,以预防东道国文化距离风险的变化及其对经贸合作造成严重的不利影响。

第二,企业应根据当地的生产经营环境等具体情况来制定适合企业在本地发展的本土化经营策略。

首先,应关注和应对好贸易伙伴国家的税务、劳工、海关和反腐方面的法律规定与程序要求。由于"一带一路"沿线国家多为发展中国家,这些国家针对外国直接投资的政策和法律各不相同,在国家安全、反垄断、环境保护、劳工、税务及行业限制等方面都有不同的规定,加上不同国家有关投资的相关政策与法律经常会因为外部经济环境的变化而进行调整,给进入东道国的企业增加了潜在的法律风险。在我国对外投资失败的事件中,有16%的投资事件是直接或间接因为法律原因导致投资受损或最终被迫停止投资。①

其次,还应注重加强与当地政府部门的沟通,与当地政府等部门建立良好的互动关系,树立企业的良好形象。在东道国承担更多社会责任,与当地的政府及有关政治力量保持良好的沟通渠道,打造与当地政府牢固的利益和责任关系,形成"我中有你,你中有我"的高度利益融合与互利共赢的局面。为了给自身争取更多的政策优惠,还可以合理借用相关协会的行业力量,对政府相关部门进行合法公关。因为在很多国家的一些敏感行业都对外来资本设有很高的门槛或壁垒,甚至会受到东道国相关行业协会及当地公民的强烈抵制。而通过合理公关,则有可能促使当地政府为该投

---

① 《"一带一路"国家投资合作常见的风险》[R]. 亚布力中国企业家论坛,2020-02-22.

资活动提供保护。与此同时，海外投资企业需重视对自身形象的宣传，以此让当地消费者更容易接纳自己，从而更有利于之后的商业活动的进行（廖萌，2015）。

最后，还要合理运用当地会计师事务所、律师事务所、咨询机构等专业中介机构的评估与应对能力，提高化解风险的能（廖萌，2015）。"一带一路"项目难免涉及跨境商业合约的制订、大型跨境基建的法律服务及建造合同的安排、跨境法律争议的解决等问题。当地的各种中介机构由于在资本、法律、财税等方面掌握信息更全面，更加善于合理运用当地市场规则和惯例来处理当地经济事务等问题。因此，我国企业海外投资前应尽量聘请当地劳工，订立相关劳动合同时咨询当地律师，以避免劳动合同纠纷。在海外投资中，也要善于与当地中介机构紧密合作，聘请国际或当地投资咨询机构、知名的律师、会计师或评估师等专业机构和人员，对所投项目充分论证并出具可行性报告，以最大限度地避免经济风险。

第三，企业对外的营销、宣传等行为措施都要考虑到不同地区的接受程度，要尽快入乡随俗，融入合作伙伴所在国当地文化，以满足不同文化背景下的消费者需求，尽量避免或降低由国家文化距离造成的不利影响，减少交易双方在交流上的障碍或冲突。此外，还应强化在当地的社会责任意识，尊重当地民情习惯，避免过分追逐短期利益而违法违规。

一方面，不同国家或地区对于同一营销和宣传手段的接受程度不尽相同。对于目前我国进出口贸易额度最大的两个"一带一路"沿线贸易伙伴韩国和越南来说，由于深受中华文化的影响且地理距离也近，对于同一个问题会有较为相似的看法或理解，企业在对外营销上不容易陷入被误解的困境；但对于我国的新兴市场国家伙伴沙特阿拉伯而言，距离我国地理距离远且文化距离也大，企业的对外宣传手段一定要尊重当地的习俗与规定，重视宗教仪规和禁忌。

另一方面，不可否认的是，"一带一路"倡议不仅有经济意义也有地缘政治意义。尤其是目前我国政府积极促进国际能源交流，强化与核心资源国的战略合作。在"走出去"的支持力度不断加大的背景下，我国能源资源企业对"一带一路"沿线国家的海外投资规模也在不断提升。这就需要特别警惕某些西方势力宣扬"中国威胁论"可能产生的负面影响，并积极配合东道国的环境保护与可持续发展政策，企业在对外投资或营销过程中，要从小事做起、自纠自查，不断提高风险防范意识，尊重当地的民情民意，践行东道国社会责任。对内重视能力提升和经验积累，用发展的眼光做好长远规划，不要过分强调短期经济利益，避免盲目冒进和投机取巧；对外加强交流取长补短，向发达国家跨国公司学习经验，通过当地化战略赢得民心，并与沿线东道国政府和民众保持良性互动，借助有效公关和企业社会责任战略树立形象、消除民怨。努力将自身打造成全球公司和当地企业，尊重当地法律和习俗，用当地的思维方式和经营理念进行属地管理（李锋，2016）。

第四，企业可根据对"一带一路"沿线主要贸易伙伴国家文化状况的评估，并结合自身所处行业，在不同的区域采取不同的战略。基于优化国内产业结构、开辟中长期新兴国际市场，以及为"一带一路"沿线后期发展奠定良好基础等目标，我国目前对"一带一路"沿线国家投资项目主要集中于能源、基础设施、交通运输等领域。2016年我国政府发布了总额为4.7万亿元的《交通基础设施重大工程建设三年行动计划》，并计划2017～2020年在铁道交通领域投入3.5万亿元来建设铁路网络连接80%的中国主要城市。有数据显示，2019年我国对"一带一路"沿线国家投资150亿美元，其中交通运输、仓储和邮政业占全部投资项目金额的比例高达65%。这些领域的投资都需要资本密集型企业，特别是中央企业或大型国有企业的介入，它们不仅是对外直接投资的主力军，也是海外投资风险的主要承受者。对于中央企业这样的资本密集型企业，在投资"一带一路"基础设施领域时，相较于一般企业更加需要考虑文化距离过大产生的不利影响，更要加强风险意识的培养，缩小与其他贸易伙伴国家在风险规避上的技术和意识差距。例如，中亚五国石油、天然气、有色金属、水力等自然资源丰富，是我国中央企业投资能源项目的聚集地，在这个特定的区域，我国企业应在尊重当地文化与风俗禁忌的前提下，积极履行社会责任，加强对建设项目的社会环境影响评价和风险管理，重视节能环保合作，避免因为追逐短期经济利益而给当地的环境、民生造成威胁或破坏，进而还应主动与各国协商协调，协助这些国家在绿色发展等领域的能力建设，加强同各国在环保政策方面对接交流，制定切实可行的绿色发展指标体系、制度安排，或是区域环保引导性政策和行动指南，联合出台包括推动、指导、支持企业投资建设运营绿色项目的具体政策以及指导意见，把绿色发展落到实处；而东南亚、南亚地区与我国接壤国家较多，在投资往来上具有先天地理距离优势，已有的便利水陆交通使得基础建设输出成本低、难度低，再加上劳动力要素丰裕且廉价，故在南亚、东南亚的基础设施项目密集。而这些基础设施建设项目往往都是国际上大国势力竞争的重要领域。我国企业不仅需要考虑到沿线国家和地区大多属于欠发达地区，经济基础薄弱、财力不足、投融资缺口巨大这样的内部风险，同时更要考虑地缘政治博弈引发的地缘政治风险，这既包括沿线国家的疑虑，又包括域外国家的阻挠，我国企业可以通过股权扩大、分散等方式，吸引东南亚、南亚地区国内企业参股，扩大"朋友圈"。这样一来，投资的企业不仅是中国企业，还有合资企业。在股权分散的情况下，一旦出现风险，合资企业作为密切利益相关者，出于对自身利益的保护，也会协助我国企业积极渡过难关，从而可实现对我国企业的保护。

（二）有效发挥政府引导作用

第一，我国政府主管部门应采取相关政策措施，引导国内企业通过与海外企业合作、在国外设立分支机构等形式尽快熟悉、适应当地文化氛围，从而降低文化差异带来的风险。为此，政府主管部门应加强对东道国政治制度和环境的科学评估，建立风险预警体系。东道国的制度质量直接或者间接地影响我国与沿线国家的经贸合作效率与风险。因此要评估合作对象国的制度环境、法律完善程度等内容，并及时公布，为跨国公司开拓国际市场、进行海外投资前的风险评估提供可靠的参考信息（张帅，2020）。尤其需要特别注意的是，当下国际经贸合作环境的变化导致在跨国经贸合作中出现了一些新的且比较隐蔽义务，其中非常重要的一方面就是环保问题。

近年来我国对"一带一路"沿线国家的投资规模逐渐扩大，矿产、能源、制造、基础设施、工程建设等是中国企业投资"一带一路"沿线国家的重点行业，投资的对象以东南亚、中亚、西亚及南非国家为主。在我国企业对这些"一带一路"沿线国家投资合作的实践中，部分企业由于环保意识不足、对各国文化中的环保法律知识缺乏了解、不了解东道国环境标准和环境保护法律规定、在项目投资前期对环境风险评估不足，导致项目停工甚至取消风险。在一些国家尽管环保义务暂时没有以法律形式予以强制，但在很多情形下，比如民众的反对、当地环保组织的抗议、反对党派的冲突等，都会让政府迫于各方压力对投资项目征收高额环保税甚至停发许可证、取消经营权，直至最终撤销项目（肖蓓，2019）。因此，在对"一带一路"沿线国家投资进行规划时，不能忽视对这些国家环保标准的评估和相关外资政策的考量。

我国与其他国家在现行双边协定中很少涉及环保条款，即使一些双边条约或协定中规定了环保条款，但大多属于框架性、宣示性规定，全面性不足、保护力度较弱。如中国与印度、乌兹别克斯坦等签署的双边投资协定、2017年中国与格鲁吉亚签订的自由贸易协定等。因此，我国政府主管部门需积极完善双边或多边条约中的环境保护条款。如增加实体性、程序性规定以及纠纷解决条款，切实发挥条约及协定对环保合作的规范及指引作用。企业要在法律法规的指引下，充分发挥主体作用，自觉遵守东道国的环保法律和标准，推动企业加强环保信息公开，定期发布企业责任报告等。

第二，借助"一带一路"高峰论坛、"一带一路"国际商协会大会、上海合作组织、亚欧会议、中国—阿拉伯国家合作论坛等这样的政府层面贸洽会、论坛平台加强沟通与合作。以"一带一路"沿线国际合作论坛为例，2017年5月首届论坛在北京举行，此后每两年举办一次。在首届合作论坛上就确定了其主旨是为沿线有关国家和地区带来沉甸甸的"民生实惠"，在广泛吸收我国与沿线发展中国家及国际组织意见的基础上，按照和平合作、开放包容、互学互鉴、互利共赢为核心的丝路精神，根据共商共建共享的原则，聚焦发展这个根本性问题。其中，在人文合作机制方面，倡导通过推动教育合作、扩大互派留学生规模、用好历史文化遗产、在文化领域创新合作模式等形式以文明交流超越文明隔阂、文明互鉴超越文明冲突、文明共存超越文明优越，推动各国相互理解、相互尊重、相互信任。在 2019 年 4 月举办的第二届"一带一路"国际合作高峰论坛上，更是特别提出了"一带一路"合作有利于促进各国人民及不同文化和文明间的对话交流、互学互鉴。为此，扩大人文交流十分必要。具体措施包括加强青年间的交往，加强在人力资源开发、教育和职业培训方面的合作，加强各国智库、学界、媒体和民间团体交往，并在文化、文化和自然遗产保护等领域进一步开展交流和合作。由此可见，政府层面的国际会议可以为文化的传播与交流提供直接有效的渠道。各相关部门应积极利用好这个契机以实现消除、减弱文化隔阂的目标。尤其对于教育部门负责的共建"一带一路"教育行动来说，它作为联通沿线各国民心相通的载体，可有效地从根本上削弱由文化距离带来的法律、价值观、经营理念、管理方式及道德标准等方面的矛盾与冲突，可为其他"四通"（政策沟通、设施联通、贸易畅通、资金融通）提供人才支撑。因此，要积极发挥教育"软力量"四两拨千斤的作用，实现"一带一路"建设推进事半功倍。2018 年，"一带一路"沿线 64 国来华留学生人数共计 26.06 万人，占来华留学总人数的 52.95%。截至 2019 年，我国已与 24 个"一带一路"沿线国家签署了高等教育学历学位互认协议，共有 60 所高校在 23 个沿线国家开展境外办学，16 所高校与沿线国家高校建立了 17 个教育部国际合作联合实验室。[①] 从数据来看，虽然已经取得了一些成绩，但"一带一路"共建教育的广度与深度还有进一步拓展的空间。可从以下几个方面加以考虑：（1）协调推动沿线各国建立教育双边多边合作机制、教育质量保障协作机制和跨境教育市场监管协作机制。（2）充分发挥国际合作平台作用。将发挥现有双边多边合作机制作用，增加教育合作的新内涵。将借助联合国教科文组织等国际组织力量，推动沿线各国围绕实现世界教育发展目标形成协作机制。将支持在共同区域、有合作基础、具备相同专业背景的学校组建联

[①] 《我国已与 24 个"一带一路"沿线国家互认高等教育学历学位》［N］. 中国网，2019 - 02 - 20.

盟,不断延展教育务实合作平台。(3)实施"丝绸之路"教育援助计划。将发挥教育援助在"一带一路"教育共同行动中的重要作用,逐步加大教育援助力度,重点投资于人、援助于人、惠及于人。将发挥教育援助在"南南合作"中的重要作用,加大对沿线国家尤其是经济较差的发展中国家的支持力度。将加强中国教育培训中心和教育援外基地建设,为沿线国家培养培训教师、学者和各类技能人才。(4)开展"丝路金驼金帆"表彰工作。将对在"一带一路"教育合作交流和区域教育共同发展中做出杰出贡献、产生重要影响的国际人士、团队和组织给予表彰。

除了在教育方面的这些举措以外,还可以通过签订联合公报、谅解备忘录等形式促使文化传播与交流合作的常态化,从而深化合作伙伴关系。例如,2019年3月我国与意大利签订了《中华人民共和国和意大利共和国关于加强全面战略伙伴关系的联合公报》。该公报中明确指出双方重视人文交流对于推动两国关系长远发展的重要意义,充分肯定中意文化合作机制作为两国文化领域对话与合作平台的重要作用。双方并表示愿推动落实中意联合国教科文组织世界遗产地结对项目,愿推动双向游客往来,增进民间友好,推动两国文化遗产的保护利用。但不可否认,面对"一带一路",仍有一些国家戴着"有色眼镜"、质疑"一带一路"倡议的思想根源来自零和博弈、冷战思维,并从经济、地缘政治等渠道阻碍我国与其他国间在文化方面交流与合作的顺利开展。印度、韩国、马来西亚、泰国、越南、新加坡、印度尼西亚、土耳其、俄罗斯、阿联酋等我国在"一带一路"沿线的十大重要贸易合作伙伴还未通过联合公报或谅解备忘录的形式与我国实现有效且常态化的文化传播与交流合作。为此,本书针对这些国家的不同文化特点,有的放矢地采取差异性地促进经济文化交流的策略。例如,对与我国文化距离较大的俄罗斯和泰国,它们与我国的文化差异分别主要表现在不确定性回避维度和长期或短期取向维度。因此,对俄罗斯这样的高不确定性规避国家,应该立足于长效的经济合作机制,可采取积极签署双边及多边投资协定、建立长期制度保障的方式,以降低投资风险,增进政治互信,营造稳定长久的经济合作环境;而对泰国这样的短期取向国家则可以更多地立足于短期投资与经济合作模式,采取动态应对文化距离风险的策略，以便及时改变投资与合作方向，选择新的经贸战略。

也可以通过构建国家政府在"一带一路"经济文化合作事务上的高层磋商机制与协调机制，来推动政策协调与项目的实施。通过平等对话对国家间的争议达成解决共识，探索构建"国家—企业—国家"三方参与的直接对话磋商机制，减少和消除争议信息层层传递、磋商申请层层递交带来的效率低下的弊端（任燕，2021）。

第三，开展积极的外交政策，与贸易伙伴国建立良好的双边关系，结成友好城市，在融资、投资、跨境清算与支付、通关等方面签订有利于保护投资和贸易的合作文件，提供切实可行的政策支撑。此外，还可以积极地与贸易伙伴国签订文化合作协定，为国家之间文化关系的发展奠定基础、指明发展的主要方向。

国与国之间外交活动的目的要么是为增强本国在国际上的影响力，要么是以外交为手段，为国家谋求经济上的利益。目前我国已与绝大多数国家建立了外交关系，特别是近些年，我国在国际政治经济中发挥着越来越重要的作用，表明我国国际地位的显著提高。而目前世界经济增速放缓，西方主要国家民粹主义盛行、贸易保护主义抬头，经济全球化遭遇逆流。新冠肺炎疫情影响广泛深远，逆全球化趋势更加明显，全球产业链、供应链面临重大冲击，风险加大。我国国内也面临着供给侧改革、国内大循环与国内国际双循环等艰巨任务。因此，经济外交在此刻显得尤为重要。经济外交是以经济为手段，为国家谋求对外关系上的利益。它表现为专门本着为本国企业谋经济合作的目的，增加与东道国的外交活动，以便增进东道国政府及企业对我国企业的了解，从而增加与我国企业合作的可能性。另外，建立友好城市也是经济外交中的一项重要内容。可以利用友好城市等途径，来充分了解与适应东道国的经济制度与社会习俗，以评估东道国文化差异风险可能带来的不利影响，从而采取相应的措施来降低应对不确定性带来的商业性风险。此外，建立双边友好城市可以提高自身的对外开放水平，同时也更有利于外向型企业的国际化。

2015年3月，国家发改委、外交部、商务部联合发布《推动共建丝绸之路经济带和21世纪海上丝绸之路的愿景与行动》，提出鼓励沿线国家重要城市之间互结友好城市,并指出友城工作在"一带一路"中的重要作用。作为重要的外事资源,国际友好省州(城市)在促进对外经济文化交流合作,特别是推进"一带一路"建设中,发挥着不可替代的作用。实践也有力证明了,友好城市能够提高对外开放水平,加强两国间的经贸联系。从我国现有双边城市的实际情况看,建立的双边友好城市数量越多、建立的关系越早,则当地的经济开放度越高,经济发展水平相对也越好。广东省就是一个典型的案例。截至 2018 年 11 月底,广东共建立 193 对友好省州(城市)关系,其中省级 48 对,地级市 132 对,县级市(区)13对,覆盖全球六大洲 63 个国家①。本着互惠互利、务实高效的原则,广东与外国各级地方政府在多个领域开展了大量富有成效的交流与合作。与此同时,广东省对外投资一直处于不断上升的状态,2003~2019 年,其对外投资流量增加了 40 倍,2019 年地方对外直接投资额更是攀升至全国排名第一。随着广东省城市外交由传统的双边形式,逐渐拓展到多层次、宽领域的交流合作,呈现出平台多边化、主体多元化、合作机制化等新趋势,其在经济上同样取得了辉煌的成就,经济总量增长 102 倍、年均增长12.6%,这些成绩离不开国际友城的支持与合作。②

  总体来看,中国与印度、韩国、马来西亚、泰国、越南、新加坡、印度尼西亚、土耳其、俄罗斯、阿联酋等"一带一路"沿线十大重要贸易合作伙伴国间建立友好城市的数量不多、覆盖面也不够广。比如,毗邻东南亚、南亚的云南省与贵州省,它们是西南乃至中国与南亚东南亚国家交往的节点城市,但昆明仅与泰国清迈、曼谷,与越南岘港结为友好城市,贵州甚至在我国"一带一路"沿线十大重要贸易合作伙伴国中没有友好城市。因此,考虑到我国各省份与其贸易往来频繁国家的城市,往往都具有相近的地缘和文化因素,在文化习俗上具有一定的共性,更容易结为友好城市。在拥有相近文化、习俗的地区之间展开贸易交流往往更为通畅。在

---

① 《广东目前已缔结国际友城关系 193 对覆盖六大洲 63 个国家居全国前列》[N]. 南方日报网络版,2018 – 12 – 27.

② 《2020 广东省统计年鉴》[M]. 北京:中国统计出版社,2020 – 09 – 27;《2019 年度中国对外直接投资统计公报》[R]. 商务部,2020 – 09 – 16.

建成友好城市基础上，积极地与贸易伙伴国签订文化合作协定，并签订有利于保护投资和贸易的合作文件以便利融资、投资、跨境清算与支付、通关等经济活动，提供切实可行的政策支撑。

第四，加强对外文化贸易往来，一方面在上海、北京及珠三角等文化产业较为发达地区，要加强创意文化产品和服务的输出；另一方面国家可以鼓励新疆、青海、云南等具有浓郁民族特色的文化省（区）加强与"一带一路"沿线贸易伙伴国家的文化交流。

"一带一路"要建设成为和平外交、经济共赢、文化交流、文明交融的全球战略再平衡的有效平台，就必须以文化先行带动民心相通，从而夯实各国互联互通的社会心理基础，而这恰恰需要文化提供强有力的内容支撑。在文化发挥影响力的众多途径中，文化产业及其文化产品是最为重要的手段之一。广义的文化产品是指人类创造的一切提供给社会的可见产品，既包括物质产品，也包括精神产品。这里所说的文化产品是狭义的文化产品，专指语言、文学、艺术及一切意识形态在内的精神产品。尤其是核心文化产品当中所蕴含的文化内容能够对消费者的情绪、精神、生活方式和实践活动产生潜移默化的影响，不仅有助于形成文化理解与集体认同，而且还有助于产生"理性成瘾"，促进未来消费规模的扩大与深入影响的形成。

相比于西方发达国家来说，我国的文化产业发展还处于起步和探索阶段，尚且缺少健全的文化输出保障机制，文化产品的转化能力还有待提升。统计表明，美国出口的文化产品占世界文化市场的43%，欧盟为34%，而中国仅占3%①。近几年来，我国文化市场与国外市场接轨，进一步凸显了我国文化产业发展机制的薄弱，缺少较为成熟并具有竞争力的特色文化产品（赵立庆，2016）。正是因为没有夯实国内主流文化发展的根基，随着中国经济实力和对外传播能力增强，"中国形象"并未得到有效提升，依旧处于比较模糊的尴尬状态（范玉刚，2016），我国文化在国际上的影响力不足。因此，要实现"一带一路"建设的以文化先行带动民心相通，不但需要国内文化的健康有序发展，更要加快出台有利于文化产品和服务输出的国家政策。

① 尹晓煌. 发挥海外华侨华人优势 推动优秀中华文化"走出去"[N]. 中新网, 2019-03-29.

由商务部数据可知，2019 年我国文化产品进出口总额 1114.5 亿美元，同比增长 8.9%，是 2005 年的 6 倍。其中，出口 998.9 亿美元，增长 7.9%，进口 115.7 亿美元，增长 17.4%，规模扩大 6.8%。从类别看，文化用品、工艺美术品及收藏品、出版物出口增长较快，增幅分别为 11.7%、5.6% 和 4.8%。从国别和地区看，我对东盟、欧盟出口增长较快，分别增长 47.4%、18.9%；对"一带一路"沿线国家出口增长 24.9%。从这些数据可以看出，整体上我国在不断提升文化产品的国际竞争力和影响力，逐步实现文化产品"走出去"。①

但从我国具体情况来看，经济总量越大，往往文化产业总量就越大，全国各省份间呈现出文化产业总体实力参差不齐的状况。以上海为例，2007～2018 年，上海文化产业总体规模保持平稳发展态势，年均增长率达到了 6.03%。2018 年，上海文化产业实现增加值 2193.08 亿元，占地区生产总值的比重为 6.09%，占我国文化及相关产业总增加值 41171 亿元的比重为 5.33%。2018 年，上海文化产品和服务进出口总额达 101.7 亿美元，同比增长 11.6%。其中，文化贸易进口额 49.5 亿美元，比上年增长 6.5 亿美元，同比增长 15.1%；文化贸易出口额 52.2 亿美元，比上年增加 4.1 亿美元，同比增长 8.5%。② 与此同时，上海积极参与"一带一路"建设，持续推进"一带一路"对外文化合作、交流和贸易。文化合作项目持续推进，上海报业集团与今日俄罗斯国际通讯社合办第五届斯捷宁国际新闻摄影大赛、CCLF 国际文化授权主题馆、中以文化贸易促进系列活动、"一带一路"艺术上海国际博览会、"一带一路"电影节联盟等项目是其中的突出代表③。除上海以外，北京、广东的文化服务进出口额紧随其后，2018 年上海、广东、北京文化服务进出口额合计占全国的比重为 87.2%。因此，尤其要加强上海、北京及珠三角等文化产业较为发达地区的创意文化产品和服务的输出，在文化产业发展的资金投入，建立"一带一路"文化

---

① 《商务部：2019 年我国文化产品进出口总额 1114.5 亿美元同比增长 8.9%》［N］. 证券日报网，2020－03－17.
②③ 资料来源：中共上海市委宣传部文化改革发展办公室、上海市文化事业管理处、上海交通大学人文艺术研究院：《2019 年上海文化产业发展报告》。

交流的产业合作基地，构建我国文化产业与沿线各国的互通有无的互动平台等政策方面都应该有所倾斜。同时，新疆、青海、云南等地少数民族聚居，保留着当地少数民族特有的语言文字、宗教信仰、节庆礼仪及风俗习惯，具有浓郁的民族特色文化。它们与邻近的国家间因为民族特色文化的存在而有着天然的联系，应积极以该天然联系为纽带加强与"一带一路"沿线贸易伙伴国家的文化交流。

第五，大力推动我国与"一带一路"沿国家之间的文化交流与合作深入发展。在现有的文化交流和推广活动的基础上，统筹现有的项目资源，创新文化交流模式，增强"一带一路"沿线国家的人民相互了解，为我国企业的对外贸易奠定良好的文化基础。

"一带一路"国家级顶层合作倡议的参与国已涵盖东南亚、南亚、中亚、西亚北非及中东欧等广阔的国际区域，包括数十个各有文化特色的国家。由于"一带一路"涉及国家众多，文化面貌、生活环境、历史背景、宗教习俗等截然不同，面对不同国家在文化、观念、语言等多种巨大差异时，开展文化交流必定会遭遇阻碍，甚至引发分歧与误会。以往的文化交流和推广活动常常围绕着大力推动中医药、中华传统餐饮、工艺美术等企业"走出去"模式展开。而创新文化走出去模式，是要在原有交流模式的基础上，既要破除制约文化发展的体制机制障碍，着力构建充满活力、富有效率、更加开放、有利于文化科学发展的体制机制，又要不断提升文化的原创能力，推进文化内容形式和方法手段的创新，增强文化的时代感和吸引力。同时，还要悉心研究国外观众的文化需求和接受方式，善于吸收外国文化积极性养分，有针对性地探索文化走出去的模式，探索和发展文化传播与交流新的形式、新的方法、新的品种、新的区域。为此，可从以下几个方面着手：（1）研究新形势下对外宣传的特点，搭建国际性的文化节、网站等对外文化交流的平台来推动文化走出去。（2）培育对外文化中介机构，与国际知名的文化公司合资合作，拓展除政府部门之外的文化交流作用范围。（3）进一步推动文化产品和服务贸易，着力培养外向型的骨干企业和机构。鼓励有条件的企业到海外设立分支机构和发行网络，探索我国文化产品进入西方发达国家文化市场的新路子。比如，以文博会为中心来打造具有国际重要影响力的文化交易平台,提供一些国外能够接受的文化服务。(4)提高我国的国际传播能力,推动我国主流媒体在国外落地,加大在热点地区、周边地区、重要大国的布点力度。(5)开展文化产品跨境电子商务试点,依托现有交易场所开展文化产品跨境电子交易,鼓励文化企业借助电子商务等新型交易模式拓展国际业务。试点以政府和社会资本合作(PPP)等模式推动对外文化投资。加强文化知识产权保护。积极推进文化金融改革创新。(6)与"一带一路"沿线国家共同开展文物保护与考古研究工作,开展博物馆国际交流与合作,建设以丝绸之路文化为主题的智慧博物馆国际合作交流平台和历史文化研究交流平台。(7)以"文化+旅游"模式提升文化内涵,以旅游推广文化助推旅游发展。

(三)积极推动国内外互信体系建设

第一,积极推动国际互信体系建设,这也是保障"一带一路"建设有序运转的关键所在。

"一带一路"建设顺利运行的前提在于与沿线各国建立互信。只有彼此之间形成真正的互信,才可以最大限度地促进经贸文化交流、达成共赢的目的。目前来看,中国同沿线各个国家的文化交流中还较为欠缺牢固的互信体系支撑,直接制约了"一带一路"建设效率的提升。

我国作为全球第二大经济体,随着我国综合国力的不断提升和发展,难免会使一些国家对于我国的崛起感到恐慌,甚至一部分国家将我国视为"假想敌"。如果沿线各国缺乏互信,"一带一路"建设将难以为继。为了打消沿线各国对于我国所提出的"一带一路"建设的疑虑,应在文化交流中积极做好传播工作,让各国充分认识中国。一是,积极推动国际互信体系建设,这也是保障"一带一路"建设有序运转的关键所在。对此,对外合作交流中,我国应时刻坚守原则,以谦虚、谨慎的姿态平等地对待各方,尊重各国的主权、生活文化及各类习俗,坚决反对霸权主义、强权政治,以坚决态度抵制一切违背社会公平正义现象,切实以"一带一路"文化交流为基础,建立国际文化互信,并不断向政治互信、经济互信等方面进行延伸。二是，针对"一带一路"沿线各国的文化特征和现实需求，精心制作不同的文化产品，将中国所倡导的和平、包容、共建共享等思想融入产品设计当中，并通过文化产品的展示和交流使沿线各国更加了解中国，让其充分认识到我国所倡导的"一带一路"建设的目标是为各国人民谋福祉，以增进互信。三是，要强化我国社会主义公民的诚信意识培育，建立健全国内的诚信体系。坚决打击违背诚信行为，依法整治诚信犯罪，从道德重塑和法律构建这两方面入手，建构起国内公民的诚信体系，为"一带一路"的文化交流打好基础。

第二，要强化我国社会主义公民的诚信意识培育，建立健全国内的诚信体系。坚决打击违背诚信行为，依法整治诚信犯罪，从道德重塑和法律构建两方面入手，建构起国内公民的诚信体系，为"一带一路"的文化交流打好基础（赵艳梅，2016）。为此，可从以下四个方面着手：（1）以信用立法为契机推动社会信用体系的制度化进程。首先，在继续修订和完善现有法律法规体系基础上制定专门的《社会信用法》，通过对社会信用各个层面、各个环节、各种要素之间的权利、义务进行设定，加大守信激励和失信惩戒力度，将法律的规范功能和指引功能结合起来。其次，充分参考借鉴西方社会信用体系较发达的国家在社会信用立法方面的先进经验和做法。最后，系统地归纳和总结现有社会信用立法方面的经验和不足，为建立通行的社会信用法律法规体系提供理论和实践上的借鉴。（2）以信用道德培育为起点营造良好的社会信用文化环境。信用道德培育不足是导致社会信用危机的重要原因。针对现实生活中出现的违约失信现象，应重塑社会信用道德体系。通过信用道德培育，将信用意识培育和社会美德形塑有机结合起来，预防社会交往中失信行为的产生，在全社会范围内形成良好的守信氛围。（3）充分运用大数据技术完善社会信用评价监督系统。首先，借助大数据技术，能够对社会信用主体的行为进行全过程、全时段的记录，使社会信用主体的守信情况和失信记录得以全面展现，有效避免因信用信息缺失导致的盲目性和片面性。其次，大数据在信用数据的采集与获取方面具有独特优势，尤其是建立在大数据基础之上的区块链技术，具有防止"伪造信息、违背合约、篡改记录"的功能，确保了信用数据的真实性和有效性。最后,通过大数据技术能够实时地对社会信用主体的履信与履约情况进行监督和预测,及时地对潜在的失信苗头和失信行为进行纠偏,有效规避事后惩罚性监督的固有弊端,并且大数据时代信用数据的普遍共享和迅速传播,客观上提升了社会信用体系的监督效能。(4)建立健全社会信用预警体系,有效化解潜在信用风险。社会信用预警体系包括对社会失信行为进行背景追溯、现象描述、原因分析、走向预测等四个阶段,以此全面把握社会信用体系的运行逻辑和发生机理,从而有效减少失信现象的发生和预防潜在的信用风险(熊治东,2020)。

第三,积极完善我国自身法律制度,找到与修正和"一带一路"沿线主要贸易合作伙伴国在法律体系的根源及内容上存在的根本差异与不足。增强国内法律保护跨境商业活动及其正当竞争的有效性和执行力,建立更合理的投资者保护制度和企业间公平竞争的环境。

以版权贸易相关法律为例。版权贸易是围绕版权所开展的贸易活动,具有明显的知识属性和文化价值。版权贸易涉及图书、电影、电子出版物等各种携带文化符号的作品,各种作品中所蕴含着的文化、文明乃至价值观念也随着版权贸易的开展而广泛传播。因此,版权贸易为共建"一带一路"文明之路搭建了文化交流的平台,为实现"一带一路"沿线国家间文化共鸣与民心相通奠定了人文基础,有助于推动不同国家和文化背景的人群在新的高度上融合与相通。

"一带一路"沿线国家涉及三大法系和七大法源,彼此间的版权制度存在着较大的差异,推进彼此之间的法律合作十分艰难和复杂。首先,伯尔尼公约作为第一部关于版权法的多边条约,在国际版权法中占有极其重要的地位。但目前"一带一路"沿线国家中仍有19个国家尚未加入该协议,这无疑会增大我国与这些国家开展版权贸易时的版权保护和维权的难度。其次,新闻出版的监管模式是非常复杂、多样的,发达国家与发展中国家的模式有很大区别。比如发达国家的监管重点已经转移到网络等新媒体,而发展中国家和欠发达国家的重点依然是纸介质出版物。此外,即便"一带一路"沿线国家大多同属于发展中国家,但它们对出版物的管制措施与力度也不尽相同,各个国家都是选择与自己的社会制度、文化传统等一致的国家监管模式。因此，我国与其他"一带一路"沿线国家间对出版物的管制措施与力度的差异可能对版权贸易的顺利开展产生一定的阻碍。

为此，在相互尊重彼此的文化主权的基础上，我国应整合沿线国家的版权法律制度差异，积极利用"一带一路"合作框架，在"互联互通"合作机制建设中积极将版权法律制度衔接作为议题予以探讨，并促成沿线国家达成版权法律保护的一致意见，就共同推动沿线国家的出版物版权法律保护构建相应的法律协同机制，用于缓和不同国家间由版权贸易法律制度差异而引起的摩擦。此外，对于其他方面的由法律制度差异导致的风险，我国企业不但应全面钻研东道国的法律法规，尤其是涉及直接投资的相关内容，以及劳动保护法、环境保护法和土地管理法等一系列法律法规，甚至求助当地专业的律师事务所协助处理法律问题。我国相关政府部门也应尽快出台专门的对外直接投资法，规范企业的跨国投资行为以及政府对投资的监管，切实保障投资企业的权益，维护我国的经济利益。

第四，我国在"一带一路"对外互信体系建设中，完善大国形象，获取沿线国家的信任。我国自古以来便是东方大国，当代随着经济的迅速崛起，我国的大国形象表现更为强大，这让"一带一路"沿线国家对与中国合作存在担忧和疑虑。尤其是19世纪中期以后，"中国威胁论"的出现与泛滥，在经济层面，增加了我国同世界其他国家的经济摩擦；在外交层面，在一定程度上恶化了我国的周边环境，使我国在发展过程中不得不面临更加复杂的国际环境，加大了其他国家对我国的质疑与误解，甚至遭遇信任危机。因此，要摆脱"对抗""竞合""疑虑"并存的周边信任困境，特别是要想获取"一带一路"沿线合作国家的信任，我国在建设对外文化交流体制过程中应做到以下几点：

（1）转变大国话语体系，以包容、多元的态度进行交流，避免夸大宣传中国优势。话语体系是由若干相互影响的话语要素构建而成的有机整体，是一个国家国际话语权的前提和基础。话语权是运用语言文字进行表述的权利以及表达内容被重视的程度，包括话语的创造权、表达权、传播权、设置权和自主权，本质上是一个国家的文化主导权。话语权是一国文化软实力的重要标志，国家话语权的大小往往与这个国家的综合实力及该国话语体系的对外吸引力、感染力和影响力密切相关。经过40年的改革开放，我国人民用勤劳和汗水推动了国民经济大踏步前进，综合国力和国际影响力显著提升，经济增长创造了人类经济史上不曾有过的奇迹。随着的国家实力和国际地位的提升，我国由国际社会的参与者、融入者逐渐转变为国际社会的积极贡献者和责任担当者，首倡人类命运共同体理念，提出了各国加强双边和多边合作的倡议。作为人类命运共同体的重要实践平台，我国一直以共商、共建、共享为原则大力推动"一带一路"建设①。为突出这一理念，我国还可通过多种渠道加强对相关国家政界、学界、商界等公共外交，强调"一带一路"是"经贸之路、和平之路"，所倡议的是合作性、开放性、非排他性和互利共赢性，淡化零和博弈及对抗色彩，让世界知道中国的发展是一种正能量，对世界各国来说将是长期的利好消息（袁赛男，2015）。

（2）在国际交往中要秉持诚信原则，以政治互信为基础推进国际合作，促进合作共赢，坚持做到以诚相待，信守承诺，才能赢得信任，进而加强理解，实现彼此的良性互动。我国不仅要通过与他国对话交流破解误会分歧增进理解信任，同时，还要积极为促进世界各国的交流、沟通搭建平台，实现官方、民间、经济、政治、文化、社会、生态等各方面的交流，为各个国家间的交流交往提供舞台。在当前贸易摩擦升级、去全球化浪潮抬头、单边主义盛行的情况下，各个国家之间的交流交往受到影响，彼此间的信任遭遇危机。在这种情况下，更要通过各种方式，建立相应的对话交往机制，加强各个国家之间的协商、沟通、交流，以减少分歧、消除误会、增进互信，努力破解"信任赤字"。

（3）考虑到"一带一路"沿线国家的思维习惯与话语表达方式，提升交流的可接受性和有效性，营造良好的国际合作话语环境。"一带一路"沿线65个国家，44亿人，不同民族、不同宗教信仰、不同意识形态、不同利益需求，决定了传播的复杂性、综合性。为此，在"一带一路"对外

① 践行人类命运共同体理念的中国担当［N］. 光明网，2022-01-26.

传播上，我国应摒弃原有笼统的态度，尽可能实现差异化传播、精准化传播。对于沿线国家特别是中小国家，重点应放在平等合作上。要在沟通协调基础上，多倾听和考虑相关国家的利益和诉求，多开展涉及医疗、教育、文化等惠及普通民众的实事，对于沿线那些存在争端的国家，重点应放在妥善处理敏感问题上。要在进一步推进过程中，多强调共建共享、合作共赢，增强我国与东盟国家的相互信任；增进各方对"一带一路"的主旨和具体项目的了解，拉近双方民心，从而减少"一路"建设障碍（袁赛男，2015）。

（4）在交流过程中加入柔性元素，形成新的话语风格，在国际上树立友好的国际形象；以更加亲切的姿态去降低沿线国家对我国大国形象的担忧，提升其对中国的信任感，从而更好地开展合作。要综合利用各种手段，重视并发挥媒体的国际传播能力，塑造并掌控符合本国利益的国际话语权。除了积极向国际社会阐明中国"和平崛起"的战略意图之外，还要充分发挥媒体的作用，通过释放善意、提高透明度等，来主动回击"中国威胁论"的恶意攻击，打破当前我面临的被动局面。

第五，海外华侨和华商也要积极发挥作用。我国改革开放40多年来取得的巨大成就，离不开华人华侨的积极贡献。目前，海外华人华侨已经超过6000万人，分布于近200个国家和地区，[①] 涵盖商贸、企业、科技、文化、政界等各个领域，已经形成了覆盖全球的华人网络。

一方面，华人华侨在传播中华民族文化上具有独一无二的优势。他们既是中华文化的血脉传承者，又与当地文化充分融合，充分体现了世界民族文化的交融性，成为居住国多元文化社会的重要组成部分。他们兼通中外文化，熟悉所在国的语言、宗教、法律、习俗等，具有文化上的优势，在居住国传播中华文化更具接受度和影响力，是"一带一路"文化交流传播的桥梁和纽带。扎根于"一带一路"沿线国家的华人华侨，具备深厚的文化影响力和较强的资源动员能力，为我国与"一带一路"沿线国家的政策沟通、贸易畅通、资金融通、文化沟通和民心相通创造了有利条件，是

---

① 王辉耀. 世界华商发展报告 2018［M］. 北京：社会科学文献出版社，2018.

参与"一带一路"建设不可或缺的重要力量。随着我国日益走近世界舞台中央，与各国的经贸合作日益深化，增进与各国的文化交流、让世界更好地了解中国就显得越来越迫切，并提出了新的更广泛的要求。因此，要积极发挥侨商、侨社及侨媒在文化传播与交流合作中的独特作用，通过文艺展演、文物博物、影视交流、新闻出版及创设民间中华文化海外基金会与创办中文教育等形式，帮助中华文化顺利地融入当地社会之中。

另一方面，经过长期努力，一批经济实力雄厚的华人实业家和华资企业集团脱颖而出。据估计，海外华侨华人华商所掌握的资产规模已超过3000亿美元，80%集中在东南亚地区，[①] 华人经济实力相当雄厚，拥有一批在本行业、本地区甚至世界都颇具影响力的杰出华人企业家和华资企业集团。此外，华商与高新技术、知识经济、新兴产业有关的专业社团也大量涌现，它们大多与国内保持着密切的联系。海外华侨华人华商社团活动已由传统的联谊、互助转向商贸、科技、教育和文化等领域，规模不断发展壮大，并逐渐融入当地主流社会，影响力日益扩大。

因此，侨商在东道国深耕细作、经营基础稳固，凭借"融通中外"的独特优势，利用丰富的当地人脉资源和商业渠道，积极组织国内企业赴东道国投资，已经成为我国企业"走出去"的有力支撑和保障，发挥着不可替代的作用。目前，由我国境外企业和海外华商共同形成的华人经济圈，不仅成为我国对外经济交往的核心资源，而且正在深刻影响着世界经济的发展格局。因为华人华侨对当地投资环境最为熟悉，人脉网络资源丰富，尤其是中资企业所需了解的东道国信息大都可以在海外华人圈中寻找专业人士获取，能够极大地减少企业在投资东道国的信息搜寻成本，提高海外投资的成功率。因此，经济实力雄厚的华商在物流、港口建设及基础产业方面有丰富经验，可与我国企业携手合作，帮助我国企业更好地了解合作伙伴所在国的社会与经济环境，减少或消除我国企业"走出去"的不安和困难。

---

① 王辉耀. 世界华商发展报告 2018［M］. 北京：社会科学文献出版社，2018.

二、物流绩效方面

由本书的分析结果可知，国家间的文化距离可以引发物流绩效差异进而导致物流供应链关系风险。海关效率、物流基础设施以及物流服务能力这三个因素是物流绩效中最重要的三个风险传递载体。

从现实情况来看，我国与"一带一路"沿线重要贸易伙伴国家间的确存在明显的文化距离与物流绩效差异，尤其是与我国有着较大文化差异的俄罗斯、印度及印度尼西亚等国家，它们的 LPI 指数较低，且在基础设施质量与海关效率等方面与我国差距较大。因此，为了阻断文化距离—物流绩效差异—供应链关系风险的传导链条，缩小物流绩效差距，提升我国与其他"一带一路"沿线重要贸易伙伴国家间在国际物流供应链上的协作能力，还应从以下几方面加以提升。

（一）改善"一带一路"沿线主要贸易伙伴国家的物流基础设施质量，提升国际运输便利性

"一带一路"是以包括公路、铁路、港口和机场等在内的交通物流设施为纽带，又以纽带间的互联互通为前提和基础的新型区域合作安排。物流基础设施质量的改善与有效互联互通是我国与其他国家贸易发展的基础与前提，对于提升国际运输便利性有着重要的作用。此外，"一带一路"主要内容涉及"五通"，即政策沟通、道路连通、贸易畅通、资金融通以及民心相通，而在初始阶段，交通基础设施的互联互通是毋庸置疑的重点，处于优先地位。目前，由于"一带一路"沿线国家或地区经济发展不平衡、联系不紧密，公路、铁路、港口等基础设施分布严重不均，不少国家仍然存在着基础设施互联互通能力不足、运输周转环节过于烦琐等问题，难以满足经贸合作发展的要求，成为制约区域合作升级的一大短板。"一带一路"基础设施互联互通现状主要包括以下三个方面。

第一，互联互通枢纽所在的东南亚地区大多是发展中国家，虽然人口稠密，但是道路、港口等基础设施滞后。此外，虽已有不少国家与我国有

铁路相连，但大多铁路级别较低，大部分国家还没有开通高铁。如我国境内的湘桂线已基本实现高速动车组运行，而与我方对接的越南铁路，仍为常速列车。海运方面目前更是局限在大航运公司、大港口之间的合作，我国与南海周边国家港口之间还未建立起定期航班。我国与许多东南亚国家间尚未实现网络的完全链接，导致信息互联互通方面比较滞后。

第二，"一带一路"涉及的中亚、西亚地区基础设施薄弱，与我国交通联系先天不足，交流对话机制不够完善。这些地区不但存在口岸场站设施规模小、公路失修严重、具备通航条件的民航大型机场少，直航线路少等问题，中亚地区的交通网络只与苏联时期的盟国联系紧密。虽然为了增加贸易往来，我国与中亚、西亚国家在铁路、公路和航空领域都签订了不同形式的运输合作协议，但仍然缺少一些操作性强的实施细则，从而易产生管理和技术上的摩擦。例如，哈萨克斯坦等国家的铁路多是窄距，有别于我国铁路的轨距。这样的差异导致在双方边境地区需要借助火车转卸或列车换轮的方式来完成铁路运输，这样做既费时间，又要占用大面积土地建设换装场所并购置大量的换装机械和设施（车探来，2011）。虽然目前已经有自动调整轨距列车，但由于其高昂的成本，经济性较差。

第三，"一带一路"基础设施互联互通推进过程中还会受到政治、社会等众多环境因素的影响，给基础设施合作建设项目带来很大的不利影响。

总的来说，造成"一带一路"沿线国家或地区间基础设施互联互通障碍的主要原因在于战略互信不足、建设协调难度大、地缘政治复杂及隐性风险众多等几个方面。

对于我国来说，近些年在高铁和动车建设上的成果显著，大大提高了运输效率，使物流绩效得到有效改善，但仍需进一步加强物流基础设施建设，通过直接投资和维护已有设施，提升现有设施运作效率，提高港口净吞吐量，改善与"一带一路"沿线主要贸易伙伴国家的物流基础设施质量，从而提升国际运输便利性并提高我国整体物流绩效。同时，还要充分发挥丝路基金和亚洲基础设施投资银行等投融资机构作用，为基础设施落后国家提供经济援助，缩小国家间物流发展水平的差距。"一带一路"沿线主要贸易伙伴国家和地区的物流基础设施水平因为差异明显，影响了相互间的贸易联通，需要进一步加快铁路、口岸、公路等的建设，提升道路通达水平。除此以外，还需要做到以下几个方面。

1. 积极建立互信沟通机制

互信是互联互通的基础与前提。为了在合作伙伴中达成互信，应该做到以下几点：

第一，加强政府间政策交流对接。政策沟通可以以高层互访为引领，积极构建多层次政府间政策交流机制和联动机制，加强政策对话和协商，增进政治互信。本着求同存异理念，沿线各国可共同制定推进区域合作的规划和措施，及时协商解决合作中出现的问题，营造良好的政策环境。

第二，做好国际宣传工作。应清晰地阐述"一带一路"的目标和内涵，给相关国家一个明确的预期。至于外方可能存在的疑虑，也需要有针对性地加以解释。

第三，充分尊重别国的意愿。其他相关国家在认识、接受"一带一路"上会有一个过程，有可能造成其行动的迟缓。应尊重别国的选择、为其留有足够的空间，而不能一厢情愿地将我们的想法和做法强加于人。在项目规划方面，还需根据沿线周边国家或地区的发展计划周期进行科学、合理的规划设计。

2. 合理协调各方利益与标准

第一，"一带一路"基础设施的互联互通建设，需要相关沿线各方的共同参与，而大部分国家和地区都有发展基础设施的规划及实施相关计划的具体方案。因此，为促进互联互通工作的顺利开展、带动各成员方积极投入，必须事先了解各方需求愿景。建议沿线国家成立基础设施互联互通联合工作组，通过组织积极有效的信息沟通，挖掘各国和地区的切实发展需求。项目的选择首先应该从需求比较迫切、见效快、建设难度小、盈利性强的入手（郭丽琴，2012），以发挥样板与示范效应。此外，在充分考虑各国和地区需求的前提下，经联合工作组磋商，判断相邻国家基础设施规划对接和协同的可能性，找出促进互联互通联动发展的关键节点。优先打通"断头路"，畅通瓶颈路段。

第二，在推进基础设施互联互通过程中，标准等"软件"的互联互通要先行。首先，在尊重相关国家主权和安全关切的基础上，沿线各国应加强基础设施建设规划、技术标准体系的对接。其次，推进建立统一的全程运输协调机制，促进国际通关、换装、多式联运有机衔接，逐步形成兼容规范的运输规则，实现国际运输便利化。最后，推动口岸设施建设和港口合作建设，畅通陆水联运通道，增加海上航线和班次，加强海上物流信息化合作。拓展建立民航全面合作的平台和机制。一方面，虽然我国在路桥、机场、港口等传统项目领域积累了丰富的经验，并凭借其较高的工程质量赢得了业主的认可，证明了中国标准是安全有效的，但我们不能把自己的标准和规范体系强加于他国，标准的制定需要由相关国家政府、行业协会与业内企业共同完成，共同推进区域通信标准的制定，以大幅度提高国际通信互联互通水平，打造畅通便捷的信息丝绸之路。另一方面，"一带一路"建设既需要拓展与亚欧国家的合作，也需要加强我国内部省市之间的合作。在国家层面进行统筹协调的同时，各省份在与亚欧国家的合作中，应该坚持互利互惠的市场化原则，以防止资源的非有效分配与利用。自2011年以来，国内已有许多城市，特别是与"一带一路"物流运输紧密联系的中西部城市陆续开通了国际货运专列。从目前各地开通的现状来看，西安、重庆、连云港、郑州、成都、武汉、义乌等城市都配备了类似专列，有"长安号""渝新欧""新亚欧大陆桥""郑欧""蓉欧""汉新欧""义新欧"等国际铁路货运专列往返于中国与欧洲之间。2020年11月12日，宁夏更是以"一带一路"跨境电商卡车班列项目为抓手，在全国率先开通面向欧亚大陆的国际卡车班列，将中欧班列的"站到站"运输，改变为更加快捷高效的"门到门"运输[1]，缓解了由全球新冠肺炎疫情暴发以来所导致的国际物流运输不畅、供应链稳定性欠缺等问题。中欧班列的丰富的确促进了"一带一路"沿线的贸易往来，但同时也出现了运输路线部分重叠，可进一步优化的问题，需要涉及的相关省市间通力协作，通过合理的统筹规划以提高资源的利用效率。例如，"蓉欧"（成都至波兰罗

---

① 宁夏开通国内首个"一带一路"国际卡车班列［N］.央视新闻，2020-11-12.

兹）、"渝新欧"（重庆至杜伊斯堡）及"汉新欧"（武汉至捷克、波兰）这 3 趟班列，都是由阿拉山口出境并同时途经哈萨克斯坦、俄罗斯这两个国家，出口的货物也都主要包括服装、笔记本电脑等电子产品及汽配用品。这些班列若能经过合理的规划而整合运力，则将有利于提升运输工具及资源的利用效率。因此，对我国国内来说，对"一带一路"要围绕统一的核心进一步统筹规划，重点考虑各省份所具有的不可替代的丝路优势，以形成合理的分工和有效的配合，建立西北、西南、东北、东南四个区域的协调机制。

3. 共同营造安全环境与信誉约束机制

地缘政治的影响不能仅凭我国单打独斗去消除，而需要各参与方携手共同应对。

第一，在推进互联互通建设时，不但要遵循沿线各参与方的意愿和经济利益需求，还要充分考虑其发展水平和承受力，避免出台由我国单方面主导、对各国统一的、脱离实际的政策措施。与此同时，立足长远和全局利益，加强与各参与方之间的沟通，协力降低区域内安全风险。

第二，"一带一路"沿线国家大多是发展中国家，东道国内部不同利益冲突所引发的政局动荡、民族与宗教冲突和内乱等极易导致外国投资企业或其财产遭受重大损失。基础设施互联互通联合工作组不但要对合作中可能出现的问题、风险进行研究和评估分析，提出应对预案，而且要根据早期合作成效对各成员方进行评估并建立信誉档案，对不遵守约定的成员方给予信誉降级处理，增加违规、违约成本，以提高合作主体的自律性。对我国来说，不可能以一己之力带动"一带一路"60 多个国家同步发展，必须审时度势，根据预期风险收益合理布局。对于那些信誉低，当地政府和主流社会也不致力于改善环境的地区，要多加防范；而对于信誉高、当地政府和主流社会致力于改善环境的地区则多加投入。

4. 努力克服制度与法律障碍

我国企业在海外要学会如何同项目所在国家的民间社会打交道，维护企业的形象和履行企业社会责任。企业要积极开展制度建设和公共外交，全方位融入当地经济发展，树立企业的良好品牌形象，与项目所在地民众处理好关系，为互联互通工作的顺利实施提供有力保障。理念的实现最终必须凝结为可供操作执行的法律制度。为切实保障海外利益，首先，跨国投资企业要深入研究"一带一路"合作国家法律制度，将法律风险的不确定性尽可能地转化成可预见性，从而更好地预防法律风险发生或将风险损失降低到最低程度。其次，基础设施互联互通联合工作组应为沿线各参与方在交通、经贸等方面规划统一的法律制度框架，采取包括政策管理制度互认、争议协调互助、信息交换互通等"一统三互"措施，从而有效规范各方行为。

5. 正确处理政府与民间关系

毋庸置疑，作为"一带一路"倡议的主导方，我国在基础设施互联互通问题上应积极投入，为其他成员方起模范带头作用。但是，该规划的实施仅靠我国政府是远远不够的，必须要先疏通民意、增进理解、营造舆论氛围，以取得民间的理解与支持，甚至吸引民间的参与、获得民间的投资。

第一，当今时代，各国社会都存在着利益多元、观念分化的普遍态势，经济社会的重大发展变化，会相应地带来社会利益的重新分配和社会结构的重新组合。在这个过程中，重要的公共事件需要各个社会群体的广泛参与和协商讨论。否则，就会埋下矛盾与冲突的隐患。因此，要加大对国内民众的宣传力度，在取得民间的理解与支持前提下，鼓励我国有能力、有意愿、有丰富对外活动经验的民间组织"走出去"，对外开展文化交流和公益活动。扮演好民间友谊使者的重要角色，引导沿线国家的民意和舆论，承担好培育沿线国家知华友华的重要任务，把"一带一路"建设成一条"民心之路"。

第二，"一带一路"基础设施建设虽然能产生较大的社会效益但同时也具有投资大、周期长及回报率低等特点。这种公益性属性就决定了政府在基础设施建设过程中应承担起主要的责任。然而相比"一带一路"所勾勒的宏伟愿景，我国政府能提供的资金规模是有限的。更重要的是，如果这一投资建设完全变成政府行为，则势必增加外部的疑虑，给互联互通的推进带来更多阻力。因此，"一带一路"必须吸引民间资本的参与，建立以政府主导，民间投资和合作机构为辅助的新机制，鼓励私营企业和机构参与其中。对符合条件要求并有参与基础设施互联互通项目意愿的民间资本，政府应提供稳定的长、中、短期回报率，以真正吸引和撬动民间资本进入。与此同时，创新和推广PPP等投融资模式，充分发挥国际性开发性金融机构的融资平台功能和对投资的引领撬动作用，为企业和私人投资提供资金配套、风险担保和信用支持等，在融资端调动社会资源，提升资金供给能力，在投资端分散风险，提升项目经营的风险承受和防控能力。

（二）改进海关效率，促进贸易联通

目前，全球范围内海关手续已经趋同，主要流程为抵达前清关、在线提交和清关后审计。海关效率则是指国家海关和其他边境管理机构的通关效率和相关事务的处理效率。海关效率可以衡量一国海关的边境清关效率及边境口岸行政透明度，得分越高，表明一国的海关管理越透明、服务效率越高、贸易便利化程度越高。同时，它也是影响物流绩效水平的重要因素。

全方位深化海关国际合作是助力"一带一路"互联互通的重要手段。"一带一路"倡议提出以来，我国海关总署于2018年制定了《推进"一带一路"海关国际合作指导意见》《推进"一带一路"沿线大通关合作行动计划》等意见方案，并以"监管互认、执法互助、信息互换"（即"三互"）为合作支柱，主动融入、积极参与"一带一路"建设，积极推动"智慧海关、智能边境、智享联通"（即"三智"）建设与合作倡议。顺应沿线区域、进出口企业的合理诉求，创新和优化管理机制，并取得了一些成绩：（1）全国海关通关一体化全面推开，已经实现国际贸易"单一窗口"标准版覆盖全国（港澳台地区除外），通关效率大幅提升。据海关总署统计数据显示，2019年12月，全国进口整体通关时间36.7小时，较2017年压缩62.3%；出口整体通关时间2.6小时，较2017年压缩78.6%。[①]（2）在对外协作方面，我国海关也取得显著成效。海关总署与89个国家和地区海关开展了信息互换，与40个国家和地区海关开展了监管互认，与

① 《海关总署：2019年我国进出口整体通关时间压缩过半》[N]. 央广网，2020-01-16.

71 个国家和地区海关开展了执法互助。在"一带一路"沿线 65 个国家中，目前已有 45 个国家建立了经认证的经营者（AEO）制度，中国海关已经与其中的 19 个国家实现了 AEO 互认，我国 AEO 企业在境内外可享受更加快捷便利的通关服务。① （3）为保证中欧班列能顺利通过沿线各国海关，我国海关提出了"海关—铁路运营商推动中欧班列安全和快速通关伙伴合作计划"（以下简称"关铁通"），建立了中欧班列沿线国家和地区海关、铁路等部门联络机制。"关铁通"项目将中欧班列集装箱货物的相关信息写入安全智能锁内，沿线进口国海关不需要开箱查验，可直接读取集装箱上加挂的安全智能锁查验图像和数据，从而提升了通关实效和海关的监管水平。

但现阶段我国与"一带一路"沿线主要贸易伙伴国家在海关信息认证、监管互认、检验检疫等方面并未实现良好的联通，这直接影响了进出口商品的通关效率，不利于"一带一路"沿线国家和地区间的经贸合作。此外，从目前海关关际合作情况来看，不平衡不充分的问题比较突出。大部分关际合作项目由东部沿海地区海关实施，中西部地区海关参与程度偏低，全国不少直属海关在关际合作方面仍是空白。在合作对象层面，中国与发达国家海关检验检疫等部门的国际合作占比较高，与发展中国家和欠发达地区合作较弱；与其他国家海关以外边境管理部门国际合作的广度和深度需要提升（胡克宏，2020）。因此，为了进一步实现改进海关效率促进贸易联通，需要做到如下几个方面：

1. 进一步提升海关效率

改善海关效率可以有效地减少因手续问题所带来的货物滞留情况，加快货物通关的速度，同时还有利于避免腐败寻租的行为所带来的消极影响。因此，各国应积极简化通关手续，实现海关程序的精简化、标准化、电子化，从而缩短清关时间、提高清关效率，促进双边贸易往来。对于我国来说，首先，在对外贸易中，海关最大的阻碍就是检测程序较为烦琐复杂，要提高"一带一路"贸易便利化水平，必须致力于减少海关的通关时

---

① 《2019 海关工作总结：已与 42 个国家签订 AEO 互认》[N]．中国一带一路网，2020 - 01 - 18．

间，实现跨境区域合作机制创新，对海关的检测制度进行合理的调控，将各个部门的工作协调对接起来，实现海关数据的共享。其次，要推动海关管理的现代化，特别是要将海关与互联网相互结合起来，努力实现通关程序的信息化、透明化和标准化。可以借助于"网上报关""大通关""单一窗口"等清关经验，简化货物出关所需要的流程，削减不必要的通关手续，建立统一完善的海关信息系统，提高海关部门的行政效率。最后，我国还应该根据海关部门运作的特点建立严格的贸易监督机制，如在海关服务处安置意见箱、开通网络举报通道等途径，防止海关部门的工作人员利用职务之便谋取经济利益，影响中国在对外贸易中的良好形象。政府要建立起一个公正、严谨的海关监督体系，使每一个贸易主体都能够在通关过程中获得平等的贸易待遇，从而吸引更多的外国企业与我国建立良好的贸易合作关系，提高中国的贸易便利化水平。

2. 加速设立"一带一路"自贸区

按照世界贸易组织的定义，自由贸易区（free trade area，FTA）是指两个以上的主权国家或单独关税区通过签署自由贸易条约，在一定时期内取消货物的关税和非关税，相互开放市场，实现贸易、投资自由化的特定区域。世界海关组织（WCO）对贸易便利化定义为海关程序的简化及标准化。海关作为进出口商品、物流运载工具以及人员流动的政府监管机构，其监管水平直接影响整个贸易链的流动效率。因此，通过设立"一带一路"自贸区的方式，可以降低跨境关税、减少贸易往来的屏障，快速提升"一带一路"沿线各国和地区海关的通行效率，从而有效提升海关效率，使货物与服务贸易更加便利化。

对于"一带一路"自贸区建设而言，沿线国家在海关管理、商品检验检疫及边境贸易管理等方面的制度性合作有助于贸易便利化水平的提升。"一次报关"及"一次放行"等模式的构建，不仅可以节约企业的通关时间，也可以让企业的通关成本有所降低。在这个过程中需要注意三个问题：第一，各地自贸试验区海关的制度存在不均衡，一定程度上削弱了海关协同效率。因此，需建立自贸试验区海关协作机制，在系统建设、人员培训、信息互通等多方面的合作上进行海关制度创新，加强自贸区之间的协作联动,增强制度创新的协同性,形成资源共享、优势互补的格局从而优化通关模式,提高通关效率。第二,自贸区海关监管体系复杂而又紧密联系。随着监管政策数量不断增加、覆盖范围不断扩大,政策主体也不断增多,构成了共目标、多主体、多手段、交互作用关系复杂的政策体系,因而政策协同成为自贸区海关监管面临的问题和挑战。第三,"一带一路"沿线不同国家或地区的贸易发展程度不尽相同,应坚持"具体问题具体分析"的原则,从各国家或地区的地理位置、经济发展水平及自由开放程度等因素入手,制定与该地区级别相吻合的贸易制度要求。由第四章的分析结果可知,在我国十个最重要的"一带一路"沿线贸易合作伙伴中,马来西亚、泰国、越南、新加坡、印度尼西亚等东南亚国家占据主要地位。因此,在自贸区建设开展过程中,我国需要将东南亚国家看作重点对象,应优先围绕这些国家构建完善的自由贸易区网络,深入开展海关各方面的合作。

3. 拓展海关国际合作

第一,在海关以及其他政府相关部门展开合作交流,加强信息共享、监管互认、执法互助的海关合作。与"一带一路"沿线国家和地区海关加强战略协作、形成联动机制,促进要素自由流动,将因为行政区划和海关关区设置而造成的企业通关成本降到最低。建立沿线海关通关应急机制和海关预先信息交换机制,为"一带一路"物流提供绿色通道,积极协调解决国际货运班列、水水中转等通关时的问题。遵循合作共赢、共同发展理念,依靠电子信息技术,按照"一带一路"发展需要,创新海关合作监管工作。

第二,应当完善与"一带一路"沿线国家负责海关、检验检疫、标准认证业务的部门和机构之间的通关合作机制,开展货物通关、贸易统计、贸易供应链安全与便利化合作、检验检测认证等方面合作,逐步实现信息互换、监管互认、执法互助。

第三,从合作对象来看,必须突破合作对象仅限于他国海关的传统思维禁锢,主动将国际合作的对象拓展至跨界、跨境的其他边境管理部门和商界,深化"一带一路"海关信息交换共享平台、国际贸易"单一窗口"

等应用，通过信息交换共享、风险联防联控、执法互助互认等方式开展跨境合作，构建边境利益攸关方共同参与的边境治理新格局。

第四，还要积极推进国内的全国通关一体化改革，尊重市场和物流规律，全面实现由企业自主选择申报和放行地点，加强海关执法统一性，"多地报关、如同一关"。推动多式联运监管的顺畅衔接，协同简化监管货物在多个海关之间流转时的手续和环节，提升操作的一致性和规范性。发挥垂管和驻外等方面优势，借助各地区的区位、产业、基础设施等特点，凝聚全系统外事合力，构建大外事格局，推动国际合作工作可持续发展。例如，南京海关可以发挥 DTI（全球数字贸易基础设施）全球总部设在江苏的优势，积极拓展与相关国家海关的对接，在跨境电商、数字贸易等方面开展合作。

4. 积极利用高新技术

全球科技创新空前密集活跃，新一轮科技革命和产业革命正在重构全球创新版图、重塑全球经济结构。海关应继续坚持业务和科技一体化，加大科技研发力度，在关键领域领跑全球海关。重点在大数据、云计算、物联网、人工智能等新一代科技应用方面，加强与各国海关的技术交流和经验分享，一方面积极分享以智能审图等科技应用为代表的中国海关最新智慧成果；另一方面学习借鉴区块链应用等领域成熟智慧经验，通过国际合作共商共建基础设施智能化、行政管理智能化、海关监管智能化的智慧海关。例如，可以发挥海关实验室资源丰富的优势，推动南京海关实验室设立为 WCO 亚太地区实验室（RCL）。从合作方式来看，必须树立智能化协同治理的理念，通过深化绿色和数字领域国际合作，推动建立互联互通、实时协作的合作关系，实现全球供应链产业链点对点的无缝管理，促进全球贸易安全与便利。例如，在世界海关组织合作框架下，通过深度参与建设全球海关网络（GNC），争当全球"电子海关"网络领导者和标准制订者，推动实现全球供应链产业链智能治理（胡克宏，2020）。

（三）提升物流服务质量水平，增加物流活动顺畅程度

实证分析结果表明，物流服务质量对我国进出口贸易的影响较大，它直接影响着我国与"一带一路"沿线主要贸易伙伴国家间物流活动衔接的顺畅程度。物流服务水平是对物流服务人员水平、物流服务质量水平、物流服务品牌战略、物流服务流程、物流服务时效、物流服务态度等的综合评判。

从第五章第二节中对我国与其"一带一路"主要贸易伙伴的物流绩效指数分析可知,各国的物流服务质量水平参差不齐且差距较大。其中,新加坡在该指标上的得分最高,且远优于其他沿线国家;韩国、阿联酋及土耳其在该指标上的得分较高且世界排名较为稳定;马来西亚、泰国在该指标上的得分较低;印度尼西亚、俄罗斯等国在该指标上的得分低且低于世界平均水平。为了使物流服务能在不同国家间顺利衔接、增加物流活动的顺畅程度,首先应从这些评判物流服务水平的直接因素入手加以改善:

1. 物流服务人员水平

物流服务人员是提供国际物流供应链中各种物流服务的主体、处于主要地位,而运输设备、仓储设备及物流信息设备等各类物流技术与工具则处于次要地位,它们只有在具备一定操作水平的物流服务人员使用下才能发挥原有的作用。因此,物流服务人员的水平高低直接决定了物流服务的水平。对于国际物流的服务人员,首先,除了需要具备扎实的仓储管理、采购管理、运输管理、配送管理、供应链管理及物流系统设计等基本知识以外,还应具备丰富的国际贸易相关知识,主要涉及报关、进出口业务、贸易术语及国际货物运输与保险等。尤其对于我国与"一带一路"沿线的贸易伙伴来说,物流服务人员应熟悉相关各国的国际贸易制度、物流法律法规等内容,一旦在跨境物流环节出现问题,懂得选择合适的方法予以妥善解决。其次,如同习近平主席所说,"一带一路"不是中国一家的独奏,而是沿线国家的合唱。"一带一路"沿线涉及东亚、西亚、南亚、中亚以及中东欧等 65 个国家和地区,仅语言就有上千种,更不必说每个国家在文化、地理等方面的巨大差异。如何在这种复杂的环境下进行高效的经济贸易与物流往来,这就需要国际物流人才熟悉不同国家的文化内涵、提高跨文化沟通的能力,承担沿线国家的货物互通。最后,还要高度重视国际物流服务的团队建设。国际物流供应链的复杂性要求建设一支有各种专业人才组成的团队。运输、配送、仓储、加工、包装、装卸、信息、安全等每一个环节，都有专门技术和管理技能，提供国际物流服务的企业要将上述人才聚集到一起，形成合力，才能流畅地、迅速准确地完成物流活动。

2. 物流服务质量水平

服务质量是指服务能够满足规定和潜在需求的特征和特性的总和，是指服务工作能够满足被服务者需求的程度。在成本上涨、利润下降及消费者定制服务要求日益高涨的压力下，高质量的物流服务已成为企业全球化的战略安排。物流服务质量（logistics service quality，LSQ）可以通过影响顾客满意度、忠诚度进而影响重复购买率，最终决定企业的顾客留存率和利润。从物流收货过程角度，可将评价物流服务质量水平的指标划分为货品完好、货品精确、货品质量、误差处理和时间等5个（Mentzer J. T.，et al.，2001）。因此，第一，要重点提升物流服务质量的可靠性，加强出货管理，确保商品和包装的完好与准确。加强基础设施的建设，并及时淘汰落后陈旧的物流运输、仓储等设备，保证商品及包装在运输途中的完好。第二，加强海外仓的建设，缩短跨境物流运输周期，加快跨境物流运输速度。第三，建立快速而顺畅的消费者服务渠道。对于货物在运输途中出现的丢失或损坏问题，应提供客户及时响应反馈和处理。第四，物流企业还应把服务质量放在国际物流供应链全过程中进行考虑。客户所需的物流服务是把货物安全、准确地送到用户手上，是综合服务而不仅是仓储服务或运输服务。物流服务水平的确定不应只站在供给方考虑，而应把握顾客的要求，从产品导向转变为市场导向。产品导向型的物流服务是根据供方自身需要所决定的，难以适应顾客的需求，易造成服务水平设定失误，同时也无法根据市场环境的变化和竞争格局及时加以调整。而市场导向型的物流服务则是根据经营部门的信息和竞争企业的服务水平有针对性地加以制定，更加接近客户的需求，并能对其进行及时的控制。第五，还需建立科学的物流服务质量水平评价体系及加强对中外物流服务质量体系的比较研究。物流服务质量水平评价体系应包含吞吐量、运输量、加工量等数量指标，利润净资产收益率、利润率、成本费用率等效益指标，响应及时率、单证准确率、货损货差率、意见反馈率等售后服务指标。另外，建立中外物流企业间的物流服务质量标杆势在必行。有了先进企业的质量标杆，物流企业就能找到差距和不足，进而创造出适应自己特点和客户需求的独特的服务方式、提升物流服务水平。

3. 物流服务品牌战略

品牌是目标消费者及公众对于某一特定事物心理的、生理的、综合性的肯定性感受和评价的结晶物。在科技高度发达、信息快速传播的今天，产品、技术及管理诀窍等容易被对手模仿，难以成为核心专长。而品牌一旦树立，则不但有价值且不能被轻易模仿。品牌战略对于物流服务来说尤其重要，成功的品牌可以长期、持续地建立物流服务定位及成果，使顾客对它有较高的认同。国际上一些著名的物流企业，例如，UPS、FeDex、DHL等已在品牌战略上取得了丰硕的成绩。而我国可以提供国际物流服务的大型物流企业中，在国际上实现品牌战略效应则相对较少，缺乏知名度，影响了物流企业的整体竞争力。为了更好地服务于我国特别是"一带一路"主要贸易伙伴，避免由政治、经济矛盾可能引发的国外物流公司服务不到位甚至是恶意破坏国际物流服务的顺利衔接，应积极扶持本土大型国际物流企业，创造品牌的鲜明个性和树立独特的品牌形象，根据自身情况和发展目标制定规范的管理制度、使品牌之路更加明朗化。从而尽快实现物流服务的品牌知名度、美誉度及忠诚度建设与管理。

4. 物流服务流程

物流服务流程是指为完成某一目标或任务而进行的一系列逻辑相关的物流活动的有序集合。物流企业是具有特殊性质的服务企业，它既不是生产数量少而个性很强的工艺品，也不是生产数量很大而统一规格的工业品，而是根据客户（物流需求方）的特殊需要为客户提供个性化的大批量生产，为客户提供个性化的系列物流服务。物流服务流程的核心就在于是否能够迅速、科学地根据客户的具体情况设计出高效、经济的物流服务流程解决方案，并且能高效率、低成本、高质量地付诸实施。对于我国与"一带一路"主要贸易伙伴而言，物流服务流程具有跨部门、跨地区、跨国界、跨文化的运作特征，这就导致了整合、优化物流服务流程会面临多重问题的挑战。此外，从我国的物流业的发展情况来看，大多数提供国际物流服务企业，例如，中外运、中远、中储等都是从传统的储运企业转型发展而来的物流企业，运输配送和仓储保管是它们的业务核心，而其他物流环节则可能稍显薄弱。因此，为实现物流服务流程的整合与优化，我国物流企业不但要练好内功、弥补自己的物流短板，而且还要与其他"一带一路"国家参与提供物流服务的物流企业间克服文化、制度等方面的壁垒，在服务工作、决策内容、资源流动、顾客互动、服务顺序等方面实现高效协同。

5. 物流服务时效

物流服务的时效性是影响买家体验的重要环节，它是指从收运到客户签收等一系列运作节点所花费的时间总和。对于我国与"一带一路"主要贸易伙伴而言，为了提高物流服务时效，首先，应在尊重各国不同文化特点的基础上，根据 LPI 物流绩效指数中不同国家对货物送达及时性的不同需求区别对待；其次，应根据消费者的需求，努力建设并改进自身物流服务体系的完善性，扩大配送网点的覆盖范围，提高偏远地区收货便利性，提高货物运输的及时性；最后，物流服务的时效还与物流信息有着直接的联系。为保证物流服务的高效率与高质量，应采用物联网、移动应用等新兴技术手段助力信息化，建立一个能迅速传递和处理物流信息的公共物流信息平台，促进各国间互通有无，强化物流资源的融合。不同国家的物流企业可通过平台获取国内外物流信息、供应商信息和物流企业的相关数据，通过平台进行货源智能匹配。还可通过与监管机构的数据对接，实现物流、通关、贸易、保险等大数据的智能采集、处理和分析。同时，采用区块链物流信息化体系，保障物流信息平台的安全与可靠。

6. 物流服务态度

服务态度是反映服务质量的基础。提供国际物流的服务人员，无论是客服人员还是配送人员都直接与最终消费者接触，是消费者对国际物流服务的第一印象。因此，首先，要重视对物流服务人员的培训，提升服务人员的专业水平，用规范化、系统化的操作流程帮助消费者解决购物过程中的各种问题。其次，要建立起长期有效的激励机制和奖惩制度，充分调动国际物流服务人员的工作热情，只有物流服务人员以积极饱满的服务态度去面对消费者，才能真正提高消费者对跨境物流服务的满意度。

除了上述6点直接因素外，提升物流服务质量水平还应以物流技术水平的提高为基础。因为要提升物流服务水平，不但需要各国在物流服务质量监控等方面不断改进，而且有必要通过共建"一带一路"物流数据信息共享中心，管理沿线各国在经贸往来的过程中产生的大量物流数据。我国与"一带一路"主要贸易合作伙伴间在开展经贸往来时会产生大量的物流数据，通过信息中心对物流协作过程中的各时段、各环节的商品生产、储存、运输、配送过程中产生的大量数据进行梳理、集成，再利用数据分析挖掘技术挖掘出数据信息的潜在价值。在数据互联互通的基础上，使各国之间物流业务实现无缝连接与协同联动，从而提高物流服务质量和能力，缩小与发达地区的物流绩效差距。为了实现以上目标，就需要先进的物流技术与物流装备。以此为基础，建立能够迅速传递和处理物流信息的信息系统，利用电子化、网络化手段完成物流全过程的协调、控制，实现从网络前端到终端客户的所有中间过程服务。另外，在提供国际物流服务的过程中，业务欺诈、信任疑虑、对接差错和资源冗余等均不可避免，消除这些问题的关键环节就是利用大数据技术建设一种能表征真实、高效和坦诚的认证体系架构，来保障国家间不同物流环节的顺利衔接。此外，还可以通过构建区块链物流信息化体系，改进监管体系建设。通过统一业务规则、接口程序将物流企业的业务数据上传或者将物流企业业务系统对接到统一的区块链平台上，利用智慧物流信息化平台为企业提供统一公共服务。平台数据的全程追溯和无法修改服务也充分保障了商业机密，人性化、智能化和科学化公共服务都为行业公信服务体系的建立提供保障。

三、供应链风险管理方面

本书研究证明，国家间的文化距离会导致物流绩效的差异，而物流绩效的高低不同影响了我国与"一带一路"主要贸易伙伴间的进出口贸易额，物流绩效越低并与我国物流绩效差异越大则进出口贸易额越少，产生了由文化距离因素引发物流绩效差异进而导致的物流供应链关系风险。因此，对策建议不仅要包括如何改善文化差异与物流绩效这两个方面，如何管理供应链风险的产生也是一个重要内容。

（一）供应链风险管理的概念与内容

由第二章相关理论基础可知，供应链风险是由于物资经由供应链流经众多的生产流通企业到用户，产生商流、物流、信息流，涉及运输、储存、装卸、搬运、包装、流通加工、配送、信息处理等诸多过程，其中任一环节出现问题都会造成供应链的风险，影响其正常运作。对于供应链风险管理（supply chain management，SCRM）的研究则起源于20世纪末，它既是风险管理的思想和方法在供应链管理中的延伸和拓展，同样也是企业在供应链网络中期待风险规避、降低风险损失的自然需求的驱动。不同的专家学者从不同的角度对供应链风险管理做出了不同的诠释。德勤（Deloitte，2004）在供应链研究报告中提出，供应链风险管理是一个实现业务过程、信息技术、人才资源和供应链战略等优化配置的过程。宁钟（2004）认为供应链风险管理是发现供应链中存在的潜在风险要素并采取经济合理的措施予以降低和控制。杨俊（2005）则提出供应链风险管理是通过一定的管理手段，及时发现和消除供应链的内外部风险，以增强供应链整体的稳健性。总结归纳相关概念后，本书认为供应链风险管理的本质是管理供应链中出现意外事件或变化所带来的风险的一个系统过程，在供应链中运用风险管理的工具来解决由于与物流相关的活动造成的风险与不确定性（Norrman A. et al.，2004；Lindroth R. et al.，2001）。

供应链风险管理的步骤如图7-1所示，它包括风险识别、风险衡量、风险评估以及风险控制这四个步骤。每个步骤的功能如下：风险识别是要发现供应链中存在的潜在风险要素，分析每个风险产生的原因及规律，并对每一个风险的特点进行归纳总结，寻找各个风险之间的联系；风险衡量是对所识别出的风险因素采取主观与客观相结合的方法衡量潜在的损失频率和损失程度（Prater E. et al.，2001）。其中，损失频率是指既定时间内损失可能发生的次数，而损失程度是指损失金额的多少；风险评估是对衡量过的供应链风险进行综合评价的过程,并进一步研究风险的形成机理及其在供应链中的传递规律和影响程度;风险控制是指以经济合理、及时有效为原则,有针对性地采取积极防范的控制措施,降低风险发生的概率或者减小风险发生造成的损失。由图 7－2 可知,供应链风险管理的最后一步,即供应链风险控制的流程包括事先控制、事中控制及事后控制等三类。

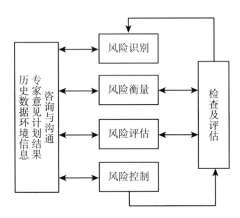

图 7－1　供应链风险管理步骤

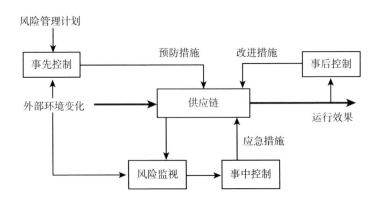

图 7－2　供应链风险控制流程

(二) 供应链风险传导相关理论

随着经济全球化不断加剧、市场竞争也日趋激烈,这都增加了市场的不确定性。复杂的生存和发展环境迫使市场上企业间的竞争方式不再是单打独斗，而是逐渐转变为由若干企业组成的供应链与供应链之间的竞争。供应链是一个由供应商、制造商、分销商和零售商组成的虚拟结构组织，节点企业之间普遍通过资金、信息、物流、商业信用、产权等渠道相互联系。供应链上任何一个节点企业出现问题，都会通过蝴蝶效应和多米诺骨牌效应等传导机制，把风险传导给与之相关联的上游或下游企业，从而引起剧烈的连锁反应，最终可能演化为整个供应链中断或失效的危机。这种供应链风险传导的现象在现实生活中频繁发生，甚至一个小的风险最终都会导致整个供应链的中断。随着信息通信、交通等领域技术的不断创新与发展、网络技术的日臻完善，供应链全球布局规模也日渐扩大，结构也越来越复杂，供应链的风险性和脆弱性更是越来越凸显。因此，对考虑风险传导情形下的供应链风险进行管理迫在眉睫。尤其是针对本书关于文化距离因素会引发物流绩效差异进而导致的物流供应链关系风险的结论，探究如何在这样的传导路径背景下对供应链风险进行评估与控制就成为一个具有实际意义的重要课题。

1. 供应链风险传导的内涵与特征

（1）供应链风险传导的内涵。

由于供应链风险内涵自身的复杂性，导致供应链风险传导的含义也尚未有一个统一的定论，不同的专家学者从不同角度给出了不同的意见。

马丽（2007）认为供应链风险的传导性是指供应链上的企业间存在着密切的联系，当供应链上某节点企业的不确定性达到一定程度时，该不确定性造成的风险便会传导给供应链上的其他企业。朱新球（2009）则提出由于供应链会受到许多不确定因素的影响，这些不确定性因素会依附于风险传导的中介载体传导到供应链上其他的节点企业，这一过程称作供应链风险的传导性。邱应贵（2010）基于物理学传递的定义，认为供应链风险传导是由于存在供应链系统节点企业之间的相关性，使供应链风险源受风险助推剂的推进，借助风险媒介向供应链风险宿主方向扩散，造成供应链系统收益与预期目标产生偏离的过程。李刚（2011）则认为供应链风险的传导性是指由于供应链会受到许多不确定性因素的影响，而这种不确定性因素累积到一定量时就形成了风险，风险会从某个节点企业传导到供应链中与它有直接或间接联系的其他企业中，最终影响整体供应链的生产经营。赵小辉和梁间锋（Zhao & Liang，2011）提出供应链风险不但具有传导性和动态性，还具有协作性、耦合性特征。其中，供应链风险的传导具有消耗性特征。

本书综合各类代表性定义，认为供应链风险传导是指由于供应链系统不可避免地会受到内、外部不确定因素的干扰和影响，致使初始时刻在某一点的风险可能依附于各种传导载体或媒介，以各种形式被传递和扩散到供应链企业生产经营过程中，最终导致供应链整体目标产生偏离或失败的一系列过程。

（2）供应链风险传导的特征。

第一，客观性与必然性。

供应链风险传导的客观性一方面体现在外界环境的不确定性，使供应链必然要面临很多风险。另一方面则体现在供应链风险自身是独立于人的主观意志之外而存在的，自身具有的客观特性使供应链风险传递也具有客观性。

供应链风险传导的必然性则体现在供应链的网络结构越复杂，且参与的节点企业间存在"利益共分、风险公摊"的紧密利益联系，只要系统内企业风险存在风险能量差异，风险传递就不可避免。

第二，动态性与静态性。

供应链风险传导的动态性体现在两个方面：首先，供应链风险自身就随着内、外部环境的变化而变化，具有一定的动态性；其次，供应链风险的传递过程是动态的。但与此同时，某一风险的消失或出现可能引发另一风险发生，消失的风险可视为一种静态。因此，供应链风险在传递过程中是动态与静态相结合的过程。

第三，复杂性与交互性。

供应链风险传导的复杂性体现在三个方面：首先，供应链风险的来源是复杂的；其次，影响供应链风险传递的因素并非独立不相关而是呈交叉影响的错综复杂关系；最后，供应链风险传递路径及传递介质是复杂的，使供应链风险传递方式呈现复杂性。

供应链风险传导的交互性体现在三个方面：首先，供应链风险传递呈现双向性，即风险在传递过程中可能还会产生新的并发风险，受风险波及的企业可能将并发风险反过来传导给原来的风险产生企业，使风险双向传递；其次，供应链风险传递的主被动互换性授险企业与受险企业并非一成不变，由于利益链的关系，供应链系统中任何企业发出风险，都直接或间接地使自己蒙受损失，导致自身风险增加，成为受险企业（邱应贵，2010）。

第四，耦合性。

耦合性是指供应链中的各种风险依附于不同类型的功能节点企业，并通过各节点企业之间的业务、利益关联，随着生产经营的不断进行而彼此相互影响、相互作用，最终改变着传导中供应链风险的风险流量和风险性质。耦合性的强弱程度首先取决于其所依附的功能节点企业间的业务关联程度，关联程度越高，耦合性越高。其次还取决于各类别风险的风险匹配度，风险匹配度越高，则风险间相互增强的效果越明显，耦合度越高。

2. 供应链风险传导的要素

一般来说，风险传递是风险发出者将不确定性附着在风险载体，再通过特定的传导路径将不确定性传递给风险接收者的过程。它需要一定的条件才能进行，包括风险源头、风险宿主、风险传递通道及风险传递载体（程国平等，2009）。因此，供应链风险传导中的四个基本要素就包括供应链风险源头、供应链风险宿主、供应链风险传导通道及供应链风险传递媒介。

（1）供应链风险源头是指引发供应链危机的起始原因，风险源的程度大小直接影响供应链的整体损失及控制难易的程度。即风险源的风险越严重，供应链受损失程度就越大。相反，供应链风险源的风险越轻，造成损失的可能性一般也越小，供应链受损失程度就越少。有效识别供应链风险源是控制风险传递的关键一步。

在本书中，由于"一带一路"沿线国家间不同的文化背景差异而导致了合作上的障碍，进而引发了供应关系风险。因此，供应链风险源头是不同国家间文化差异造成的文化距离。

（2）风险宿主中的"宿"有住所，栖息地等含义。供应链风险宿主是指供应链风险源发出后的风险最终接受者，也即供应链风险的最终去向。

对于供应链系统而言,风险源头发出去的风险,可能转嫁给供应链自身系统内的企业,也可能转嫁给供应链系统外的企业或公司。供应链风险源头和供应链风险宿主是供应链风险传导过程中最为重要的两个要素,它们是一对相对概念,在一定情况下可以相互转化。也就是说,风险源头传导给风险宿主的风险,有可能在供应链系统中随着业务或利益关系,反噬回给风险源头企业。供应链风险宿主的确定有利于采取有针对性的控制措施。

在本书中,国家间的文化距离最终会导致我国与"一带一路"主要贸易伙伴间的进出口贸易额的减少。因此,供应链风险宿主是供应链中的"一带一路"沿线国家的参与企业及其国际贸易中进出口贸易额。

(3)供应链风险传递通道指传递供应链风险过程中所经过的渠道和途径。风险沿着特定的渠道和途径在供应链不同功能节点企业间的流动和传递就形成了供应链风险传导通道,它一般包括供应链业务流程链、相关利益链和价值链等三类。

在本书中,具有不同国家文化背景的企业,在国际物流业务的联系下,以及在为一个共同利益目标努力的背景下,相互影响、相互作用。因此,供应链风险传导通道涉及业务流程链和相关利益链。

(4)供应链风险传递媒介是将风险源头发出的风险传输给风险宿主的工具,是两者之间进行风险传递的中介物。在供应链系统中,企业间一般因为业务或利益相互关联、相互影响,因此风险传导的媒介包括资金、技术、信息、价格等多种。有分析表明,供应链风险传导载体承载风险能力与供应链风险造成的危害或损失程度有强烈的相关性。传导载体承载风险的能力越强,则风险最终造成的危害或损失越大。供应链风险传递过程有可逆和不可逆传导两类。可逆传导中有正、逆两个不同方向之分,正、逆传导中参加反应的物质与生成的物质互相转化。正向传导中,参加反应的物质是供应链风险源,生成物质为利益或损失。逆向传导中,参加反应的可能是原来正向传导中的供应链风险宿主,也可能是供应链风险宿主引发的新的供应链风险源。

在本书中,国家间的文化距离通过影响物流绩效,影响了我国与"一带一路"主要贸易伙伴间的进出口贸易额,具体表现为物流绩效越低并与我国物流绩效差异越大则进出口贸易额越少。因此，供应链风险传递媒介是物流绩效。

3. 供应链风险传导的分类

按照不同的标准，供应链风险传导可以分为以下几个类别：

（1）供应链内部风险传导与外部风险传导。

该类划分方法是按照风险在供应链系统内部或外部传导作为划分依据。供应链内部风险传导的特点包括三个方面：首先，风险源头与风险宿主都要来自供应链系统内部；其次，风险仅局限在供应链节点企业间传导，即风险未扩散供应链系统外部；最后，风险导致的危害或损失由供应链系统自身承担，未能波及供应链系统外部的实体。此外，供应链内部风险传导还可以分为单个节点企业内部风险传导与若干节点企业间风险传导两类。其中，单个节点企业内部风险传导表现为企业内部不同部门间风险的传导，如生产风险传导、销售风险传导、运输风险传导及库存风险传导等。

供应链外部风险传导主要体现为自然风险传递、社会风险传递、政治风险传递、经济风险传递等，它是指风险造成的危害或损失已经超出了供应链自身系统的边界，而延伸到供应链系统外部，它有自外向内传导和自内向外传导两种。其中，供应链自外向内传导是指风险源头或者风险宿主不在供应链系统内部，且风险传导途径的方向由供应链系统外部指向供应链系统内部。例如，来自国家大政方针政策的政策风险，它首先影响了供应链系统外部的市场大环境，其次通过市场的力量才影响到了供应链系统内部的节点企业。此外，在这种风险传导模式下，风险导致的危害或损失的承受对象较为复杂，且损失的程度往往难以清晰地界定。

（2）供应链风险的显性传导和隐性传导。

此种分类标准以风险在传递过程中风险源是否有意隐瞒风险为标准。假如风险源在供应链系统中传递风险时，并不回避风险未来的损失，而且还试图使成员企业接受这种风险，则被称为供应链风险显性传递。供应链风险显性传递体现在企业间的协商谈判、道德风险等。隐性的供应链风险传递指风险源发出风险并非有意或即使有意也不易被风险接受者察觉，风险被隐藏在传递介质和载体中。某些供应链风险开始进行传递时,并不容易被察觉,当这种隐性风险逐渐变为显性时,风险已转为危机。风险在供应链系统内隐性传递的根本原因在于风险发出者和风险接受者之间的信息非对称性。

(3)供应链风险的垂直传导和水平传导。

该分类标准是按照风险在供应链系统中是纵向还是横向传导进行划分的。供应链风险垂直传导指风险沿着供应链的纵向朝一个特定的方向进行传递。它具体包括两个方向,一是风险沿着供应链自上而下传递;二是风险沿着供应链自下而上传递。供应链风险垂直传导方向单一,风险往往随着传导环节的增加而依次增强,但风险的源头相对较容易找到。

供应链风险水平传导指风险从供应链中某节点企业开始横向传递,往往表现为同处于供应链一个层级的企业之间的风险传递。例如,供应商层级的风险传导等。

(4)供应链风险的跨国传导与国内传导。

该分类是以供应链风险传导的范围为标准进行划分的。供应链风险跨国传导主要发生在跨国公司或企业集团,风险导致的危害或损失在全球范围内传递,不仅局限于本国境内,而是已经直接影响到与之相关的其他国家的企业,其损失往往无法预期。在当今全球经济一体化的大背景下,各经济实体间的联系也日益紧密,供应链风险跨国传导的案例不胜枚举。

供应链风险国内传导指供应链风险未跨越国界,只在本土范围内传导。该类型的产生原因主要包括两点:一是其供应链系统没有跨越国界,没有跨国业务;二是即便是跨国企业、存在跨国业务,但若风险在传导过程的初期能得到及时有效控制,风险还未跨越国界就已经被消除了。

(5)供应链风险的稳态传导与非稳态传导。

按照传导过程中风险是否会通过耦合产生质的变化,可以把供应链风险传导分为稳态传导与非稳态传导两种。稳态传导是指风险传导仅沿着既定的传导路径进行,且风险在供应链内部各功能节点企业之间传导时只是发生量的变化,但其性质仍保留风险传导的初始状态,不会因耦合而发生新风险性质的变化。非稳态传导则是指在风险传导过程中,风险因素在供应链系统内相互联系、相互作用，直至产生强耦合，而且当耦合的集成度达到阈值时，突破旧的稳定平衡态并产生新的风险，从而使风险传导系统进入一个新结构。

4. 供应链风险传导的过程

供应链风险传导的过程可分为风险潜伏期、风险扩散期、风险爆发期以及风险消退期等四个阶段。

（1）供应链风险传导潜伏期。

风险潜伏期是风险传递的最初阶段，即风险生成阶段。该阶段的特点包括四个方面：

首先，风险的爆发是一个从量变到质变的过程，在未爆发前，风险的损失在逐步积累，表现出一定的潜在性。一旦达到质的飞跃阈值时，损失便会显现出来。

其次，随着风险潜伏时间的延长，风险发生的概率增大，风险导致的危害或损失逐渐加大，风险潜伏期日趋成熟，并开始向风险扩散阶段传递。

再次，风险进入潜伏期所花时间通常较短。其原因在于，一旦风险形成，风险的拥有者便会尽力将风险快速转嫁给其他企业，以保障自身利益的安全。

最后，风险潜伏期的损失率随着时间的延长变化较小。原因在于当风险源头处于潜伏状态时，具有隐蔽性不易被察觉，容易被疏忽而或没有采取相应防范措施。另外，该阶段的风险能量往往较小，容易因为人们的投机心理或机会主义心理而被忽视，认为该风险发生概率小，或风险即使发生也不会产生严重后果。

（2）供应链风险传导扩散期。

风险潜伏期逐渐成熟后就开始进入风险扩散阶段。该阶段风险在供应链中传导时主要呈以下几个方面的特征：

第一，风险扩散阶段所用时间相对较长，风险爆发前的扩散阶段是一个积蓄能量、等待时机的过程。这里的"时机"包括等待特定的时间、合适的途径和方式及选择什么特定的行业或环境，而这些条件的满足都需要时间来完成。

第二，该阶段的风险辐射范围广，且风险能量急剧增加。因为风险所有者为了降低风险的集中度，通常会利用供应链系统的庞大网络，将潜在的风险在扩散过程中转嫁给多个供应链节点企业，风险在供应链系统中的更大范围内得以传导。此外，风险往往通过产品这样一个媒介进行传递，随着产品数量的攀升，风险也会越积越多。

第三，风险发生变异的可能性增大，并可能出现交叉传导。风险变异指风险在传导过程中，由于受到外在或其他因素的影响而性质发生改变。例如，企业因陷入财务风险，为了降低成本而购买劣质原材料进行生产，并将产出的产品供应给下游企业。在这一过程中，财务风险就转化为了产品质量风险。风险的交叉传导是指风险在扩散阶段可能出现原有风险消失，且彻底转为另一种风险的状况。

（3）供应链风险传导爆发期。

在经过了一个较长阶段的风险扩散期后，风险传导进入爆发期，且从扩散期向爆发期的过渡往往发在一瞬间。风险能最终爆发主要源于两个原因：其一，风险能量超出风险承担者系统的承受能力；其二，风险源头到达了最终的风险宿主，且此时的风险宿主处于风险传导的最后一个阶段，没有下一个能继续转嫁风险的风险接收者，故而风险爆发。这个阶段的特征表现为以下两个方面：

第一，风险的能量急剧扩大。风险爆发前的能量还只能算是一个潜在的数值，但是，一旦风险能量超出了供应链系统的承受能力时，风险爆发即刻发生。此时，风险扩散期的潜在低能量就会立即转换成能量巨大且具有破坏力的危机，能量较爆发前大幅增加。此外，除了潜在风险能量自身急速膨胀以外，风险爆发引起的冲击波还会导致风险被波及群体数量大幅增加。

第二，风险积聚与变异可能同时发生。风险的爆发会受到许多因素的共同影响，它是多种因素相互作用的结果。产生风险的错综复杂的因素之间相互影响，不同风险之间也会相互影响。因此，在风险爆发阶段往往有多种风险积聚在供应链中。此外，在这个阶段，因为原有风险的爆发可能变异衍生出了许多新的风险。风险的积聚与变异既可能来自供应链系统内部，也可能来自内、外部风险的并发。

（4）供应链风险传导消退期。

风险爆发期过后能量逐步减少，并开始进入消退期。这个阶段的特点主要包括以下两个方面：

第一，最突出的表现就是风险能量逐步减小。这是因为风险爆发后，各相关企业或组织会采取措施进行挽救，以防止和阻碍风险进一步扩散。另一方面，风险爆发后，相关管理机构通常会对危害事件予以管控，调查事件发生的前因后果并找到风险源头。根据风险源头的线索，供应链企业会采取相应措施，切断风险源头，阻止风险在供应链内的传递，风险能量逐步减少。

第二，风险能量的减少程度无法做到准确评估。风险进入消退期后，其能量也开始逐渐消退。但它的消退程度会依据爆发风险的性质不同而存在差异。有可能风险能量随时间延长可完全消退，甚至完全为零。另外，风险能量还可能无法永远消除，常见于风险造成的危害或损失无论采取任何挽救措施都无法完全弥补的状况。

（三）供应链风险传导的全过程控制

根据供应链风险以及供应链风险传导的有关理论，本书提出了文化距离因素会经由引发物流绩效差异进而导致物流供应链关系风险的结论，接下来，本书基于文化距离—物流绩效差异—物流供应链关系风险这样的风险传导情况下的供应链风险控制，提出相关对策与建议。

1. 供应链风险潜伏期的控制

供应链风险处于潜伏期时，是风险的最初生成阶段，风险的损失在逐步积累，表现出一定的潜在性。因此，此时的风险控制主要以风险预控为主，工作内容包括以下几个部分：

（1）供应链风险类别的识别。

如第二章有关所述，按照不同的标准供应链风险可以划分为若干不同的类别。根据本书关于国家间的文化距离通过影响物流绩效，进而影响了我国与"一带一路"主要贸易伙伴间的进出口贸易额,最终引发了供应链风险的结论。很显然,文化距离引起的风险是风险源头。所以,本章节将供应链关系风险作为重点预控内容,具体包括社会文化风险、合作风险以及利益分配风险。

第一,社会文化风险。

从本书的第一章、第二章可知,特定的区域内发源、发生和发展的人类文明决定了这个区域独特的文化。"一带一路"是以文化因素为基础的国家间的经济合作,但其沿线国家的文化文明丰富多元,国家之间的文化特征具有较大的复杂性和差异性,不同国家或地区在价值观、准则、制度、宗教信仰等方面存在一定的文化距离。文化距离会造成交流的误解、障碍甚至冲突,难以建立彼此间的信任与承诺,提高了国家间协调的难度。

这个难度使得这些合作伙伴分处于不同的政治、经济、科技及自然环境下,通常只有部分目标重合,他们之间的合作不可避免地存在着极大的不确定性,各节点企业更易遭受由相互之间各种作用关系所产生的风险。这种由于合作关系本身而产生的特殊风险,即关系风险。这种由社会文化风险导致的关系风险主要表现在两个方面:其一,跨国企业往往要从不同的国家和地区招募员工来广泛开展跨国跨地区的经济合作与往来,从而使组织内部同时存在多种价值观念、经营思想与决策方式。这些不同的观念、思想及行为方式之间难免会不断面临摩擦、冲击、更新与交替,进而在组织内部引发多种文化的碰撞与交流。这种碰撞与交流若不适当控制与引导,必定会引起员工间的猜忌、不信任甚至是相互对立的小团体,致使正常的经营活动或工作无法顺利开展,引发跨国企业由文化冲突导致的风险。其二,跨国经营使企业不得不面临东道国文化与母国文化的差异,这种文化的差异直接影响着管理的实践,构成了经营中的文化风险。将一种特定文化环境中行之有效的管理方法,应用到另一种文化环境中,也许会产生截然相反的结果。因此,由于文化间的差异会导致跨国经营管理中产生误会和不必要的摩擦,影响跨国公司工作的有效运行,对跨国经营企业走向经济全球化产生了巨大的挑战。

第二，合作风险。

合作风险是指影响合作方持续合作而导致预期合作目标不能实现的若干不确定性因素（刘益等，2006）。在本书中，供应链合作风险一方面主要来自目标冲突，另一方面来自契约风险。产生目标冲突的原因有两点：一是不同国家文化背景的企业间，由于思维模式、行为方式、遵守规则等的不同而引发；二是组成供应链的节点企业是具有独立法人的企业，通常有各自的利益目标和战略重点，可能会因各自维护自身利益而产生风险。产生契约风险的原因则在于任何契约的制定都不可能是滴水不漏的，对未来的不确定性及契约本身存在的漏洞都可能给供应链带来风险。更何况是具有不同思维模式、行为方式等文化背景的企业，它们之间在拟定合同时就可能因为对对方的意图不能做到完全清晰的认识，而导致在合同契约中无法避免漏洞的存在。

第三，利益分配风险。

供应链合作的根本目的在于企业之间通过强强联合的方式，增强竞争力的同时弥补短板，以此在市场上获取更大的利益。虽然供应链的参与企业都有共同的最终目标，但在合作成功后利润如何分配这个问题常常成为企业间分歧的焦点，也是供应链是否能有效运作的关键环节。利益分配是否合理是供应链合作风险中最核心的部分，若利益分配不均衡，则必定供应链节点企业间的矛盾会增多，相互之间信任度也随之降低，供应链甚至还会面临崩溃瓦解的局面。

在本书的内容中，不同文化背景的各国或地区企业间本来就有可能因为文化的碰撞与交流而相互猜忌、不信任甚至对立。这些种种的问题很有可能会延伸到利益分配这个供应链的关键问题上。任何一种利益分配方式都不能让所有企业满足，企业彼此间怀疑利益分配不公，从而引发供应链的利益分配风险。

（2）供应链风险的控制流程与方法。

在这个阶段，风险控制的流程大致可分为4个步骤：

第一，工作分析。首先，要从供应链各项工序的每项工作内容中辨识出社会文化风险、合作风险及利益分配风险这三类可能存在的风险源头，针对每一风险源头分析其危害程度，并制定有针对性的解决方案与管理措施。工作分析步骤的目的就是要探明可能存在的风险源头，从根本上制定适宜的预防控制措施，以达到预防风险发生的目标。

第二，风险监控。它是通过全面检查及不定期抽查各项供应链内经营活动的一项风险预防控制的日常工作。如若在风险监控的过程中发现了风险源头，则应首先采取初步措施控制风险源头，而后再将有关风险源头的信息传递给供应链内各组成部分。由于供应链具有动态性的特点，在不同的时间、不同的地点、不同的作业内容及任何客观条件变化都可能导致新风险源头的产生。因此，在风险监控过程中一旦发现新风险源头，则应立即上报并作为今后日常检测的重点内容。

第三，预防控制组织。预防控制组织机构的主要职责是负责供应链风险预防控制的日常管理及规划安排。预防控制组织机构一旦接到风险预警信息后，首先要组织相关人员对风险信息进行分析并找出产生风险源头，评估该风险源头及其风险的特征。其次依据风险的特征制定有针对性的预防控制方案。

第四，预防控制措施。风险源头特征不同、风险导致的危害或损失程度也不同，因此要系统分析风险源头产生的原因，同时结合供应链实际情形，因地制宜地制定有针对性的风险预防控制方案。因为在该阶段的风险具有潜伏特性，还未传导出去，预防控制措施一般的目标主要是切断风险源头。在这个动态的管理过程中，必须借助于管理信息系统，收集相关监控信息，及时掌握供应链的运营情况。此外，还能从管理信息系统中获取风险预防控制效果的反馈信息，以及时地对控制措施进行评估和调整。

2. 供应链风险扩散期的控制

在供应链风险扩散期，风险处于一个积蓄能量、等待时机的过程，通常该阶段的风险辐射范围广，风险能量急剧增加，且风险发生变异的可能性增大。因此，该阶段供应链风险的控制方法主要是预警。预警，原意是指军事上通过雷达或卫星等发现敌人信号，并及时地将信号和威胁程度进行上报，以提前采取应对措施的过程。供应链风险扩散期的预警则是指预先对处于传导萌芽期的供应链风险采取的控制措施，其目标在于提醒供应链内各节点企业提前做好准备，做到未雨绸缪、防患于未然。因此，在这个阶段，如何构建风险预警体系是重点内容。

（1）供应链风险预警体系的基本结构。

供应链风险的预警体系基本由供应链风险源头信息数据库、供应链风险预警指标体系、供应链风险预警组织及供应链风险预警机制四个部分构成。

第一，供应链风险源头信息数据库。

该部分的主要功能是收集各类引发供应链风险的主要影响因素，以及评估各类风险爆发后可能产生后果的损害程度。该数据库内有关供应链风险的信息可借助于供应链内部网络或其他通信方式在供应链系统内部进行传递，以便于供应链各节点企业明确风险的现状并采取有针对性的预警措施。

第二，供应链风险预警指标体系。

该指标体系的功能在于利用定量分析方法，从组织形式、业务联系模式等多个角度反映供应链整体及各节点企业之间的内在联系，从而为评价供应链风险提供一个测度标准。

第三，供应链风险预警组织。

供应链风险预警组织包括相关管理人员、组织管理体系及预警方案三个部分组成。预警管理人员根据从数据库中获取的风险信息数据进行统计分析，并以供应链风险预警指标体系作为参照物，从而度量供应链风险的警级程度。而后，再根据供应链风险的警级程度，通过组织管理体系选择合适的预警方案。

第四，供应链风险预警机制。

这部分的内容主要包括供应链风险预警的运作流程、组织运作及运作过程中需要注意的问题。此外，供应链风险预警机制的应用要基于管理信息系统才能实现，也就是说它在信息收集与处理、预警机制的运行等方面必须借助于人—机交互体系才能完成（邱应贵，2010）。

（2）供应链风险预警指标体系的构建。

供应链风险传导预警指标体系是供应链风险管控的一个重要组成部

分。其中，如何确定合适的指标、构建合理的结构以及选择恰当的评价方法是三个重点内容。

① 指标选取原则。

综合评价指标体系是综合评价的理论和依据。要构建完整的供应链关系风险传导综合评价模型，就要选取科学的指标，准确衡量影响供应链关系风险传导结果的关键因素。针对评价指标的选择，主要有如下原则：

第一，综合性原则。供应链风险传导的预警指标不仅要能完整表示出风险的状态，还应具有一定的前瞻性，对供应链风险的未来变动趋势加以表述。在本书中，由文化距离引发的供应链关系风险传导的结果受三类要素的影响，且每类要素都又包含若干个二级子要素，二级子要素还可以进一步细分为若干个三级子要素，各级要素之间并不彼此独立，而是存在某一相互作用、相互影响的组织架构。因此，评价指标体系在选取的时候还需要综合考虑各级要素指标之间的关联关系，尽量把它们之间的相关程度降到最低，以避免对计算结果的准确性产生影响。

第二，定性指标与定量指标相结合原则。定性指标与定量指标各有优缺点，在指标体系中发挥着不同的作用。定性指标侧重于确定现象与背景之间的关系，更加注重现象的变化过程、注重现象和行为对于行为主体所具有的意义。它虽然具有模糊性、主观性的特征，但是灵活性较强；而定量指标侧重于对事物的测量和计算，强调客观事实、强调现象之间的相关性、强调变量之间的因果关系。它能够比较科学、精确地反映评价对象的特征，但是有时难以获取准确的量化数据。一般来说，需要先通过定性分析确定物质的本质和组成后，再选择合适的定量分析方法进行进一步客观分析。因此，定性指标与定量指标二者缺一不可，需要结合起来使用。

第三，可比性和一致性相结合原则。可比性原则是预警指标的选取应当按照规定的处理方法进行，各指标应当口径一致，相互可比。只有遵循可比性原则，才可以横向比较供应链内不同节点企业的传导结果。一致性原则是指预警指标在应用前后各期应当一致，不得随意变更，这样才便于同一节点企业的不同期间的风险传导信息进行比较，从而对该企业不同期间的风险传导效果有一个直观的了解。在建立供应链文化距离风险传导综合评价指标体系时，应将可比性原则与一致性原则相结合，便于从横、纵两个方向上，更加客观全面地分析风险传导的结果。

第四，灵活性原则。灵活性原则是指由于技术进步、竞争压力、市场竞争状况、规章制度及企业的业务活动等各种因素都在不断发生变化，因此，指标的选取必须能够适应企业的变化、供应链环境的变化及其市场竞争的变化而随时做出调整。此外，不同行业的供应链都有其自身的特殊性，指标设计应充分考虑相关因素，揭示最能反映供应链运营状况的本质性指标。

② 预警模型构建。

根据以上四点原则挑选好预警指标后，下一步就要建立系统的预警模型了。预警模型的结构采用自上而下逐层分解的递阶层次结构。这样逐层分解评价目标，有利于相同层次的各影响指标横向比较，并与相邻层次的影响指标形成递推隶属关系，能够层次化地分析影响评价对象的各项指标，从而实现对综合指标得出更加全面、客观的评价。在供应链关系风险传导结果的综合评价过程中，选取的评价指标要从不同方面、不同角度来反映由文化距离引发的供应链关系风险的传导结果。因此，本书建立了递阶层次结构的指标评价体系（见图 7 - 3）。由图 7 - 3 可知，预警指标体系结构可分为四层，分别为目标层、准则层、子准则层和指标层，分别对应一级指标层、二级指标层、三级指标层、四级指标层（彭丽，2014）。其中，目标层即为本书的评价对象，即供应链关系风险传导结果。根据文化距离引发供应链关系风险传导的原理以及供应链风险传导的要素，影响供应链关系风险传导结果的主要因素包括三个，它们分别为供应链关系风险传导的源头、供应链关系风险传导的载体及供应链关系风险传导的宿主。更为具体地说，就是蕴含供应链关系风险传导源头的供应链节点企业间文化距离风险的状态、供应链关系风险传导载体承载风险能力水平、供应链关系风险传导宿主化解风险能力水平，这三个要素也就是本递阶层次结构指标体系的准则层。子准则层和子指标层是具体的评价指标。

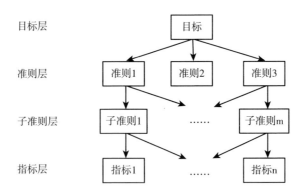

图 7 - 3 供应链关系风险传导结果评价模型结构

③ 具体指标的确定。

第一，供应链关系风险传导源头风险状态评价指标体系。

准确界定供应链关系风险源头，是辨识供应链关系风险传导因子的前提与基础。无论是在供应链的外部环境抑或内部系统之中，都存在着影响节点企业间关系风险的不确定因素，这些因素就是供应链关系风险的源头。在本书中，文化距离就是供应链关系风险传导产生的根源。由于供应链是由供应商、制造商、分销商、零售商等不同类型的节点企业构成的扁平化、复杂化网络，供应链关系风险传导源头从根本上来说，其实就是各节点企业文化距离风险源头的集合。根据本书关于供应链风险潜伏期的控制内容可知，供应链关系风险传导源头可细分为社会文化风险传导因子、合作风险传导因子以及利益分配风险传导因子。以上述三个方面为基础，根据现有相关文献的研究结果，以这三个因子作为衡量供应链关系风险传导源头的风险状态的指标。

第二，供应链关系风险传导载体评价指标体系。

供应链关系风险传导源头的影响因子找到之后，接下来还需要确定风险传导的中间媒介，即传导载体。因为只有基于有形的物质或无形的效应作为载体，风险源头才能在供应链中被传递以及扩散至其他节点企业的运营与生产流程之中。根据本书的结论可知，传递和扩散由文化距离引起的供应链关系风险的传导载体是物流绩效。而物流绩效是供应链内各节点企业间通过物流、资金流以及信息流等渠道密切联系起来的。因此，若按照供应链关系风险传导载体的形态划分，此时的显性载体就主要包括物流、资金流和信息流载体。另外，除了显性载体以外，隐性载体的存在对供应链风险的传导同样非常重要，它是传导效应存在的理论基础，一般是指无形的效应或理论。在这里的隐性载体特指供应链风险传导效应，具体包括耦合效应、蝴蝶效应及多米诺骨牌效应。正是由于显性与隐性传导载体的存在，供应链各节点企业间由文化距离导致的关系风险传导因子才能相互作用、相互影响，它们是关系风险在供应链中进行传导所不可或缺的介质和桥梁，具有承载性和传递性的双重功能特征。

首先，显性载体主要包括物流、资金流和信息流载体。这是因为，虽然根据本书的结论，文化距离是通过物流绩效这个中间环节，才间接影响了供应链关系风险。但是，物流活动的发生与开展不是孤立的、不能单独凭借自身力量就完成，它必须有其他活动的配合才能实现。在这其中，资金流和信息流是最重要的两个方面。

其一，物流载体。

现代物流是经济全球化的产物，也是推动经济全球化的重要服务业。物流（logistics）原意为"实物分配"或"货物配送"，是供应链活动的一部分，它是为了满足客户的需要，以最低的成本，通过运输、保管、配送等方式，实现原材料、半成品、成品及相关信息由商品的产地到商品的消费地所进行的计划、实施和管理的全过程。同时，物流也是一个控制原材料、制成品、产成品和信息的系统，从供应开始经各种中间环节的转让及拥有而到达最终消费者手中的实物运动，以此实现组织的明确目标。物流由商品的运输、配送、仓储、包装、搬运装卸、流通加工，以及相关的物流信息等环节构成。物流活动的具体内容包括以下几个方面：用户服务、需求预测、订单处理、配送、存货控制、运输、仓库管理、工厂和仓库的布局与选址、搬运装卸、采购、包装、情报信息。因此，在供应链系统中，物流活动随着供应链节点企业之间的业务活动的开展而发生往来。对于供应链上游的供应商，它需要向它的上游采购原材料，并把采购回来的原材料销售给其下游的生产商。此时，采购物流与销售物流活动在供应商这类节点企业身上并存。对于供应链中游的生产商，它需要向其上游供应商采购生产的原材料,并把采购回来的原材料加工成产成品以出售给其下游的批发商或零售商。此时,生产物流、供应物流与销售物流活动在这类节点企业身上并存。对于供应链下游的批发商或零售商,它需要把从生产商那里购买回来的商品售卖给最终顾客,此时不但产生了销售物流,还可能存在回收物流与废弃物物流。由此可以看出,供应链上、中、下游企业间是通过物流活动紧密联系在一起的。若上游供应商企业一旦发生关系风险,企业间合作上发生困难,其下游的生产和销售节点企业的生产管理与销售活动必然也会受到负面影响,不仅产品质量可能难以保证,而且给市场和消费者供应物资的稳定性与及时性也会受到波及,导致下游企业很可能出现停工待料的情形,最终产生危害或损失。

其二,资金流载体。

资金流原意是指用户确认购买商品后,将自己的资金转移到商家账户上,以完成所出售商品被资金补偿的整个资金流转的过程。在供应链环境下,资金流是指在供应链各节点企业之间,随着业务活动而发生的资金往来。资金流载体是最为普遍和常见的承载供应链风险传导因子的载体。因为资金作为任何类型企业一切经营活动的命脉,它的正常流转是支撑整个供应链健康运作的关键所在,同样它也伴随着物流活动的发生与开展。如同上一段所述,供应链节点企业间通过各种不同类型的物流活动紧密联系在一起,但物流活动的开展是需要有资金作为前提和保障的。若某项物流活动没有被支付合理的资金作为劳务费补偿,则物流活动是无法顺利进行下去的。以供应链中游的生产企业为例,在供应链中,一方面,生产节点企业通过采购物流活动向上游原材料供应商购买原材料,同时支付原材料购买的费用。另一方面,它还要通过销售物流活动向其下游的批发商或零售商提供产成品,同时收取商品出售的费用。在这个过程中,资金始终处于一个不断运转的动态过程。一方面,若上游供应商企业的资金流不畅或存在资金短缺,那则必然无法通过采购物流正常给生产商提供生产所需的原材料,导致生产企业不能正常地生产运营,同时也就无法通过销售物流实现对下游批发商或零售商企业的及时供货;另一方面,若下游企业的资金流不畅或存在资金短缺,那则无法支付给生产企业应付的应收账款,导致生产企业的再生产活动以及生产物流无法顺利开展。因此，在供应链关系风险的传导过程中，资金流载体是其中一个非常重要的媒介。这种媒介作用的大小，与企业之间的资金往来金额大小及信用政策的合理程度、应收账款的催收制度有着很大的关系。

其三，信息流载体。

在物流管理中，人们要寻找最经济、最有效的方法来克服生产和消费之间的时间距离和空间距离，就必须传递和处理各种与物流相关的情报，这种情报就是物流信息。它与物流过程中的订货、收货、库存管理、发货、配送及回收等职能有机地联系在一起，使整个物流活动顺利进行。因此，对物流活动来说，物流信息承担着类似神经细胞的作用。在物流活动实施阶段中，物流信息是物流活动的基础。物流系统中各子系统通过商品运输紧密联系在一起，一个子系统的输出就是另一个子系统的输入。要合理组织商业企业物流活动，使运输、储存、装卸、包装、配送等各个环节做到紧密衔接和协作配合，需要通过信息予以沟通，商业物流才能通达顺畅。同时，物流信息还是进行物流调度指挥的手段。物流活动的顺利开展必须有正确且灵活机动的调度和指挥。而正确的调度和指挥又依赖于有效地运用物流信息。同时，利用物流运行过程中产生的反馈信息，还可以及时地对物流活动进行调整或重新规划。因此，信息流载体在供应链关系风险的传导过程中十分重要。供应链的各节点企业间，通过不同类型的物流活动而进行着信息的交换与沟通。在准确可靠的信息的引导之下，节点企业与上、下游之间的物流、资金流才能有效展开，供应链才能顺利运作。因此，应不断完善企业间的信息交流平台，以尽可能消除或减弱信息不对称程度，帮助企业可以根据信息及时地制定相应的风险防范措施与策略。

其次，隐性载体主要包括耦合效应、蝴蝶效应以及多米诺骨牌效应：

其一，耦合效应。

也称为互动效应。在群体心理学中，人们把群体中两个或以上的个体通过相互作用而彼此影响从而联合起来产生增力的现象称为耦合效应，也称为互动效应或联动效应。该效应最大的特点表现为联动作用，即在一个群体中，个体与个体之间是有耦合的。耦合得越紧密，联动的作用就越大。供应链风险传导载体的耦合效应，是指两个及两个以上通过中介环节而相互关联的子系统之间，在交互作用和影响之后导致系统产生变动的现象（彭丽，2014）。供应链内各节点企业之间由于业务或利益相关，而在物流、产品、信息、资金、人力资源等方面存在直接或间接的关系。因此，在供应链风险传导过程中，各节点企业也会相互作用、相互影响，使得最初风险的性质和强度可能随着传导过程发生相应的变化，呈现出一定的耦合效应。

其二，蝴蝶效应。

蝴蝶效应始于气象学领域，原意是指某地上空一只小小的蝴蝶扇动翅膀而扰动了空气，长时间后可能导致遥远的彼地发生一场暴风雨，以此比喻长时期大范围天气预报往往因一点点微小的因素造成难以预测的严重后果。引申到系统研究中，则是指由于复杂系统中的事物存在一定的关联性，初始状态下某一事务十分微小的变动或偏差经过不断放大，可能引起整个系统发生巨大且长期的连锁变化，对其未来状态会造成巨大的差别。在供应链风险的传导过程中，蝴蝶效应是存在的，特别在供应链节点企业间业务或利益关联程度较大的情况下，蝴蝶效应更是十分显著。供应链某一节点企业存在的一个微小的风险因子，如果没有得到及时地控制和处理，可能导致其上、下游企业甚至更远节点企业连续遭受不良影响。因此，在日常生产运营活动中，供应链环境中的企业需要做到防微杜渐，避免微小的风险因子带来难以预计的损失。

其三，多米诺骨牌效应。

在一个相互联系的系统中，一个很小的初始能量就可能产生一系列的连锁反应，人们把这种现象称为"多米诺骨牌效应"或"多米诺效应"。多米诺骨牌效应表明了，一个最小的力量能够引起的或许只是察觉不到的渐变，但是它所引发的却可能是翻天覆地的变化。在一个存在内部联系的体系中，一个很小的初始能量就可能导致一连串的连锁反应。在供应链系统中，各节点企业之间由于业务或利益相关，而在物流、产品、信息、资金、人力资源等方面存在直接或间接的关系。因此，初始时刻某一节点企业所蕴含的风险，很可能通过业务链或利益链的传导，而引致业务或利益相关企业产生关联的风险，最终引发多米诺骨牌效应。

第三，供应链关系风险传导宿主评价指标体系。

供应链风险宿主是指供应链风险源发出后的风险最终接受者，也即供应链风险的最终去向，对供应链风险宿主采用合理的评价指标进行度量，有利于明确供应链关系风险造成的危害或损失的程度，并采取有针对性的控制措施。

根据前文的分析可知，本书中供应链关系风险传导的宿主是受文化距离风险源头所影响的供应链上的"一带一路"沿线国家参与节点企业及其国际贸易进出口贸易额。供应链关系风险传导的耦合性，以及蝴蝶效应、多米诺骨牌效应等使得供应链上的任意节点企业都可能成为供应链关系风险传导的宿主。换言之，供应链上的每个节点企业都可能会受到由文化距离产生的关系风险的影响，区别在于所受到的风险冲击的大小不同。但需要注意的是，不同的供应链关系风险传导宿主的化解与控制风险的能力也是相差较大的。若供应链关系风险传导宿主风险化解与控制风险的能力较强，则它能够有效延缓、抵御或消除其他节点企业传递过来的关系风险，甚至使关系风险传导过程到此终止。相反，若供应链关系风险传导宿主风险化解与控制风险的能力较弱，无法承受或者转移由其他节点企业传导而来的关系风险时，风险传导将对传导宿主造成重大的损失和冲击。供应链关系风险传导宿主能够在多大程度上化解关系风险的影响，取决于传导宿主的关系风险管理水平。具体来说，包括管理环境以及管理人员能力这两个方面：

一是供应链关系风险管理环境。任何组织都是在一定环境中从事活动的，任何管理也都要在一定的环境中进行，这个环境就是管理环境。管理环境（organizational environment）的概念最早由斯蒂芬·P. 罗宾斯提出，认为它是对组织绩效起着潜在影响的外部机构或力量，是存在于一个组织内外部的影响组织业绩的各种力量和条件因素的总和，包括组织外部环境和内部环境。组织是一个开放的系统，它和环境存在着相互交换、相互渗透、相互影响的关系。管理的环境是组织生存发展的物质条件的综合体，它存在于组织界限之外，并可能对管理当局的行为产生直接或间接影响。

管理环境具有综合性、复杂性和不确定性的特征，对管理活动的内容存在着制约和影响。其中，管理的外部环境包括：一般环境。例如，政治和法律环境、社会文化环境、经济环境、科学技术环境、自然环境及特殊环境。例如，现有竞争对手的研究、潜在竞争对手的研究、替代品生产厂家的分析、用户研究、供应商研究等。管理的内部环境包括：经营条件。如组织使命、物质资源（人力资源、物力资源、财力资源、技术资源和信息资源）及组织文化。组织文化是组织在长期的发展过程中逐步形成和发展起来的日趋稳定的独特的价值体系，包括价值观、组织精神、伦理道德准则、组织素养、行为规范、群体意识等。

供应链关系风险管理环境是企业开展关系风险管理工作的基础，是有效应对关系风险的保障。供应链关系风险管理环境评价指标主要包括企业风险管理流程的高效性、企业管理者对待关系风险的态度及风险管理制度的合理性（彭丽，2014）。高效的风险管理流程可以保证企业在外界风险传入时能有条不紊地进行处理和管控。企业管理者对待风险的态度越是重视，则越会积极采取行动、主动应对关系风险，提升了企业化解风险的能力。风险管理制度越是合理，就越可以使企业保持日常风险事务处理的规范性，增强了抵御突发风险的能力。

二是供应链关系风险管理人员能力。供应链关系风险管理过程中最核心要素始终是管理人员，只有人才能发挥主观能动性，也只有人才能组织、利用、协调各种要素来抵御风险。因此，供应链关系风险管理人员能力水平的高低直接决定了供应链节点企业能否对传导而来的关系风险进行有效应对。在这里，供应链关系风险管理人员能力的评价指标主要包括所具备专业知识与经验的多少、人际协调能力的强弱及实际管理能力的高低。能力强的风险管理人员，不但能够对其所面临的关系风险的现状有正确的认知，还能有效利用相关数据进行分析、评价关系风险传导过程的状态变化，甚至对关系风险接下来的传导走向有较为准确的预测，这极大地降低了关系风险导致的负面影响与损失；相反，能力弱小的风险管理人员，可能对处理企业自身的日常风险管理都捉襟见肘、自顾不暇，更别说有余力去应对其他供应链节点企业传导而来的关系风险了，自然在面对关系风险时无法抵御风险带来的冲击。

④ 指标评价方法。

识别出供应链关系风险传导的影响因素后，就需要利用这些指标对供应链风险传导的效果进行评估。因为风险具有不确定性，且存在多个影响因子，故利用综合评估的方法是比较适合反映整个供应链关系风险的水平。综合评价方法是指把衡量评价对象的多个指标，转换成一个能反映评价对象总体综合状况的复合指标，以得到较为全面客观的评价结果的方法，有助于分析错综复杂的多影响因素问题，因而适用于需要权衡众多因素的供应链关系风险传导结果的评价。

国内外现有的关于供应链风险的综合评估研究已取得了较为丰硕的成果。例如，米切尔（Mitchell，1995）提出风险的大小应该用风险发生的概率乘以风险产生的后果来度量，即 $Risk = P(Loss) \times Loss$。其中 Risk 表示风险的大小，Loss 代表风险发生产生的后果，P（Loss）表示风险发生的概率。丁伟东等提出利用供应链可靠性评估矩阵和模糊分析法对供应链风险进行度量。大卫（David，2007）则认为频域分析方法与线性规划方法相结合的方式是一个较优选择，因为该方法合理评估了供应链风险带来的扰动。高等（Goh et al.，2007）针对多阶段网状全球供应链的风险评估问题，利用莫罗·吉田（Moreau - Yosida）的规则化方法和遗传算法对供应链的整体风险进行了评估。马等（Ma et al.，2012）基于构建的供应链运作结构模型，通过模糊综合评判方法来度量整体供应链的风险值。王等（Wang et al.，2012）先利用层次分析法确定每种风险影响因素的权重，然后再通过模糊评判法对综合风险进行了评估。萨姆维迪等（Samvedi et al.，2013）将模糊层次分析法与 FUZZY-TOPSIS 模型相结合对供应链的风险值进行综合评估。

现阶段较为常用的综合评价方法主要包括定性分析和定量分析两类。其中，定性综合评价方法有专家会议法和德尔菲法；定量综合评价方法有模糊综合评价法、TOPSIS 法、层次分析法、数据包络分析法、主成分分析法以及综合指数法。这些方法各自的优缺点明显，也有各自的使用范围，评价效果也不尽相同。由上一部分的内容可知，供应链关系风险传导的效果取决于三类因素，即供应链关系风险传导源头的风险大小、供应链关系风险传导载体承载风险能力的强弱，还有供应链关系风险传导宿主抗风险能力的高低。它的传导过程具有明显的模糊性、动态性及不完全信息的特点。因此，比较适合利用模糊综合评价方法对供应链关系风险传导效果进行度量，以较为客观地整体反映关系风险经由供应链关系风险传导载体，影响风险宿主企业并对其造成损害的过程。采用模糊综合评价法的一般包括 4 个步骤：

第一，根据评价的目标首先选取合适的评价指标，并以此建立科学的评价指标体系。评价指标的选取是否客观有效会直接影响评价结果的准确性。

第二，利用定性或定量的方法，确定每一个评价指标在体系内的权重。权重值的赋权是否科学合理，也会对评价结果的准确性产生直接影响。

第三，基于各类评价指标，收集相关的数据和资料，并计算每一个评价指标的评价值或等级。

第四，选择恰当的综合评价方法，建立综合评价模型，得出综合评价结果。

（3）供应链风险预警工作流程与方案。

如前所述，供应链风险预警的功能需要基于相关管理信息系统才能实现，其基本工作流程需要按如下步骤展开。

① 基本工作流程步骤。

第一，用管理信息系统进行供应链各类风险源头数据的收集和监控；

第二，在数据基础上，分析和评估供应链风险源头的风险类型、风险特征、风险程度及风险传导速度等信息；

第三，利用评估后得到的值判断供应链风险的警情和警级，发出相应的预警信号；

第四，如若警情和警级处于可控水平之下，则不必立即采取应对举措而应以观察为主，通过继续收集数据和监控风险源头，否则，进入警戒状态进行判断；

第五，根据警戒程度的大小，采取相对应的管控措施以及选择合适的预警方案，将各类供应链风险传导有序地控制在可控的方向与合理的范围。

通过相关的管理信息系统收集和分析了风险信息，并以此为基础找到供应链风险源头，发出对应等级警示后，还应采取一定的措施来保障基本工作流程的顺利开展。

② 控制措施方案。

第一，针对风险源头采取对应的风险控制措施。一般来说，供应链风险源头的产生主要涉及技术因素、管理因素和人为因素三类。因此，对应不同风险源头的产生类别应采取技术控制、管理控制和人行为控制三类控制途径。

第二，在供应链风险的传导中，风险载体是决定供应链风险传导能否实现的关键要素，它也是供应链风险源头和风险宿主实现互联互通的必要条件。因此，在对风险源头进行有效管控的前提下，还应重视对风险传导载体的控制，主要可以通过监控其在可控范围内的方法实现。

第三，风险宿主是供应链风险传导的最后一个承接实体，它是否能够成为供应链风险的最终去向，不但决定了供应链风险是否能够在供应链系统内实现实际传导，还决定了供应链风险造成的损失或危害是否波及供应链系统以外。对风险宿主的控制主要可以通过两种途径实现：其一，在供应链风险还未到达风险宿主时，就将风险的传导路径切断，以阻止风险继续前行；其二，若供应链风险已经到达了风险宿主时，可通过风险转嫁、风险弱化及风险消除等方式将供应链风险造成的损失或危害降到最低程度。

3. 供应链风险爆发期的控制

供应链关系风险爆发期阶段的风险能量急剧扩大，能量较爆发较前大幅增加。此外，不同风险之间也会相互影响，在风险爆发阶段往往多种风险积聚在供应链中，原有风险的爆发还可能变异衍生出了许多新的风险。在这个阶段的控制主要以风险转为危机后的应急措施，本质上是通过挽救措施尽可能弥补风险造成的损失。可以采取以下措施：

（1）在风险事件爆发后，及时对其所造成的危害或损失进行补偿，尽可能地将危害或损失控制在供应链节点企业自身可以承受的范围之内,并促使企业尽快恢复正常的经营运作。同时,防止风险爆发负面影响进一步扩大,还应建立与完善信息传播平台,及时、客观、主动地发布风险爆发事件的相关真实信息,以避免流言及其造成的恐慌,重新赢得消费者信心。

(2)风险管控过程中不论处于哪一个阶段,它所有的工作都依赖于人。风险爆发后,更是需要大量的具有风险管控专业知识背景的人,聚集在一起,调动与配置各种资源以应对危机。因此,建立危机管理团队十分必要,它是企业在进行危机管理时的权力机构和协调中枢,它能通过团队的力量,以最快的速度启动风险爆发应对计划。

(3)制定应急管理策略,以最快的速度启动危机处理对策。应急管理策略包括应急监测系统、应急管理信息系统、应急资源管理系统以及应急准备的具体预案。通过应急监测系统对风险爆发的趋势进行预测和分析,建立健全应对风险突发事件的应急响应预案。一旦出现风险突发事件,能及时采取应急策略,降低损失并把影响控制在一个较小的范围内。同时,还可以考虑采取供应链企业协作应急管理模式,它是指多个供应链节点企业之间通过应急互助,共同应对供应链突发事件风险的模式。该模式成功启用的前提是使所有参与共同应对风险爆发的企业都能在协作中受益。

4. 供应链风险消退期的控制

供应链关系风险爆发期过后就进入了风险消退阶段,这个阶段的风险能量逐步减小,但风险能量的减少程度无法做到准确评估。全面规避供应链关系风险策略的主要途径包括风险自留、风险转移、风险分散、风险回避四类(邱应贵,2010)。

(1)风险自留。

风险自留指企业自己主动承担风险造成的危害或损失,以自己的企业资源,例如收益、市场份额等来弥补风险造成的危害或损失。在这里,供应链关系风险宿主有两种不同的对待风险自留的态度:其一,主动自留风险。即不等供应链内其他节点企业或另外的因素施加压力就按照自己的计划和意图去承担风险的行动。主动自留风险源于供应链节点企业在权衡过关系风险后,发现自留风险可能带来更大的收益,或者发现自己承担风险所花成本比采取其他应对风险的措施的成本更低。其二，被动自留风险。即因受外力推动或受他人的影响、牵制而承担风险的行动，不能按照自己的意图进行风险的管理。被动自留风险往往是因为企业未能完全认识和准确评估风险的最坏后果，不得已由自身承担风险。

（2）风险转移。

风险转移指供应链节点企业借助于一定的措施或手段把自己面临的风险及其可能造成的危害与损失部分或全部转移给另一个节点企业的策略。按照风险承担企业主观意识的不同，风险转移又可以分为有意转移和无意转移两类。有意转移是指节点企业根据自身的意图和打算，依照相关条款与惯例，将损失部分或全部地转移给其他节点企业，同时给予一定补偿的模式。无意转移指本应承担风险的节点企业由于疏忽或大意，而将风险部分或全部转移给其他供应链节点企业的模式。

（3）风险分散。

风险分散指在保持风险能量既定的前提下，增加承受风险的企业的数量，从而使得单个供应链节点企业面临的风险压力和遭受的风险损失，都将因被其他企业一起分摊而减少。根据风险分散涉及范围的不同，又可以把供应链关系风险分散划分为供应链内部风险分散和供应链外部风险分散两种。顾名思义，供应链内部风险分散即把风险分散给其他供应链内的节点企业。而供应链外部风险分散指企业通过与供应链外部的企业、政府相关行政管理部门、行业协会合作等方式，将风险分散到系统的外部去从而减少风险损失的模式。

（4）风险回避。

风险回避是指供应链节点企业为了规避风险损失或降低风险损失，而积极采取一定措施应对风险的方式，它并不等同于消除风险。根据风险回避程度的不同，供应链风险回避又可分为完全回避风险和部分回避风险两种。完全回避风险指供应链节点企业通过退出供应链组织或停止供应链内的业务活动来回避风险源的模式。部分回避风险则是指通过采取一定措施来降低风险导致的危害或损失的模式，它不能完全摆脱风险的负面影响。

为了有效控制供应链关系风险的传递，一方面所有供应链节点企业建立"防火墙"和内部监控制度，形成有效的风险管理和防范体系；另一方面需实时对外部环境进行监管，以及时采取措施，避免风险爆发带来损失。

（四）供应链关系风险传导应对策略

从以上分析的内容可知，在由文化距离引发的供应链关系风险传导过程中，一旦预警系统发出警情通报之后，供应链节点企业应当根据供应链关系风险传导的不同阶段，在对预警信息进行分析的基础上，结合每个阶段的控制流程与方法，选用恰当的风险控制步骤与措施进行应对，抵御或弱化供应链关系风险传导的结果，确保供应链整体健康稳定地运行。在整个应对风险的过程中，不但需要关注供应链关系风险传导过程中的三个关键要素，即风险源头、风险传导载体及风险宿主，同时还需要辅助以配套的控制风险的策略，以强化对供应链关系风险传导源头的监测与应对，削弱供应链关系风险传导中间载体的传递承载能力以及提高供应链关系风险传导宿主的风险防范能力。

1. 强化对供应链关系风险传导源头的监测与应对

供应链关系风险传导源头是引发风险的起点，对它的监控首先应秉持防患于未然的态度，从源头起就熄灭引发风险的火种。但若一旦有迹象表明，供应链关系风险传导源头已经存在警情，则应立即转守为攻，积极地从影响供应链关系风险传导源头的各类因素的状态与特点入手，因地制宜地积极采取相关措施进行应对。主要包括以下几个方面的内容：

（1）及时通知合作伙伴企业并共商对策。当供应链上的节点企业通过风险预警系统捕捉到风险传导的信号时，应及时把相关风险信息在第一时间内就通知与其有业务联系或利益相关的合作伙伴，与合作伙伴间实现风险信息有效的互联互通。在此基础上，相关企业间还有必要由其主要负责人或风险管理部门的负责人作为代表，组织会议进一步洽谈，共同商议降低关系风险的对策。

（2）积极向风险可控的合作伙伴提供帮助。由于供应链内的企业并不能完全独立，它必然和其他节点企业之间相互联系、相互影响。同时，风险在供应链内的传导不完全是单向的，它有可能在传递给下一个节点企业后发生变异，产生新的风险并又反噬给原来的风险传导企业。因此，当发现有业务联系或利益相关的合作伙伴的风险状况开始出现进一步恶化的现象时，节点企业应施以援手，可以从经济援助或风险管理建议两方面入手帮助合作伙伴渡过难关。在经济援助方面，是指节点企业在必要时可以在经济上支援合作伙伴，帮助其渡过暂时的风险危机。经济援助的方式包括赠予款项或物资、提供技术或管理援助、提供长期无息贷款或低息贷款等。但是，若合作伙伴的风险困境已经非常严重而无法挽回，则不适宜采取该种策略。在风险管理建议方面，节点企业的风险管理部门可以根据合作伙伴的风险现实状况，以专业的风险管控经验与知识为其出谋划策，提出摆脱风险困境的对策。

（3）终止与非重要合作伙伴的合作或替换合作伙伴。供应链中的节点企业间虽通过业务联系或利益关系相互联系、相互影响，但联系程度或影响程度不尽相同、相差较大。对于业务联系弱或利益关联小的企业，在权衡过利弊后，若发现失去该合作伙伴的利大于弊，则可通过终止合作关系的方式切断关系风险的传导源头，以保持自身风险管控处于较为安全与稳定的状态。

（4）监测合作伙伴关系风险状况的变化。供应链内任何一个节点企业都会由于风险的耦合效应、蝴蝶效应及多米诺骨牌效应的存在，而受到与其有业务联系或利益关系的合作伙伴的风险状况的影响。因此，为了更有效地防控风险，节点企业不但要对自身风险进行严格监控，也有必要对其合作伙伴的关系风险信息进行实时的了解与分析，以群防群控的方式对供应链关系风险的现状及变化进行监测。在监测过程中，一旦发现合作伙伴的关系风险状态有所变动，应及时告知合作伙伴，实现风险防控信息的互通有无。

2. 削弱供应链关系风险传导中间载体的传递承载能力

供应链风险传递媒介是将风险源头发出的风险传输给风险宿主的工具，是两者之间进行风险传递的中介物。在供应链系统中，企业间一般因为业务或利益相互关联、相互影响，本书认为由文化距离导致的供应链关系风险中,风险传导的媒介包括物流、信息流以及资金流等多种。有分析表明,供应链关系风险传导载体承载风险能力与供应链关系风险造成的危害或损失程度有强烈的相关性。传导载体承载风险的能力越强,则风险最终造成的危害或损失越大。因此,为了实现对风险的有效管控,还应从以下几个方面入手削弱供应链关系风险传导载体的风险承载能力。

(1)降低物流载体承载风险的能力。

第一,降低对合作伙伴的依赖程度。物流绩效是文化距离引发的供应链关系风险的主要传导媒介,要降低物流载体承载风险的能力,首先应适当降低节点企业之间的物流活动的联系。比如,对供应链中的上游供应商和中游生产商而言,因为它们之间存在采购物流,所以可以通过降低采购交易规模,实行多货源、多供应商采购的方式分摊单个供应商的采购数量。而对于中游生产商和下游的零售商而言,它们之间存在的是销售物流,同样可以采用降低销售交易规模的方式,即实行多渠道销售策略,降低单个零售商的销售数量。当然,增加上游供应商或下游零售商数量不是一个简单的问题,应该优化合作伙伴的选择,不能因为一味地要降低物流载体的风险承载能力,就不加选择地盲目扩充它们的数量。尤其是对于"一带一路"沿线国家而言,其中的一些地处中东地区的国家政局不稳、社会动荡。一旦战争爆发就会使该地区的原材料供应中断。因此,除建立多地域、多供应商外,还需对每个供应商的情况进行跟踪,随时了解其供货情况。

第二,增加合作伙伴选择的弹性。为了降低物流载体承载风险的能力可以从减弱供应链内物流活动的参与幅度入手。例如,对于上游供应商而言,为了降低采购物流的规模,可以增加零部件的通用化程度,由此企业选择供应商的范围得到扩展,进而选择弹性变大,单个供应商承担的采购物流活动的量得到降低。对于中游的生产商而言,可以通过在产品设计中引入标准化并使用通用的零部件的方式,这样不但能提高生产的灵活性,还能增加备选的生产商数量。对于下游销售商而言,可以通过拓宽销售渠道的方式增加可选择销售商的弹性。

第三,利用完善的协议实现有效控制。协议是经过共同计议、协商或经过谈判而制定的共同承认、共同遵守的文件。为了在风险防控中降低物流载体的风险承载能力，还可以通过协议的形式明确物流活动涉及方各自的权利和义务。这样一来，在风险防控中出现的问题就可以按照协议中的规定准确地找到权责关系。这不但有利于降低合作伙伴违约所带来的损失，还给物流活动涉及方提供了有效的激励机制。

（2）降低信息流载体承载风险的能力。

对物流活动来说，物流信息承担着类似神经细胞的作用。它不但将物流系统中各子系统紧密联系在一起，使运输、储存、装卸、包装、配送等各个环节做到紧密衔接和协作配合，而且物流活动的顺利开展必须有正确的且灵活机动的信息作为调度和指挥。因此，信息流载体在供应链关系风险的传导过程中十分重要。但随着全球化程度的不断深化及市场竞争激烈程度的加深，供应链的复杂程度随之日益增加，所面临的不确定性也越来越多，供应链内信息不对称的程度也可能愈演愈烈。供应链内信息不对称的状况越严重，信息扭曲得就越厉害，"牛鞭效应"出现的可能性及供应链内部的不确定性会越来越大，由信息承载的风险也会越来越严重，这无疑是提升了信息载体承载风险的能力。因此，为了减少信息不对称引致的衍生风险，必须通过加强合作伙伴间的信息交流与共享程度来降低，提高信息互联互通的程度。例如，通过建立多种信息渠道加强信息交流与沟通，共享有关物流、订单采购、生产计划、市场需求等方面的信息。

（3）降低资金流载体承载风险的能力。

在供应链环境下的资金流是伴随着物流业务的开展而发生的资金往来。它的正常流转是支撑整个供应链健康运作的关键所在，物流活动的开展需要有资金作为前提和保障。降低资金流载体承载风险的能力的对策与物流载体的类似，要从资金上降低对单个合作伙伴的依赖程度，以及增加合作伙伴选择的弹性。除此以外，在挑选供应链内合作伙伴时，应重点考察其资金流的健康状况，考察其是否具有健全的资金使用制度、完善的资金信用记录，还有其应收账款情况、负债项目情况以及所有者权益项目情况。如若以上条件不能被很好满足，则该企业一旦出现财务问题，很容易通过应收账款等项目迅速波及其他有业务联系或利益关系的相关企业，甚至在严重的情况下，还要通过诉讼或仲裁的方式解决资金上的纠纷。这无疑加大了资金流载体承载风险的能力。

3. 提高供应链关系风险传导宿主的风险防范能力

供应链关系风险宿主是供应链风险源头发出后的风险最终接受者，也即供应链关系风险的最终去向。但在一定情况下，供应链风险源头和供应链风险宿主可以相互转化。即风险源头传导给风险宿主的风险，有可能在供应链系统中随着业务或利益关系，反噬回给风险源头企业。有分析表明，风险造成的危害或损失与供应链关系风险传导宿主风险防范能力的不足有着很大的关系，应从以下几个方面采取措施进行应对。

（1）完善内部控制制度，保证风险预警系统的有效实施。

内部控制制度是企业内部建立的使各项业务活动互相联系、互相制约的措施、方法和规程。该制度包括的基本要素有：

① 明确合理的职责分工制度；

② 严格的审批检查制度；

③ 健全的企业管理制度；

④ 严密的保管保卫制度；

⑤ 有效的内部审计制度；

⑥ 胜任的工作人员。

内部控制制度的严密程度直接决定了企业在风险防控中制度约束上的可靠性。因此，良好的内部控制制度是企业进行关系风险管理的基础，能帮助企业在很大程度上提高自身的风险防范能力。企业应当基于自身实际情况，依据有关内部控制制度条款的要求，将二者结合起来并建立健全企业的内部控制制度，并随着风险防控状态的变化而做出相应调整，查漏补缺。根据每阶段风险防控工作的结果，定期进行内部控制有效性的自我评价。与此同时，企业还要确保能够严格执行已建立的、合理的内部控制制度，从而保障企业的正常运行。

（2）强化企业的供应链关系风险传导防范意识。

安全防范意识指在生活生产中面对各种安全隐患本能存在的一种安全防范基础认识，包括对风险做成的准备、防御、减少损失的策略及建议、引导。供应链各节点企业都应当认识到供应链关系风险传导中存在的多米诺骨牌效应，一旦有关系风险源头产生则不仅会导致源头企业自身的经营受到冲击，而且很有可能会对整条供应链造成严重的负面影响。因此，供应链上的每一个各节点企业都要完善自己的安全防范意识、健全关系风险管理体系，确定每一阶段的关系风险管理目标，构建一套完整的关系风险识别、评估、控制及防范体系，制定适用于企业的风险应对措施。

（3）提高风险管理人员的管理能力。

供应链关系风险管理过程中最核心要素始终是管理人员，需要依靠风险管理人员组织、利用、协调各种要素来抵御风险。供应链关系风险管理人员能力水平的高低直接决定了供应链节点企业能否对传导而来的关系风险进行有效的应对。提高风险管理人员的管理能力有多种途径，例如，向风险管理人员提供相关培训课程，对其进行操作指导，以帮助他们积累专业知识与实际管理经验。制定完善的激励政策，以激发风险管理人员在风险防范工作上的积极主动性，使得他们能得到比败德行为更大的利益，进而降低道德风险出现的概率。此外，供应链关系风险的管理不能靠单个管理者，建设风险控制团队才是达成目标的重要手段和方法。因此，应结合现有人力资源的特点，建设高效的风险管理团队、明确各个岗位的权责关系，协调团队内的各种相关资源，这才能以高效的方式抵御风险。

（4）强化关系风险管理环境。

管理的环境是组织生存发展的物质条件的综合体，它虽存在于组织界限之外，但对管理当局的行为会产生直接或间接影响。供应链关系风险管理环境是企业开展关系风险管理工作的基础，是有效应对关系风险的保障。

建设良好的关系风险管理环境，首先，要求企业制定科学规范且高效的企业风险管理流程，具体就包括企业防范和控制供应链关系风险传导的制度和流程，它能保证企业在外界风险传入时能有条不紊地进行处理和管控。其次，企业管理者对待风险还要有一个积极预防和应对的态度，将预防风险的思想贯穿到企业生产运营的每一个环节。管理者对待风险的态度越是重视，则越会积极采取行动、主动应对关系风险，提升了企业化解风险的能力。最后,完善风险管理制度的合理性。具有生命力的制度都不是一成不变的,而是要采用柔性化设计、随着外界风险防控状况的变化而及时做出调整,这样才能部分消除外界环境不确定性的影响,也才能在遇到风险时集结相关人力、物力进行有效应对,将风险所造成的不利影响降到最低(邱应贵,2010)。

参 考 文 献

[1] 艾赛提江，郭羽诞. 中亚五国贸易便利化程度分析 [J]. 新疆社会科学，2012（4）：75－80.

[2] 鲍杨，朱庆华. 近10年我国情报学研究领域主要作者和论文的可视化分析——基于社会网络分析方法的探讨 [J]. 情报理论与实践，2009（4）：9－13.

[3] 柴省三. 内容词——共引聚类分析及其在科学结构研究中的应用 [J]. 情报学报，1997，16（1）：69－74.

[4] 车探来. 论中国与中亚国家的交通合作和发展 [J]. 俄罗斯中亚东欧市场，2011（4）：19－24.

[5] 陈菲琼，虞旭丹. 联盟关系风险生成机制研究：以娃哈哈为例 [J]. 科研管理，2010，6（31）：159－166.

[6] 陈菲琼，虞旭丹. 联盟关系风险生成机制：以娃哈哈为例 [J]. 科研管理，2010（6）：91－95.

[7] 陈昊，陈小明. 文化距离对出口贸易的影响——基于修正引力模型的实证检验 [J]. 中国经济问题，2011（6）：76－82.

[8] 陈相森. 国家文化影响外商对华直接投资的实证分析 [J]. 科学学与科学技术管理，2013（11）：70－81.

[9] 程国平，邱映贵. 供应链风险传递模式研究 [J]. 武汉理工大学校报（社科版），2009（3）：36－41.

[10] 楚扬杰. 供应链风险预警与防范机制研究 [J]. 科技与管理，2006（4）：65－66.

[11] 崔爱平，刘伟. 基于能力分工与合作的LSSC协调 [J]. 上海海事大学学报，2008（2）：43－47.

[12] 崔雷，胡海荣，李纪宾．文献计量学共引分析系统设计与开发[J]．情报学报，2000（4）：308－312．

[13] 崔雷．专题文献高频主题词的共词聚类分析[J]．情报理论与实践，1996，19（4）：49－51．

[14] 崔雷．专题文献高被引论文的时间分布与同被引聚类分析[J]．情报学报，1995（1）：54－61．

[15] 戴卓．国际贸易网络结构的决定因素及特征研究——以中国东盟自由贸易区为例[J]．国际贸易问题，2012（12）：72－83．

[16] 邓靖，李敬．网络分析视角下中印新三国贸易竞争互补关系研究[J]．亚太经济，2018（1）：76－82．

[17] 丁伟东，刘凯，贺国先．供应链风险研究[J]．中国安全科学学报，2003，13（4）：64－66．

[18] 丁伟东，刘凯．供应链流程变革模式分析[J]．中国流通经济，2003（8）：12－15．

[19] 杜哲．物流供应链风险传递理论研究及其应用[D]．北京：华北电力大学学位论文，2013．

[20] 段开龄．现代保险研究[J]．经济评论，1993（3）：82－87．

[21] 樊秀峰，余姗．"海上丝绸之路"物流绩效及对中国进出口贸易影响实证[J]．西安交通大学学报（社会科学版），2015（3）：13－20．

[22] 范玉刚．"一带一路"战略的文化维度及其区域文化空间塑造[J]．人文杂志，2016（3）：21－27．

[23] 高志军，刘伟．物流服务供应链风险管理模型研究[J]．商业时代，2010（9）：29－30．

[24] 郭红．国际物流供应链风险评估研究[J]．劳动保障世界（理论版），2013（24）：121－122．

[25] 郭丽琴．亚洲开发银行副行长：亚洲互联互通与基础设施融资面临政治阻力[EB/OL]．人民论坛网，2012－11－26．

[26] 韩东东，施国洪，马汉武．供应链管理中的风险防范[J]．工业工程，2002，5（5）：37－41．

［27］韩民春，江聪聪．政治风险、文化距离和双边关系对中国对外直接投资的影响：基于"一带一路"沿线主要国家的研究［J］．贵州财经大学学报，2017（2）：65－69．

［28］胡金环，周启蕾．供应链风险管理探讨［J］．价值工程，2005（3）：36－39．

［29］胡克宏．新时代全方位深化海关国际合作的思考［J］．中国海关，2020（12）：88－90．

［30］黄伟新，龚新蜀．丝绸之路经济带国际物流绩效对中国机电产品出口影响的实证分析［J］．国际贸易问题，2014（10）：56－66．

［31］江琳琳．基于BP神经网络的物流战略联盟风险评估研究［J］．科技管理研究，2011（24）：86－91．

［32］解琨，刘凯，周双贵．供应链战略联盟的风险问题研究［J］．中国安全科学学报，2003，13（11）：38－41．

［33］阚大学，罗良文．对外贸易和外商直接投资对中国人力资本存量影响的实证研究——基于岭回归分析法［J］．世界经济研究，2011（4）：31－35．

［34］李波，何建敏．SVM在企业财务困境分析中的应用［J］．现代管理科学，2004（12）：12－14．

［35］李锋．"一带一路"沿线国家的投资风险与应对策略［J］．中国流通经济，2016（2）：115－121．

［36］李刚．供应链风险传导机理研究［J］．中国流通经济，2011（1）：41－44．

［37］李欢．供应链风险研究［D］．成都：电子科技大学学位论文，2005．

［38］李敬，陈旎，万广华，等．"一带一路"沿线国家货物贸易的竞争互补关系及动态变化——基于网络分析方法［J］．管理世界，2017（4）：10－19．

［39］李敬，雷俐．中国和南亚四国货物贸易关系网络分析：基于进出口、贸易竞争和贸易互补三个维度［J］．西部论坛，2019，29（5）：75－84．

[40] 廖萌."一带一路"建设背景下我国企业"走出去"的机遇与挑战 [J]. 经济纵横,2015 (9):30 -33.

[41] 廖泽芳,毛伟. 中国的全球价值链地位与外部失衡:附加值贸易关系网络的视角 [J]. 国际贸易问题,2015,000 (12):27 -38.

[42] 刘洪铎,李文宇,陈和. 文化交融如何影响中国与"一带一路"沿线国家的双边贸易往来——基于1995 -2013 年微观贸易数据的实证检验 [J]. 国际贸易问题,2016 (2):3 -13.

[43] 刘小军,张滨. 中国与一带一路沿线国家的跨境物流协作——基于物流绩效指数 [J]. 中国流通经济,2016 (12):40 -46.

[44] 刘雪梅. 供应链合作伙伴关系风险评估模型的探究 [J]. 物流技术,2008,27 (4):156 -158.

[45] 刘雅,姜飞飞. 李腾飞战略联盟中的关系风险与绩效风险——环境及组织间要素的影响 [J]. 科技管理研究,2014 (16):205 -215.

[46] 刘益,钱丽萍,尹健. 供应商专项投资与感知的合作风险:关系发展阶段与控制机制的调节作用研究 [J]. 中国管理科学,2006 (1):30 -34.

[47] 刘永胜. 供应链风险研究 [M]. 北京:知识产权出版社,2011.

[48] 刘正江."一带一路"战略下新疆对外文化交流的优势评析 [J]. 中华文化论坛,2016 (9):90 -94.

[49] 陆奇岸. 企业战略联盟风险及其管理研究 [J]. 广西师范大学学报 (哲学社会科学版),2006 (3):112 -116.

[50] 马丽,张光明,李平. 供应链风险的传递机制与传递路径研究 [J]. 科技情报开发与经济,2007,17 (31):96 -98.

[51] 马士华,林勇,陈志祥. 供应链管理 [M]. 北京:机械工业出版社,2000.

[52] 马士华. 如何防范供应链风险?[J]. 中国经济和信息化,2003 (3):21.

[53] 马述忠,刘梦恒. 中国在"一带一路"沿线国家OFDI 的第三国效应研究:基于空间计量方法 [J]. 国际贸易问题,2016 (7):72 -83.

[54] 缪仁炳.温州、关中两地创业倾向比较——基于文化距离视角的分析［D］.杭州：浙江大学学位论文，2004.

[55] 倪燕翎，李海婴，燕翔.供应链风险管理与企业风险管理之比较［J］.物流技术，2004（12）：40-42.

[56] 宁钟，供应链脆弱性的影响因素及其管理原则［J］.中国流通经济，2004，18（4）：13-16.

[57] 宁钟，孙魏，石香研.供应链风险的情景分析与管理［J］.物流科技，2006（11）：56-60.

[58] 潘镇.制度质量、制度距离与双边贸易［J］.中国工业经济，2006（7）：45-52.

[59] 彭丽.供应链财务风险传导机制与控制体系研究［D］.南京：南京理工大学学位论文，2014：32-35.

[60] 彭颖.双边政治关系对中国对外直接投资的影响［D］.江西：江西财经大学学位论文，2019.

[61] 綦建红，杨丽.中国OFDI的区位决定因素——基于地理距离与文化距离的检验［J］.经济地理，2012，32（12）：40-46.

[62] 钱俐娟，张新民，郑彦宁.国外图书情报学领域主要科研机构"共现"现象研究［J］.图书情报工作，2008，52（11）：49-52.

[63] 邱应贵.供应链风险传递及其控制研究［D］.武汉：武汉理工大学学位论文，2010.

[64] 曲如晓，韩丽丽.中国文化商品贸易影响因素的实证研究［J］.中国软科学，2010（11）：19-31.

[65] 任燕."一带一路"沿线国家投资风险测度及其对中国OFDI的影响［J］.统计与决策，2021（1）：124-127.

[66] 桑圣举，王炬香，杨阳.供应链风险管理的研究与发展［J］.工业技术经济，2006（9）：116-120.

[67] 尚宇红，崔惠芳.文化距离对中国和中东欧国家双边贸易的影响——基于修正贸易引力模型的实证分析［J］.江汉论坛，2014（7）：58-62.

［68］宋华，于亢亢．服务供应链的结构创新模式——一个案例研究［J］．商业经济与管理，2008（7）：5－12．

［69］隋月红．文化差异对国际贸易的影响：理论与证据［J］．山东工商学院学报，2011（2）：6－10．

［70］孙波，于立春，滕晓红．供应链合作伙伴关系风险问题研究［J］．东北电力大学学报，2007，27（3）：30－33．

［71］孙慧，李建军．"一带一路"国际物流绩效对中国中间产品出口影响分析［J］．社会科学研究，2016（2）：16－24．

［72］田宇．物流服务供应链构建中的供应商选择研究［J］．系统工程理论与实践，2003（5）：49－53．

［73］万伦来，高翔．文化、地理与制度三重距离对中国进出口贸易的影响——来自32个国家和地区进出口贸易的经验数据［J］．国际经贸探索，2014（5）：39－48．

［74］王凤彬，刘松博．战略联盟中的风险及其控制——一种基于资源观的分析［J］．管理评论，2005（6）：50－54．

［75］王明涛．证券投资风险计量理论评述［J］．经济经纬，2003（5）：86－89．

［76］吴明隆．结构方程模型：Amos 实务进阶［M］．重庆：重庆大学出版社，2013．

［77］肖蓓．中国企业投资"一带一路"沿线国家的生态环境风险及法律对策研究［J］．国际论坛，2019（4）：89－103．

［78］谢彩霞，梁立明，王文辉．我国纳米科技论文关键词共现分析［J］．情报杂志，2005，24（3）：69－73．

［79］熊治东．改革开放以来中国社会信用体系建设：成就、经验、问题与展望［J］．征信，2020（10）：12－20．

［80］徐红晖，论供应链风险管理［J］．物流科技，2003，26（3）：17－18．

［81］徐贤浩，马士华．供应链企业之间合作对策的研究［J］．武汉理工大学学报（交通科学与工程版），2000，24（4）：375－378．

［82］许巧珍，卢松泉．供应链中核心企业与合作伙伴的博弈［J］．中国物流与采购，2009（20）：68 – 69.

［83］闫秀霞，孙林岩，王侃昌．物流服务供应链模式特性及其绩效评价研究［J］．中国机械工程，2005，11：969 – 974.

［84］阎大颖．国际经验，文化距离与中国企业海外并购的经营绩效［J］．经济评论，2009（1）：75 – 97.

［85］杨国立，张垒．国际科学计量学研究力量分布与合作网络分析［J］．图书情报研究，2012（1）：34 – 39.

［86］杨红芬，吕安洪，李琪．供应链管理中的信息风险及对策分析［J］．商业经济与管理，2002：32 – 35.

［87］杨俊．供应链风险管理理论与方法研究［D］．武汉：武汉理工大学学位论文，2005.

［88］杨阳，林国龙，胡志华．基于分形理论的服务供应链网络组织研究——以港口服务供应链为例［J］．西部论坛，2012（2）：64 – 70.

［89］杨毓，蒙肖莲．用支持向量机（SVM）构建企业破产预测模型［J］．金融研究，2006（10）：65 – 75.

［90］杨振华，张长森．基于 LPI 的 20 国集团物流绩效分析［J］．中国流通经济，2017（5）：31 – 38.

［91］殷华方，鲁明泓．文化距离和国际直接投资流向：S 型曲线假说［J］．南方经济，2011，1（1）：26.

［92］袁赛男．构建"一带一路"战略视域下的新对外话语体系［J］．对外传播，2015（6）：13 – 15.

［93］张炳轩，李龙洙，都忠诚．供应链的风险及分配模型［J］．数量经济技术经济研究，2001（9）：94 – 97.

［94］张存禄．供应链风险管理［D］．上海：上海交通大学学位论文，2004.

［95］张德海，刘德文．物流服务供应链的故障树分析及优化［J］．统计与决策，2009（14）：175 – 177.

［96］张德海．物流服务供应链的协调机制研究［D］．成都：电子科

技大学学位论文，2007.

[97] 张吉鹏. 东道国技术禀赋与中国企业 OFDI 区位选择——文化距离的调节作用 [J]. 工业技术经济，2014 (4)：90－97.

[98] 张明. "一带一路"背景下中国发展版权贸易的法制困境与对策 [J]. 浙江理工大学学报，2020 (44)：42－49.

[99] 张勤，李海勇. 入世以来我国在国际贸易中角色地位变化的实证研究——以社会网络分析为方法 [J]. 财经研究，2012 (10)：79－89.

[100] 张世琪. 文化距离，顾客感知冲突与服务绩效的关系研究 [D]. 杭州：浙江大学学位论文，2012.

[101] 张帅. 中国对"一带一路"国家直接投资效率和风险研究 [J]. 调研世界，2020 (12)：23－30.

[102] 赵斌. 构建新时代中国特色社会主义大国话语体系 [J]. 山东社会科学，2018 (1)：18－24.

[103] 赵立庆. "一带一路"战略下文化交流的实现路径研究 [J]. 学术论坛，2016 (5)：144－148.

[104] 赵梅艳. "一带一路"背景下推动中外文化交流的路径选择 [J]. 中华文化论坛，2016 (10)：143－148.

[105] 周凌霄. 东道国文化环境对跨国公司直接投资行为的影响 [J]. 广东财经职业学院学报，2007 (2)：125－128.

[106] 周密. 认清基础设施互联互通的需求与挑战 [J]. 世界知识，2014 (12)：60－62.

[107] 朱怀意，朱道立，胡峰. 基于不确定性的供应链风险因素分析 [J]. 软科学，2006 (3)：37－41.

[108] 朱倩. 从风险角度看供应链企业合作伙伴关系 [J]. 江苏企业管理，2002 (10)：45－46.

[109] 朱淑珍. 中国外汇储备的投资组合风险与收益分析 [J]. 上海金融，2002 (7)：26－28.

[110] 朱新球. 供应链风险传导的载体研究 [J]. 长江大学学报（社会科学版），2009，32 (1)：66－68.

［111］Ali Uzun. Library and Information Science Research in Developing Countries and Eastern European Countries：A Brief Bibliometric Perspective ［J］. Consciousness and Cognition，2002，34（1）：21 – 33.

［112］Anne Murphy，Gerard Kok. Managing Differences ［J］. 7th EFQM Conference，2000，4：15 – 19.

［113］Avinach Samvedi，Vipul Jain & Felix T. S. Chan. Quantifying Risks in a Supply Chain through Integration of Fuzzy AHP and Fuzzy TOPSIS ［J］. International Journal of Production Research，2013，51（8）：2433 – 2442.

［114］Bedassa Tadesse. Cultural Distance and the US Immigrant-Trade Link ［J］. The World Economy，2008，31（8）：1078 – 1096.

［115］Bergeijk P. A. G. ，Brakman S. The Gravity Model in International trade：Advances and Applications ［M］. The Trade Impact of European Union Preferential Policies. Springer Berlin Heidelberg，2011.

［116］Beugelsdijk，et al. Organizational Culture and Relationship Skills ［J］. Social Science Electronic Publishing，2004（2）：65 – 76.

［117］Blanchard D. Supply Chain Management Best Practices（Blanchard/ Supply）Transportation：Logistics à laMode ［J］. John Wiley & Sons，Ltd，2012，10：79 – 90.

［118］Boisso，Ferrantino. Economic Distance，Cultural Distance，and Openness in International Trade：Empirical Puzzles ［J］. Journal of Economic Integration，1997（10）：456 – 484.

［119］Bruce Kogut，Harbir Singh. Effect of National Culture on Choice of Entry Mode ［J］. Journal of International Business Studies，1988，19（3）：411 – 432.

［120］Cheng J. H. ，Chen M. C. Influence of Transactional and Moral Orientations on Innovation Performance in Supply Chains ［J］. International Journal of Information Systems and Supply Chain Management，2016，9.

［121］Choi T. Y. ，Rungtusanatham M. Comparison of Quality Management Practices：Across the Supply Chain and Industries ［J］. Journal of Supply

Chain Management, 2010, 35 (1): 20 – 27.

[122] Christopher R, Godsell R. A Strategic Framework for Integrating marketing and Supply Chain Strategies [J]. International Journal of Logs Management, 2010, 21 (1): 104 – 126.

[123] Clark J. H. , Dunham J. B. , et al. Culture of Florida Red Tilapia in Marine Cages: the Effect of Stocking Density and Dietary Protein on Growth [J]. Aquaculture, 1990, 90 (2): 123 – 134.

[124] Clyde Kluckhohn. The study of culture [M]. Stanford University Press, 1951.

[125] Crane, Frederick G. Insurance principles and practices [M]. New York: Wiley, 1984.

[126] Das and Teng, Risk Types and Inter-firm Alliance Structure [J]. Journal of Management Studies, 1996, 33 (6): 827 – 843.

[127] Das T. K. , Teng B. S. Trust, Control and Risk in Strategic Alliances: An Integrated Framework [J]. Organization Studies, 2001, 22 (2): 253 – 255.

[128] Das T. K. , Rahman N. Determinants of Partner Opportunism in Strategic Alliances: A Conceptual Framework [J]. Journal of Business Psychology, 2010 (25): 55 – 74.

[129] Das Teng. Between Trust and Control: Developing Confidence in Partner Cooperation in Alliances [J]. The Academy of Management Review, 1998, 23 (3): 491 – 512.

[130] David Bogataj, Marija Bogataj. Measuring the Supply Chain Risk and Vulnerability Infrequency Space [J]. International Journal of Production Economics, 2007, 108 (1 – 2): 291 – 301.

[131] Deloitte. Supply Chain Risk Management [EB/OL]. Deloitte, 2004.

[132] Supply Chain Risk Management: Better Control of Your Business Environment [R]. Deloitte, 2004.

[133] Douglas L. T. Rohde, Laura M. Gonnerman. Improved Model of

Semantic Similarity Based on Lexical Co-occurrence [EB/OL]. 2006 – 3 – 13.

[134] Drogendijk R. , Slangen A. Hofstede, Schwartz or Managerial Perceptions? The Effects of Different Cultural Distance Measures on Establishment mode Choices by Multinational Enterprises [J]. International Business Review, 2006, 15 (4): 361 – 380.

[135] Edward T. HallThe Silent Language [M]. Oxford, England, 1959.

[136] Eeckhoudt L. , Gollier C, Schlesinger H. The Risk-Averse (and Prudent) Newsboy [J]. Management Science, 1995, 41 (5): 162 – 172.

[137] Elke Mittendorf, Bojidar Mateev, Peter Schauble. Using the Co-occurrence of Words forRetrieval Weighting [J]. Information Retrieval, 2000, 3 (3): 243 – 251.

[138] Elsass, Veiga. Acculturation in Acquired Organizations: A Force-Field Perspective [J]. Human Relations, 1994, 47 (4): 431 – 453.

[139] Eriksson K. , Johanson J. , Anders Majkgard, et al. Experiential Knowledge and Costs in the Internationalization Process [J]. Journal of International Business Studies, 1997.

[140] Evans, Jody, Treadgold et al. Psychic Distance and the Performance of International Retailers [J]. International Marketing Review, 2000, 17 (4/5): 373.

[141] Felbermayr, Toubal. Cultural Proximity and Trade [J]. European Economic Review, 2010, 54 (2): 279 – 293.

[142] G. H. Hofstede, G. J. Hofstede Cultures and Organizations: Software of the Mind: Intercultural Cooperation and Its Importance for Survival [M]. London: McGraw – Hill, 1991.

[143] Globerman, Shapiro. Global Foreign Direct Investment Flows: The Role of Governance Infrastructure [J]. World Development, 2002, 30 (11): 1899 – 1919.

[144] GOH M. , LIM J. Y. S. , Meng Fanwen. A Stochastic Model for Risk Management in Global Supply Chainnetworks [J]. European Journal of

Operational research, 2007, 182 (1): 164 – 173.

[145] Greif A. , Tabellini G. Cultural and Institutional Bifurcation: China and Europe Compared [J]. Working Papers, 2009.

[146] Guiso L. , Sapienza P. , Zingales L. Does Culture Affect Economic Outcomes? [J]. The Journal of Economic Perspectives, 2006, 20 (2): 23 – 48.

[147] Günter K. Stahl, Andreas Voigt. Do Cultural Differences Matter in Mergers and Acquisitions? A Tentative Model and Examination [J]. Organization Science, 2008 (19): 160 – 176.

[148] Hallikas J. Karvonenb, I. Pulkinenb. Risk Management Processes in Supplier Networks [J]. Production Economics, 2004 (90): 47 – 58.

[149] Haluk Bingol, Arzucan. Social Network of Co-occurrence in News Articles [EB/OL]. 2006 – 03 – 13.

[150] Helen J. Peat, Peter Willett. The Limitations of Term Co-occurrence Data for Query Expansion in Document Retrieval Systems [EB/OL], 2006 – 3 – 13.

[151] Hennart, Jean François Larimo, Jorma. The Impact of Culture on the Does Strategy National Decisions of Multinational Origin Enterprises: Affect Ownership [J]. International Business, 2010, 29 (3): 515 – 538.

[152] Hirshleifer J, Riley J G. The Analytics of Uncertainty and Information [M]. The analytics of uncertainty and information, Cambridge University Press, 1992.

[153] Hofstede G. Culture's Consequences [M]. Sage Pubns, 1980.

[154] Hofstede G. Cultural Dimensions in Management and Planning [J]. Asia Pacific Journal of Management, 1984, 1 (2): 81 – 99.

[155] Houlihan J. B. International Journal of Physical Distribution & Materials Management [D]. MCB UP Ltd, 1987.

[156] Jack G. A. J van der Vorst. Identifying Sources of Uncertainty to Generate Supply Chain Redesign Strategies [J]. International Journal of Physical Distribution & Logistics Management, 2002, 32 (6): 409 – 431.

[157] Jackson M. Cultural Influences on Tourist Destination Choices of 21

Pacific Rim Nations [C]. University of Canberra Press, 2001.

[158] Jeanne M. , Brett, et al. Culture and Joint Gains in Negotiation [J]. Negotiation Journal, 1998.

[159] Jia F. , Rutherford C. Mitigation of Supply Chain Relational Risk caused by Cultural Differences between China and the West [J]. International Journal of Logs Management, 2010, 21 (2): 251 – 270.

[160] Jia F. , Rutherford C. , Lamming R. Cultural Adaptation and Socialisation between Western Buyers and Chinese Suppliers: The Formation of A Hybrid Culture [J]. International Business Review, 2016: 1246 – 1261.

[161] Johanson J. , Vahlne, Jan-Erik. The Mechanism of Internationalisation [J]. International Marketing Review, 1990, 7 (4).

[162] Johson M. Risk Management [J]. Bradford, 2001 (21): 71 – 84.

[163] Joreskog K. G. Testing Structural Equations Models // In: Bollen K. A. Long J. S. Testing Structural Equations Models [J]. Newbury Park, CA: Sage, 1993: 29 – 31.

[164] Jukka Hallikas. Risk Analysis and Assessment in Network Environments: A Dyadic Case Study [J]. International Journal of Production Economics, 2002 (78): 45 – 55.

[165] Kandogan Y. An Improvement to Kogut and Singh Measure of Cultural Distance Considering the Relationship among Different Dimensions of Culture [J]. Research in International Business & Finance, 2012, 26 (2): 196 – 203.

[166] Kleinberg, Jill M. , Boyacigiller. A Single and Multiple Cultures in International Cross-cultural Management Research: Overview, Journal of Management Inquiry, 1996, 21 (2): 141 – 159.

[167] Knight F. H. Risk, Uncertainty and Profit [M]. Boston: Houghton Mifflin, 1921.

[168] Korinek J, Sourdin P. To What Extent are High-quality Logistics Services Trade Facilitating?[R]. OECD Trade Policy Working Papers, 2011 (108).

［169］Kroeber A. L. , Parsons T. The Concepts of Culture and of Social System ［J］. Mid-American Review of Sociology, 1958, 23 （5）.

［170］Lankhuizen et al. The Trade-Off between Foreign Direct Investments and Exports: The Role of Multiple Dimensions of Distance ［J］. The World Economy, 2011 （34）: 1395 – 1416.

［171］Lawrence, Andrew. Transport, Logistics and Spill Prevention ［J］. Logs & Transport Focus, 2010, 12 （9）: 58 – 59.

［172］Leyderdorff L. , Vaughan Liwen. Co-occurrence Matrices and Their Applications in Information Science: Extending ACA to the Web Environment ［J］. Journal of the American Society for Information Science and Technology, 2006, 57 （12）: 1616 – 1628.

［173］Li N. , Boulding W. , Staelin R. General Alliance Experience, Uncertainty and Marketing Alliance Governance Mode Choice ［J］. Journal of Academy Marketing Science, 2010, 38 （2）: 146 – 158.

［174］Lindroth R. , Norrman A. Supply Chain Risk and Risk Sharing Instrumentsan Illustration from the Telecommunication Industry ［R］. Proceedings of the Logistics Research Network 6th Annual Conference, 2001.

［175］Loet Leydesdorff, Michael Curran. Mapping University-Industry-Government Relations on the Internet: The Construction of Indicators for a Knowledge-Based Economy ［EB/OL］, 2006 – 04 – 12.

［176］Luisa Martía. The Importance of the Logistics Performance Index in Internationaltrade ［J］. Applied Economics, 2014, 46 （24）: 2982 – 2992.

［177］Luo Y. D. Building Trust in Cross Cultural Collaborations: Toward Acontigency Perspective ［J］. Journal of Management, 2002, 28 （5）: 669 – 694.

［178］M. Zollo. Experiential Learning in International Joint Ventures: The Role of Venture Novelty and Experience Heterogeneity ［R］. Chapter 14 in Cooperative Strategies and Alliances, 2002 （1）.

［179］Ma Hanwu, Ma Qinrong, Fu Guohui. Evaluation of Supply Chain Default Risk Based on Fuzzyinfluence Diagram ［J］. Journal of Southeast University (English Edition), 2012, 23 (SI): 111 - 117.

[180] Magnusson P. , Wilson R. T. , Zdravkovic S. , et al. Breaking through the Cultural Clutter: A Comparative Assessment of Multiple Cultural and Institutional Frameworks [J]. International Marketing Review, 2008, 25 (2): 183 - 201.

[181] March J. G. , Shapira Z. Variable Risk Preferences and The Focus of Attention [J]. Psychological Review, 1992, 99 (1): 172 - 183.

[182] Markus Schedl. Discovering and Visualizing Prototypical Artists By Web-Based Co-occurrence [EB/OL] . 2006 - 03 - 13.

[183] Martin G. Christopher. Relationships and Alliances: Embracing the Era of Network Competition [J]. Strategic Supply, 1998 (2): 132 - 139.

[184] Mee-Jean Kim. A Bibliometric Analysis of Physics Publications in Korea, 1994 - 1998 [J]. Scientometrics, 2001 (3): 503 - 521.

[185] Mejias. Consenus and Perceived Satisfaction Levels: A Cross-cultural Comparison of GSS and Non-GSS Outcomes within and between the United States and Mexico [J]. Journal of Management Information Systems, 1996, 13 (3): 137 - 161.

[186] Mentzer J. T. , Flint D. J. , Hult G. T. M. Logistics Service Quality as A Segment-customized Process [J]. Journal of Marketing, 2001 (4): 82 - 104.

[187] Mihcael L. Mclain. Assessing Supply Chain Risk for Space Systems Supportability [J]. Logistics Spectum, 2000 (4): 54 - 56.

[188] Mitehell, V. W. Organizational Risk Perception and Reduction: A Literature Review [J]. British Journal of Management, 1995, 6 (2): 115 - 133.

[189] Mohammad Faisal Ahammad, Keith W. Glaister. The Double-edged Effect of Cultural Distance on Cross-border Acquisition Performance [J]. European Journal of International Management, 2011, 5 (4): 327 - 345.

[190] Neal Coulter. An Evolutionary Perspective of Software Engineering Research Through Co-WordAnalysis [EB/OL], 2005 - 10 - 05.

［191］ Nooteboom B. Effects of Trust and Governance on Relational Risk ［J］. Academy of Management Journal, 1997, 40 (2): 308 - 338.

［192］ Norrman A., Jansson U. Ericsson's Proactive Supply Chain Risk Management Approach after A Serious Sub-supplier Accident ［J］. International Journal of Physical Distribution & Logistics Management, 2004, 34 (5): 434 - 456.

［193］ Nunn, Nathan. Culture and the Historical Process ［J］. Economic History of Developing Regions, 2012, 27 (sup1): S108 - S126.

［194］ Padmanabhan V., Png I. P. L. Manufacturer's Return Policies and Retail Competition ［J］. Marketing, 1997, 16 (1): 81 - 94.

［195］ Park N. K., Lee S. W., Park H. R., et al. A Simulation Model for Improving the Productivity of Container Handling in the Container Terminal ［J］. Journal of Navigation & Port Research, 2004, 28 (28).

［196］ Park Sh, Ungson Gr. The Effect of National Culture, Organizational Complementarity and Economic Motivation on Joint Venture Dissolution ［J］. Academy of Management Journal, 1997, 40 (2): 279 - 307.

［197］ Paul D. Ellis. Paths to Foreign Markets: Does Distance to Market Affect Firm Internationalisation? ［J］. International Business Review, 2007, 16 (5): 573 - 593.

［198］ Prater E., Biehl M., Smith M. A. International Supply Chain Agility, Tradeoffs between Flexibility and Uncertainty ［J］. International Journal of Operations and Production Management, 2001, 21 (56): 823 - 839.

［199］ Pritchett T. S., Doerpinghaus H. I. Risk Management and Insurance ［M］. West Publishing Company, 1996.

［200］ Puertas R., Marti L., Garcia L. Logistics Performance and Export competitiveness: European experience ［J］. Empirica, 2014, 41 (3): 467 - 480.

［201］ Raquel Fernández and Alessandra Fogli. Culture: An Empirical Investigation of Beliefs, Work, andFertility ［J］. American Economic Journal:

Macroeconomics, 2009, 1 (1): 146 – 177.

[202] Reinhard Rapp. Marine Boundary Layer Clouds at the Heart of Tropical Cloud Feedback Uncertainties in Climate Models [J]. Geophysical Research Letters, 2005.

[203] Richard Brenchley. Risk in Supply Networks [J]. Journal of Purchasing and Supply, 2003 (9): 51 – 62.

[204] Ring Van de Ven. Developmental Processes of Cooperative Interorganizational Relationships [J]. The Academy of Management Review, 1994, 1 (19): 90 – 118.

[205] Robert, Grosse, Len. Foreign Direct Investment in the United States: An Analysis by Country of Origin [J]. Journal of International Business Studies, 1996.

[206] Ronald, Inglehart, Marita. Does Latin America Exist? (And Is There a Confucian Culture?): A Global Analysis of Cross-Cultural Differences [J]. PS: Political Science and Politics, 1997.

[207] Rosane Nunes De Faria. Logistics Performance: Efficiency, Effectiveness and Differentiation [J]. Journal of Business Logistics, 2010 (1): 43 – 62.

[208] Schein L. Cultural Encounters on China's Ethnic Frontiers (review) [J]. China Review International, 1996, 3 (1): 207 – 211.

[209] Serrano-Gotarredona T. , Linares-Barranco B. Log-domain Implementation of Complex Dynamics Reaction-diffusion Neural Networks [J]. Neural Networks IEEE Transactions on, 2003, 14 (5): 1337 – 1355.

[210] Shenkar O. Cultural Distance Revisited: Towards a More Rigorous Conceptualization and Measurement of Cultural Differences [J]. Journal of International Business Studies, 2001, 32 (3): 519 – 535.

[211] Shimizu, Hitt. Direct and Moderating Effects of Human Capital on Strategy and Performance in Professional Service Firms: A Resource-Based Perspective [J]. Academy of Management Journal, 2001 (78): 112 – 130.

［212］Shweder RA, Sullivan M A. The Semiotic Subject of Cultural Psychology ［J］. Apidologie, 1990, 41 (41): 425 – 427.

［213］Steigner T. , Sutton N. K. How Does National Culture Impact Internalization Benefits in Cross-Border Mergers and Acquisitions? ［J］. Financial Review, 2011, 46 (1): 103 – 125.

［214］Sujit Bhattacharya. Characterizing Intellectual Spaces between Science and Technology ［J］. Scientometrics, 2003 (2): 369 – 390.

［215］Sunil Chopra. Supply Chain Management under the Threat of International terrorism ［J］. International Journal of Logistics Management, 2004, 12 (2): 1 – 11.

［216］Tadesse, White. Cultural Distance as a Determinant of Bilateral Trade flows: Do Immigrants Counter the Effect of Cultural Differences? ［J］. Applied Economics Letters, 2010, 17 (2): 147 – 152.

［217］Teresa Wu, Jennifer Blackhurst、Vellayappan Childambaram. A Model for in Bound Supply Risk Analysis ［J］. Computers in Industry, 2006 (57): 350 – 365.

［218］Tihanyi, Griffith. The Effect of Cultural Distance on Entrymode choice, International Diversification and MNE Performance: A Meta-analysis ［J］. Journal of International Business Studies, 2005.

［219］Triandis H. C. The Analysis of Subjective Culture ［J］. Contemporary Sociology, 1972, 3 (5): 414.

［220］Triandis, Harry C. The Self and Social Behavior in Differing Culturalcontexts ［J］. Psychological Review, 1989, 96 (3): 506 – 520.

［221］Trieschmann J. S. , Gustavson S. G. , Hoyt R. E. Risk Management and Insurance ［M］. Thomson Learing, 2001.

［222］Xiaohui Zhao, Jianfeng Liang. Research on the Characteristics of Supply Chain Risk Conduction Based on the Self-organization Theory ［J］. International Conference on Computer and Management, Xi'an, 2011 (21): 1 – 4.

［223］Xiaojun Wang, Hing Kai Chan, Rachel W. Y. Yee, Ivan Diaz-Rainey.

A two-stage Fuzzy-AHP Model for Risk Assessment of Implementing Green Initiatives in the Fashion Supply Chain [J]. Production Economics, 2012, 135 (2): 595 −606.

[224] Yi-Fang Brook Wu. Automatic Concept Organization Organizing Concept from Text through Probability of Co-occurrence (POCA) [D]. University at Albany, State University of New York, 2001.

[225] Ying Ding, Gobinda G. Chowdhury, Schubert Foo. Bibliometric Cartography of Information Retrieval Research by Using Co-word Analysis [J]. Information Processing and Management, 2001, 37: 817 −842.

[226] Zheng J. , Zhao Z. , Zhang X. , et al. International Scientific and Technological Collaboration of China from 2004 to 2008 [J]. Entometrics, 2012.

[227] Zsidisin, G. A. A. Grounded Definition of Supply Risk [J]. Journal of Purchasing & Supply Management, 2003 (9): 217 −224.